제2판

알기쉬운 재무분석

FINANCIAL ANALYSIS

제2판

알기쉬운

재무분석

Financial Analysis

이의경 著

신론사

제2판 머리말

제1판을 출간한 이후 몇 가지 아쉬운 점이 있었다. 시간에 쫓겨 미진한 내용으로 출간한 것 같아 내내 독자들에게 미안한 마음이었다. 그럼에도 불구하고 제2판을 출간하게 되어 송구스럽기까지 하다. 제2판에서는 제1판의 부족했던 내용을 보충하기 위해 노력하였다.

제2판을 내면서 보충한 내용은 다음과 같다.

첫째, 제2판은 제1판의 체계를 유지하면서 제1판에서 다루었던 거의 모든 주제들을 심화시켰다. 제1판에서는 책의 제목 '알기쉬운 재무분석'에서 보듯이 기본적 수준으로 재무분석의 내용을 소개하였는데 비해서 제2판에서는 이들 내용을 전반적으로 좀더 깊이 있게 다루었다.

둘째, 제1판을 내면서 망설이다가 포함시키지 않았던 기업가치평가의 내용을 제2판에서 별도의 장으로 추가하였다. 기본적으로 재무분석이 기업을 평가하는 이론이고 최근에는 가치평가이론과 기법이 많은 관심을 받고 있으므로 기업가치 평가기법을 소개할 필요가 있다고 판단하였다.

셋째, 대학교뿐만 아니라 기업체와 금융기관 등 실무현장에서 필자의 강의를 듣는 수강생들 중에는 증권분석사, 신용분석사, 경영지도사 등 증권·금융관련 자격시험을 준비하는 독자들도 적지 않았다. 이러한 독자들의 필요를 충족할 수 있도록 제2판에서는 각 장을 마치면서 다양한 유형의 연습문제를 마련하였다. 수험목적이 아니더라도 공부한 내용을 응용하면서 확실하게 다질 수 있는 기회가 될 것이다.

이 책이 기업평가에 관심을 갖는 독자들의 안목을 넓히고 이를 통해서 자원배분의 효율성을 높이는 데 일조가 되기를 기대한다.

2008년 1월

저자 씀

머리말

모든 분야에서 그렇겠지만 기업을 둘러싼 경제적, 정치적, 사회적 환경은 언제나 불확실성이 크다. 특히 세계경제가 직접적으로 연계되어 움직이는 최근 상황은 언제 어디서 어떤 변수가 어떻게 어느 정도로 나타날지를 가늠하기 어려운 상황이다. 얼마 전까지는 유가의 고공행진과 미국의 금리상승, 중국경제의 긴축 등으로 혼란스러웠고 최근 들어서는 침체된 내수경기에 더하여 달러화의 약세로 수출전망까지 어두워져서 우울한 새해를 시작하고 있다.

기업은 한 국가의 경제에서 가장 중추적 역할을 맡고 있다. 얼마 전 설문조사에서 가장 많은 사람들이 우리나라의 미래를 이끄는 데에 '삼성'이 제1의 역할을 담당할 것이라고 답한 결과를 보았다. 이는 더 이상 기업의 역할이 경제 분야에만 한정되지 않는다는 것을 시사한다. 이러한 관점에서 기업을 평가하는 작업은 그 중요성이 매우 크다고 하겠다. 기업이 제대로 평가를 받을 때에 부실한 기업은 도태되고 우수한 기업은 좋은 조건으로 더욱 성장할 수 있다. 이는 기업의 이해관계자들뿐만 아니라 사회전체를 위해서도 반드시 필요한 일이다. 그래야만 자원이 효율적으로 배분되어 국가경제는 경쟁력을 높일 수 있기 때문이다.

재무분석이란 기업을 평가하는 이론과 기법을 다루는 학문이다. 경영자뿐만 아니라 기업에 고용된 종업원이나 노동조합, 경제계획을 수립하는 정책당국, 기업을 투자대상으로 보는 투자자, 거래처와 소비자, 기업으로부터 연구지원을 받는 대학까지 직간접적으로 기업과 관련되지 않은 사람이 없다고 해도 과언이 아닐 것이다. 이 모든 이해관계자들에게 공통적으로 필요한 것은 기업을 제대로 진단하고 분석하는 능력이다. 재무분석의 필요성과 중요성이 여기에 있다고 하겠다.

이 책은 이러한 관점에서 기업평가에 필요한 내용을 다룬 것이다. 기초적인 내용부터 시작해서 최근에 도입되고 있는 새로운 개념까지를 포함하고 있기 때문에 경영학을 전공하는 학생들부터 일선의 실무담당자까지 폭넓게 활용할 수 있을 것으로 생각된다.

구체적으로 이 책은 크게 5부로 구성되어 있다.

제1부 재무분석의 기초에서는 재무분석의 필요성과 분류, 그리고 재무분석의 기초자료인 재무제표에 대해서 설명하였다. 이는 본격적인 재무분석을 시작하기 위한 기초단계라고 할 수 있다.

제2부 비율분석에서는 기본적이지만 가장 중요한 단계라고 할 수 있는 재무비율분석의 내용을 다루었다. 전통적인 내용은 물론이고 최근 가치중심경영(VBM)의 차원에서 관심이 높아지고 있는 경제적 부가가치(EVA)에 대한 설명도 포함시켰다.

제3부 현금흐름분석에서는 기업에게는 혈관과 같다고 할 수 있는 현금흐름에 대해서 설명하였다. 기업활동에 직접적으로 필요한 현금흐름을 예산의 차원에서 관리하는 방법과 시간적 차원에서 이를 평가하는 방법까지 다루었다.

제4부 손익구조분석에서는 수익과 비용구조의 차이로 나타나는 위험을 인식하고 이를 측정하는 방법으로 레버리지분석을 설명하였다. 그리고 통계적 관점과 재무이론적 관점에서의 위험개념도 함께 소개하였다. 또한 기업의 이익계획에서 가장 중요하다고 할 수 있는 손익분기점(BEP)분석을 활용하는 방법을 다루었다.

제5부 재무분석의 추가과제에서는 계량화할 수 없는 질적 정보의 중요성과 기업부실의 원인, 유형, 그 처리 및 예측모형을 비중 있게 다루었다. 그리고 신용불량자와 부실기업이 사회적 문제로 대두되고 있는 최근 상황에서 관심이 고조되고 있는 신용분석의 내용을 신용위험관리차원에서 설명하였다.

아무쪼록 기업평가에 관심을 갖고 있는 학생들은 물론이고 현재 기업에 종사하는 독자들에게도 기업실무의 원리가 되는 개념적 틀을 제공하는데 도움이 되기를 바란다.

이 책을 준비하느라 좀 더 자주 찾아뵙지 못한 어머님, 그리고 좀더 많은 시간을 함께 하지 못한 진희와 승희에게 미안한 마음이다. 애써 주신 신론사 여러분께 고마움을 전한다.

2005년 1월

저자 씀

주요목차

차 례

제1부 재무분석의 기초

제1장 재무분석의 개요

제2장 재무제표의 이해

제2부 비율분석

제3장 비율분석의 기초

제4장 비율분석의 사례

제5장 종합적 비율분석

제3부 현금흐름분석

제6장 현금흐름표

부 록

제1부

재무분석의 기초

Financial
재무분석이란 기업의 이해관계
자들이 경제적 의사결정에 필
요한 정보를 얻기 위해서 기업
을 평가하는 것이다. 기업과
관련된 정보는 매우 다양한데
그 중 특히 재무적 정보를 분
석하는 활동을 재무분석이라고
한다.

제1장 재무분석의 개요

재무분석이란 기업의 이해관계자들이 경제적 의사결정에 필요한 정보를 얻기 위해서 기업을 평가하는 것이다. 기업과 관련된 정보는 매우 다양한데 그 중 특히 재무적 정보를 분석하는 활동을 재무분석이라고 한다.

제1장에서는 재무분석이란 무엇인가를 구체적으로 설명하고 주로 어떤 사람들이 어떤 목적으로 재무분석을 수행하는지를 살펴볼 것이다. 그리고 이 책의 효과적 활용을 돕기 위해서 구성내용도 함께 소개한다.

제1절 재무분석이란?

재무분석(financial analysis)이란 경영자, 투자자, 금융기관 등 기업과 이해관계를 갖고 있는 사람들이 경제적 의사결정에 필요한 정보를 획득할 목적으로 기업과 관련된 모든 정보를 수집하고 분석하는 활동을 말한다.

재무분석이란 용어는 재무제표분석, 또는 경영분석이라는 용어와 혼용해서 사용되는 경우가 많기 때문에 이들 개념을 비교해서 정리할 필요가 있겠다.

재무제표분석(financial statements analysis)은 기업의 정보 중 주로 대차대조표, 손익계산서 등 재무제표를 분석하는 영역을 말한다. 이에 비해서 재무분석(financial analysis)이란 재무제표뿐만 아니라 기업과 관련된 주가자료, 시장점유율 등 각종 계량화된 정보를 분석하는 영역으로서 재무제표분석을 포함하는 개념이라고 할 수 있다.

그리고 경영분석(business analysis)이란 계량화된 정보뿐만 아니라 경영환경, 기업의 명성, 경영자의 능력 등 비계량정보까지 다루는 영역으로서 재무제표분석, 재무분석까지 포함하는 넓은 개념으로 이해할 수 있다.

그러나 재무분석이라는 용어는 좁은 의미로 말할 때에는 그 취급영역이 양적 분석에 국한되지만 넓은 의미로는 질적 분석까지 모두 포함하기 때문에 경영분석이라는 용어와 구별하는 실익이 없다고 본다.

재무분석은 주로 미국에서 사용되는 용어이고 경영분석은 주로 일본에서 사용되는 용어라는 정도의 차이만 있을 뿐이다. 따라서 이 책에서의 재무분석이란 경영분석과 같은 의미로 이해하면 될 것이다.

<table>
<tr><th colspan="3">경 영 분 석</th></tr>
<tr><th colspan="2">재 무 분 석</th><td rowspan="3">기업의 평판, 경영자능력, 산업전망 등 기타 질적정보</td></tr>
<tr><th>재무제표분석</th><td rowspan="2">주가, 자본비용, 시장점유율 등 기타 양적정보</td></tr>
<tr><td>재무제표 등 회계자료</td></tr>
</table>

[그림 1-1] 재무분석의 체계

제2절 재무분석의 유용성

재무분석은 20세기 초에 미국에서 은행과 같은 금융기관들이 자금을 빌려가는 기업들의 지급능력을 판단하는 데에서부터 시작되었다.

그 이후 경영학이 발전하면서 경영자가 경영성과를 평가하고 경영계획을 수립하는 데에 이를 이용하게 되었다. 뿐만아니라 주식이나 채권 투자자들은 투자전망을 분석하는 데에 이용하는 등 그 이용분야가 매우 다양해지고 있다.

기업의 이해관계자들을 내부이해관계자와 외부이해관계자로 구분해서 이들의 재무분석 이용목적과 분석대상을 살펴보자.

1. 내부이해관계자

기업의 내부이해관계자라고 하면 경영자와 종업원을 들 수 있다. 이들은 재무분석을 통해서 다음과 같은 효과를 얻을 수 있다.

① 경영자와 종업원은 업무계획의 수립이나 추진에 필요한 정보를 얻기 위해서 재무분석을 통해 자기회사의 강점과 약점을 파악할 수

있다.

② 경영자는 재무분석을 통해서 경영전략을 수립하고 거래처의 신용분석, 경쟁기업의 분석, M&A시장에서 인수대상기업의 특성을 파악할 수 있다.

③ 노동조합과 종업원 등은 재무분석에서 얻은 결과를 이용해서 사용자측과의 각종 계약협상과정에서 정당한 요구를 할 수 있다.

2. 외부이해관계자

기업의 외부이해관계자라고 하면 금융기관, 투자자, 신용평가기관 등을 말하는데 이들은 재무분석을 통해서 다음과 같은 효과를 얻을 수 있다.

① 금융기관은 대출여부와 대출조건을 결정하는데 필요한 자료를 얻기 위해서 재무분석을 수행한다.

② 투자자와 증권분석전문기관들은 특정회사의 주식이나 채권을 구입 또는 처분하는 결정을 하는 과정에서 재무분석의 절차를 밟게 된다.

③ 신용평가기관은 기업의 신용평가등급을 결정하기 위해서 재무분석을 수행한다. 우리나라의 한국신용평가(주), 미국의 스탠다드앤푸어스, 무디스 등이 이러한 업무를 수행하는 대표적인 신용평가기관이다.

④ 세무당국은 기업의 세금부담능력을 평가하거나, 적정과세 또는 탈세방지를 위해서 재무분석을 수행한다.

⑤ 공인회계사와 같은 외부감사인은 기업의 재무상태와 경영성과에 대한 회계처리가 적정한가를 확인하여 재무제표의 신뢰도를 평가하기 위해서 재무분석을 수행한다.

분 석 자	유 용 성
경영자	경영계획을 수립하는데 필요한 정보를 얻을 수 있다.
종업원	근로조건을 협약하는데 필요한 정보를 얻을 수 있다.
금융기관	대출여부와 대출조건을 결정하는데 필요한 정보를 얻을 수 있다.
투자자	주식이나 채권투자결정에 필요한 정보를 얻을 수 있다.
신용평가기관	특정기업의 신용평가에 필요한 정보를 얻을 수 있다.
세무당국	기업의 담세능력과 탈세여부를 판단하는데 필요한 정보를 얻을 수 있다.
외부감사인	회계처리의 적정성을 확인하여 재무제표의 신뢰도를 평가할 수 있다.

[표 1-1] 재무분석의 유용성

제3절 이 책의 구성

재무분석의 내용은 분석자의 관점에 따라서 매우 다양하게 구성된다. 그러나 이 책에서는 재무분석과 관련된 이러한 내용을 모두 다루기보다는 재무분석을 이해하는 데 가장 중요하면서도 핵심적이라고 할 수 있는 내용을 중점적으로 다루려고 한다. 너무 많은 내용을 다루다보면 오히려 핵심적인 내용의 중요성을 놓칠 수 있기 때문이다.

이 책은 5개의 부와 15개의 장으로 구성되어 있다. 본격적인 내용에 앞서 중요한 내용을 먼저 간략하게 설명하면 다음과 같다.

1. 재무분석의 기초

제1부 '재무분석의 기초'에서는 제1장 재무분석의 개요, 제2장 재무제표의 이해를 다룬다.

제1장에서는 재무분석이란 무엇인가를 설명하고 제2장에서는 재무분석을 수행하기 위한 가장 기초적인 분석자료로서 대차대조표, 손익계산서 등 기본적인 재무제표에 대해서 설명하였다.

2. 비율분석

제2부 '비율분석'에서는 제3장 비율분석의 기초, 제4장 비율분석의 사례, 제5장 종합적 비율분석을 다룬다.

제3장에서는 비율분석의 개념과 각종 재무비율의 산출식을 소개한 후 제4장에서는 사례기업의 재무제표를 대상으로 실제 재무비율을 산출하면서 그 경제적 의미를 찾아보았다. 그리고 제5장에서는 이러한 개별적 재무비율의 산출이 갖는 한계점을 설명하고 이를 해결하기 위한 방법으로 종합적 비율분석방법을 소개하였다.

3. 현금흐름분석

제3부 '현금흐름분석'에서는 제6장 현금흐름표, 제7장 재무계획과 현금예산, 제8장 현금흐름의 평가를 다루었다.

제6장에서는 현금흐름의 중요성과 함께 기업의 현금흐름을 파악할 수 있는 재무제표로서 현금흐름표에 대해서 설명하였다. 현금흐름표의 작성방법과 이를 통해서 파악할 수 있는 재무비율들을 소개하였다. 그리고 제7장에서는 재무계획에 대해 설명하고 재무계획의 일환으로 예산이 갖는 기능과 수립과정을 설명하였다. 이 중에서 특히 중요하다고 판단되는 현금예산에 대해서는 좀더 심도 있게 살펴보았다. 제8장은 재무이론에서 가장 중요하다고 말할 수 있는 화폐의 시간가치를 소개하고 이 개념을 이용한 현금흐름의 평가방법을 설명하였다.

4. 손익구조분석

제4부 '손익구조분석'에서는 제9장 레버리지분석, 제10장 손익분기점 분석을 다루었다.

손익구조분석은 기업의 수익－비용－이익의 관계가 어떤 구조를 갖고 있는가를 다루는 것이다. 이들의 관계는 레버리지분석을 통해서 파악할 수 있는데 제9장에서 레버리지분석을 다루었다. 그리고 제10장에서는 손익분기점분석을 설명하였다. 이는 기업의 현재 손익구조를 파악하는 것뿐만 아니라 적극적인 관점에서 수익－비용－이익의 관계를 이익관리계획으로 활용할 수 있는 방법을 제시하는 것이다.

5. 재무분석의 추가과제

제5부 '재무분석의 추가과제'에서는 제4부까지 설명한 내용이외에 재무분석에서 중요하게 다루는 과제들을 주제별로 묶었다. 제11장 질적분석, 제12장 기업부실, 제13장 기업부실의 예측, 제14장 신용분석, 제14장 신용분석, 그리고 제15장 기업가치평가가 제5부의 세부적인 내용이다.

제11장 질적 분석에서는 이제까지 다룬 계량적 정보와 비교해서 질적 정보의 중요성을 설명하고 이들 분석방법을 제시하였다. 제12장과 제13장은 모두 기업부실과 관련된 내용이지만 하나는 기업부실의 개념, 유형 등에 대한 설명이고 또 하나는 좀더 전문적 기법으로 기업부실의 예측방법을 소개하고 있다. 제14장 신용분석에서는 금융기관의 관점에서 대출결정과 관련된 분석방법을 다루었다. 끝으로 제15장 기업가치평가에서는 외환위기 이후 기업의 구조조정과정과 M&A시장이 활성화되면서 관심이 높아지고 있는 기업가치평가기법을 다양하게 살펴보았다.

2004년 9월 1일 **중앙일보**

기업들 "4분기에 더 나빠질 것"

상의, 제조업 경기 조사

국내 기업들이 올 4분기 경기가 3분기보다 더 나빠질 것으로 보고 있다.

31일 대한상공회의소가 전국 1485개 제조업체를 대상으로 한 '2004년 4분기 기업경기전망' 조사에 따르면 4분기 기업경기실사지수(BSI)는 79로 2분기의 105나 3분기의 89보다도 훨씬 낮았다.

기업들의 경기전망을 나타내는 BSI는 100을 넘으면 경기호전을, 100미만이면 경기악화를 내다보는 기업이 많음을 의미한다.

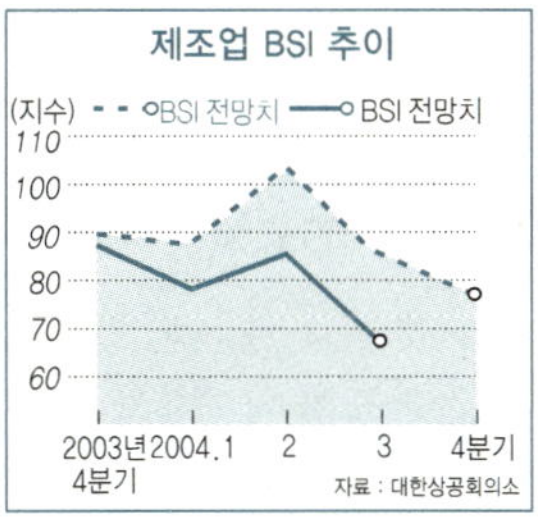

상의 관계자는 "BSI가 80 아래로 떨어진 것은 2001년 1분기(BSI 63) 이후 처음"이라고 말했다.

그는 "고유가와 중국의 긴축, 수출증가세 둔화 등 대외요인들과 가계부채·청년실업·신용불량·소비 위축 등 국내문제가 복합적으로 작용했기 때문"이라고 분석했다.

4분기 BSI를 항목별로 살펴보면 내수악화(3분기 88→4분기 84)에 이어 수출(106→101)도 둔화할 전망이다.

또 대기업(96→84)과 중소기업(88→78) 모두 경기악화를 전망했다. 4분기 경영애로에 대해서는 응답기업의 42.6%가 '원자재난'을 꼽았고 이어 자금조달(24.3%)·환율변동(7.5%)·인력(7.4%)·임금(6.0%) 순이었다.

연습문제

선택형

1. 분석대상의 범위로 판단할 때 그 범위를 바르게 나타낸 것은?
   ① 재무제표분석<비율분석<재무분석<경영분석
   ② 재무분석<경영분석<재무제표분석<비율분석
   ③ 경영분석<재무분석<재무제표분석<비율분석
   ④ 비율분석<재무제표분석<재무분석<경영분석

   정답 ④

2. 재무분석이 본격적으로 발전하게 된 배경에 대한 설명이다. 이 중 올바른 것은?
   ① 은행이 자금을 대출할 때 차입자의 지급능력을 평가하면서
   ② 신용평가기관이 채권투자자를 위한 채권등급을 평가하면서
   ③ 증권회사들이 주식투자자를 위한 투자정보를 분석하면서
   ④ 경영자가 경영계획수립과 내부통제에 필요한 정보를 분석하면서

   정답 ①

3. 계량적 정보로 기업을 분석할 때에 재무제표이외에 가장 많이 이용되는 것은?
   ① 시장점유율　　② 주식가격
   ③ 자본비용　　④ R&D투자규모

   정답 ②

4. 다음의 재무분석 주체 중에서 다른 주체들에 비해서 질적 정보를 상대적으로 덜 중요하게 다루는 것은?
   ① 주식투자자　　② 금융기관
   ③ 세무당국　　④ 신용평가기관

   정답 ③

해설 세무당국은 탈세여부에 관심을 두기 때문에 나타난 실적을 주된 분석대상으로 삼는다.

5. 다음과 같은 재무분석의 내용 중 다른 것들과 이질적인 것은?
① 재무상태 ② 사업전망 ③ 영업성과 ④ 주가분석

정답 ②

해설 사업전망은 질적 정보이고 나머지는 모두 양적 정보이다.

설명형

1. 재무분석을 수행하는 이해관계자들을 열거하고 이들은 각각 어떤 목적을 갖고 재무분석을 수행하는지 설명하라.

제2장 재무제표의 이해

재무제표란 기업의 재무상태와 경영성과를 나타내는 보고서를 말한다. 따라서 기업과 이해관계를 갖는 사람들은 재무제표를 통해서 기업의 정보를 얻게 되며 이를 이용해서 경영과 관련된 의사결정을 하게 된다. 재무제표에는 여러 종류의 보고서가 포함되지만 그 중에서도 대차대조표와 손익계산서가 가장 중요하다고 할 수 있다. 제2장에서는 대차대조표와 손익계산서 등 기본재무제표를 중심으로 재무제표에 대해 설명한다.

제 1 절
재무제표란?

재무제표(financial statements : F/S)란 기업이 경영활동을 수행한 결과로 나타난 재무상태와 경영성과 등 각종 재무정보를 표시하고 있는 회계보고서를 말한다. 기업과 관련된 이해관계자들은 이러한 재무제표를 통해서 기업의 경제적 실체를 파악하고 그 결과를 경영의사결정 또는 투자결정에 이용한다.

우리나라의 기업회계기준에서는 대차대조표, 손익계산서, 자본변동표, 그리고 현금흐름표 등 네 가지 보고서를 기본재무제표로 규정하고 있다.* 이들 보고서가 담고 있는 내용을 간략하게 설명하면 다음과 같다.

① 대차대조표 : 결산일 현재 기업의 재무상태
② 손익계산서 : 1년 동안 기업의 경영성과
③ 자본변동표 : 1년 동안 발생한 자본의 변동내용
④ 현금흐름표 : 1년 동안의 현금유입과 현금유출내역

* 2011년부터 도입되는 국제회계기준(International financial reporting standards: IFRS)에 따르면 대차대조표는 재무상태표라고 부른다. 손익계산서도 중단된 사업부에서 발생한 손익까지 포함시켜서 포괄손익계산서라고 부른다.

제2절 대차대조표

1. 의 의

대차대조표(balance sheet : B/S) 또는 재무상태표(statement of financial position)란 일정한 시점을 기준으로 기업의 재무상태를 자산, 부채, 자본으로 나타낸 것이다. 기본적인 구조는 자산을 왼쪽 차변에 표시하고 부채와 자본을 오른쪽 대변에 표시하는데, 차변은 자금운용내역을, 대변은 자금조달내역을 의미하는 것이다.

그리고 자산은 유동자산, 고정자산으로 구분하기 때문에 차변합계를 총자산이라고 한다. 한편 대변은 부채와 자본으로 구분되는데 부채는 타인으로부터 조달한 자금을, 자본은 주주가 출자한 자금으로서 각각 타인자본, 자기자본이라고 부르기 때문에 대변합계를 총자본이라고 한다. 또한 부채는 유동부채와 고정부채로, 자본은 자본금, 자본잉여금, 이익잉여금 등으로 각각 구분해서 표시한다. 좀더 자세하게 설명하면 다음과 같다.

2. 계정과목 해설

(1) 유동자산

유동자산은 큰 거래비용 없이 1년 이내에 현금화되는 자산으로서 당좌자산과 재고자산으로 분류된다.

당좌자산은 특히 현금화속도가 빠른 항목들로서 현금, 단기금융상품, 유가증권, 매출채권, 단기대여금 등이 이에 해당된다. 한편 재고자산은 정상적인 영업활동에서 판매과정을 거쳐서 현금화되는 것들인데 이에는 상품, 제품, 재공품, 원재료 등이 해당된다.

(2) 고정자산(비유동자산)

고정자산은 주로 영업을 위해 투입되어 1년 이상의 기간 동안 수익창출에 기여하는 자산으로서 유형자산, 무형자산, 투자자산으로 분류한다.

유형자산과 무형자산은 모두 영업활동을 위해서 보유하고 있는 자산을 말하는데 유형자산은 물리적 형체가 있는 토지, 건물, 기계장치, 차량운반구 등이 이에 해당된다. 한편, 물리적 형체가 없는 영업권, 산업재산권, 창업비, 개발비 등은 무형자산으로 분류한다. 이외에 투자자산은 영업활동 이외에 여유자금을 활용할 목적으로 보유한 자산으로서 장기금융상품, 투자유가증권, 장기대여금, 투자부동산 등이 포함된다.

(3) 유동부채

유동부채는 대체로 만기가 1년 이내에 도래되는 채무를 말한다. 이에는 영업거래에서 발생하는 매입채무와 영업거래이외에서 발생한 미지급금 등이 이에 해당된다. 예를 들어 전자회사가 전자제품을 생산하는데 필요한 원재료를 외상으로 구입하면 매입채무가 되고 업무용차량을 외상으로 구입하면 미지급금이 된다. 이외에도 은행 등 금융기관에서 빌린 차입금 중 1년 이내에 상환해야 하는 단기차입금도 유동부채의 중요한 항목이다.

(4) 고정부채(비유동부채)

고정부채는 만기가 1년 이후에 도래되는 채무로서 사채, 장기차입금, 장기성 매입채무 등이 포함된다. 이들은 주로 장기적 관점에서 자금을 조달한 것인데 특히 사채는 채무증서를 발행하여 일반대중에게서 대규모로 부담한 채무를 말한다. 고정부채라고 해도 1년 이내에 상환하게 될 금액은 유동부채가 된다.

(5) 자본

자본은 자본금, 자본잉여금, 이익잉여금 등으로 구성된다. 자본금은 회사가 발행한 주식의 액면총액을 말하는데 보통주자본금과 우선주자본금을 구분한다. 그리고 자본잉여금은 증자 또는 감자 등 자본거래에서 발생한 잉여금으로서 주식발행초과금, 감자차익 등이 대표적인 것들이다. 이와는 달리 이익잉여금은 영업거래에서 발생한 잉여금으로서 이익준비금, 기타적립금 등이 이에 해당된다.

대차대조표

제*(당)기 **년 12월 31일 현재
제*(전)기 **년 12월 31일 현재

**주식회사 단위 : 원(또는 천원, 백만원)

과 목	제*(당)기	제*(전)기	과 목	제*(당)기	제*(전)기
	금 액	금 액		금 액	금 액
Ⅰ. 유동자산			Ⅰ. 유동부채		
(1) 당좌자산			1. 매입채무		
1. 현금예금			2. 단기차입금		
2. 유가증권			3. 미지급금		
3. 매출채권			4. ………		
4. ………			Ⅱ. 고정부채		
(2) 재고자산			1. 사채		
1. 제품			2. 장기차입금		
2. 원재료			3. ………		
3. ………			Ⅲ. 자본		
Ⅱ. 고정자산			1. 자본금		
(1) 투자자산			2. 자본잉여금		
(2) 유형자산			3. 이익잉여금		
(3) 무형자산			4. 자본조정		
자산 총계			부채와 자본총계		

[표 2-1] 대차대조표

제3절 손익계산서

1. 의 의

손익계산서(income statement : I/S)는 일정기간 동안에 발생한 수익과 비용을 비교해서 그 기간의 경영성과를 나타내는 보고서이다. 기본적인 구조는 수익에서 비용을 차감하여 이익을 나타내는 방식으로 표현되는데 수익과 비용을 그 발생원천에 따라서 분류하기 때문에 단계별로 손익을 제시한다. 따라서 매출총이익, 영업이익, 계속사업이익(경상이익), 중단사업손익, 당기순이익, 주당순이익의 순서로 손익계산서에 나타낸다.

2. 계정과목 해설

(1) 매출총이익

매출총이익은 다음과 같이 매출액에서 매출원가를 차감하여 산출한다. 매출총이익은 매출활동에 직접적으로 관련된 이익을 말한다. 만약 전자회사라면 매출액은 전자제품을 판매한 금액을 말하고 매출원가는 판매한 전자제품을 만드는데 직접 들어간 원재료비, 노무비, 경비 등의 원가를 의미한다.

매출액 - 매출원가 = 매출총이익

(2) 영업이익

영업이익은 다음과 같이 매출총이익에서 판매비와 관리비를 차감하여 산출한다. 즉, 영업이익은 매출총이익에서 광고선전비 등 판매부대비용이나 급여, 감가상각비 등의 관리비를 차감한 것인데 회사가 수행하는 본래의 영업활동에서 벌어들인 이익이라고 보면 된다. 예를 들어 전자회사라면 전자제품을 판매해서 벌어들인 이익이 영업이익이 되는 것이다.

매출총이익 − 판매비와 관리비 = 영업이익

(3) 계속사업이익

그런데 전자회사라고 해도 여유자금이 생기면 은행에 예금하여 이자수익이 생길 수도 있고 반대로 자금이 부족하여 은행에서 차입금을 사용하면 지급이자가 발생할 수도 있다. 이러한 항목은 전자회사 본래의 영업에서 나타나는 것은 아니기 때문에 영업외수익 또는 영업외비용이라고 한다.

영업외항목은 본래의 업무에서 나타나는 것은 아니지만 기업의 계속적인 사업활동에서 발생하는 것이기 때문에 이러한 항목까지 가감하여 산출되는 이익을 계속사업이익이라고 한다. 그런데 이때의 계속사업이익은 아직 법인세비용이 차감되지 않은 값이므로 법인세비용차감전 계속사업이익이라고 한다.

영업이익 + 영업외수익 − 영업외비용 = 법인세비용차감전 계속사업이익

그리고 이에 부과된 법인세비용을 계속사업손익법인세비용이라고 하는데 이를 차감하면 실질적인 계속사업이익은 다음과 같이 산출된다. 이 값이 정상적으로 계속되는 사업에서 올린 이익이므로 경상이익이라고도 한다.

법인세비용차감전 계속사업이익 − 법인세비용 = 계속사업이익

(4) 당기순이익

기업은 여러 가지 사업을 운영하는 경우가 많다. 그리고 그 중 어떤

사업은 중단하기도 한다. 이렇게 중단된 사업으로부터 발생한 영업손익 및 영업외손익을 중단사업손익이라고 한다. 법인세효과까지 반영해서 산출한 중단사업손익을 계속사업이익에서 차감하면 최종적인 성과라고 할 수 있는 당기순이익이 된다.

이렇게 중단된 사업으로부터 발생하는 손익까지 반영해서 당기순이익을 산출하기 때문에 포괄주의적 성격을 갖는다고 한다.

계속사업이익 + 중단사업손익 = 당기순이익

(5) 주당순이익

주당순이익(earnings per share : EPS)이란 보통주 1주에 귀속되는 당기순이익을 말한다. 따라서 다음과 같이 당기순이익을 보통주식수로 나누어 계산하면 된다. 우선주를 함께 발행한 회사라고 해도 우선주식수는 무시하고 보통주식수만을 고려한다. 특히 주당순이익은 기업의 성과를 평가하거나 증권투자를 하는 등 각종 분석에서 많이 이용되는 중요한 개념이다.

$$\text{주당순이익} = \frac{\text{당기순이익}}{\text{보통주식수}}$$

손익계산서

제*(당)기 **년 1월 1일부터 **년 12월 31일까지
제*(전)기 **년 1월 1일부터 **년 12월 31일까지

**주식회사 단위 : 원(또는 천원, 백만원)

과 목	제*(당)기	제*(전)기
	금 액	금 액
Ⅰ. 매 출 액		
Ⅱ. 매 출 원 가		
Ⅲ. 매출총이익		
Ⅳ. 판매비와 관리비		
1. 급 여		
2. 감가상각비		
3. 광고선전비 등		
Ⅴ. 영 업 이 익		
Ⅵ. 영업외수익		
Ⅶ. 영업외비용		
Ⅷ. 법인세비용차감전계속사업이익		
Ⅸ. 법인세비용		
Ⅹ. 계속사업이익		
Ⅺ. 중단사업손익		
Ⅻ. 당기순이익		
XIII 주당손익		

[표 2-2] 손익계산서

제4절
자본변동표

1. 의 의

우리나라 기업회계기준에서 규정하고 있는 기본적 재무제표는 대차대조표, 손익계산서, 자본변동표, 현금흐름표 네 가지라고 하였다. 자본변동표는 일정기간 동안에 자본의 변동내역을 나타내는 재무제표이다. 여기서 자본을 구성하는 항목은 자본금, 자본잉여금, 이익잉여금 등을 말하며 자본변동표는 이들 항목의 증감내역을 표시하는 것이다. 종전에는 자본변동표 대신에 이익잉여금처분계산서가 기본재무제표이었지만 이익잉여금처분계산서는 자본을 구성하는 하나의 항목에 불과하기 때문에 자본전체의 변동내역을 보고하기 위해서 자본변동표로 대체된 것이다.

2. 계정과목 해설

(1) 자본변동표의 구조

자본변동표는 자본금, 자본잉여금, 이익잉여금의 변동내역을 보고하는 재무제표이다. 이들 각 계정은 기초금액에서부터 시작해서 변동사항과 기말금액으로 제시된다. 그런데 기초금액은 전기말의 금액이 넘어온 것이고 기말금액은 이에 변동사항을 반영한 결과이므로 각 계정의 변동사항이 핵심적 정보가 된다.

(2) 자본금

우선 자본금의 변동사항으로 대표적인 것은 유상증자 또는 유상감자라고 할 수 있다. 이외에 무상증자와 무상감자, 또는 주식배당 등으로 인해서도 자본금이 변동될 수 있다. 기초의 자본금액에 이들 변동사항을 가감하여 기말의 자본금액이 되도록 보고해야 한다. 이때 보통주와 우선주를 발행한 상태라면 이를 구분해서 표시한다.

(3) 자본잉여금

유·무상증자 또는 감자 및 주식배당과 같이 자본금에 영향을 주는 거래를 자본거래라고 한다. 이러한 자본거래는 주식의 액면금액으로 이루어지는 경우는 별로 없다. 대개 액면이상의 금액으로 자본거래가 이루어지면 자본잉여금도 이에 따라서 변동하게 된다. 그래서 자본잉여금의 변동사항은 자본금의 변동사항과 비슷하다고 할 수 있다.

(4) 이익잉여금

자본금과 자본잉여금이 자본거래에서 비롯된 것인데 비해서 이익잉여금은 생산 및 판매와 같은 영업거래의 결과물이라고 할 수 있다. 따라서 이익잉여금은 당기순이익이 발생해서 증가하거나 배당을 지급함으로써 감소하는 경우가 대표적이다. 이외에도 회계정책을 변경하거나 전기오류를 수정하면서 이익잉여금이 변동될 수 있다. 종전의 이익잉여금처분계산서가 새로운 기준에서는 기본재무제표에서 빠졌지만 주석사항으로 되어 있기 때문에 이를 참고하면 좀 더 자세한 정보를 확인할 수 있다.

자본변동표는 거래의 종류가 많으면 복잡한 형태를 띠겠지만 단순한 형태로 예시하면 [표 2-3]과 같다.

자본변동표

**년 1월 1일부터 **년 12월 31일까지

**주식회사 단위 : 원(또는 천원, 백만원)

부 분	자본금	자본잉여금	이익잉여금	자본총계
Ⅰ. **년 1월 1일 금액				
회계변경누적효과				
전기오류수정				
수정후 잔액				
Ⅱ. 변동사항				
연차배당				
기타 이익잉여금처분액				
처분후 이월이익잉여금				
중간배당				
유상증자(감자)				
당기순이익(손실)				
……				
Ⅲ. **년 12월 31일 금액				

[표 2-3] 자본변동표

제5절 현금흐름표

1. 의 의

현금흐름표(statement of cash flow)는 일정기간 동안 기업의 현금흐름을 나타내는 재무제표이다.

손익계산서상으로는 순이익이 많은 기업들도 도산하는 사례가 발생하자 기업의 현금흐름에 관심이 높아지게 되었다. 왜냐하면 기업이 경영활동을 수행하는 과정에서 임금이나 물품대금을 지급하는 데에는 회계상의 순이익이 아니라 현금이 필요하기 때문이다. 특히 재무이론에서는 현금흐름을 기업평가의 가장 중요한 요소로 보고 있기 때문에 현금흐름표는 매우 중요한 재무제표라고 할 수 있다.

여기서는 현금흐름표의 양식을 중심으로 간단하게 설명하고 좀 더 자세한 내용은 나중에 현금흐름분석에서 자세하게 다루기로 한다.

2. 계정과목 해설

(1) 영업활동으로 인한 현금흐름

영업활동으로 인한 현금흐름이란 기업이 본래의 영업활동을 하면서 유입되는 현금내역과 유출되는 현금내역을 나타낸 것이다.

예를 들어 제과회사라면 밀가루, 설탕 등 원재료 등 원자재를 구입하거나 과자를 생산·판매하는 직원들에게 임금을 지급하면서 현금이 유출될 것이다. 물론 현금유입은 과자를 판매하면서 발생할 것이다.

(2) 투자활동으로 인한 현금흐름

투자활동으로 인한 현금흐름에서 투자활동이란 생산설비를 구입하거나 공장을 증축하는 것을 말한다. 따라서 기업이 새로운 기계를 도입하거나 토지 등을 매입하면서 현금이 유출될 것이다. 반면 기존 설비를 매각하거나 보유 부동산을 처분하는 것은 현금유입을 가져올 것이고 이 두 금액의 차이가 투자활동으로 인한 순현금흐름이 된다.

(3) 재무활동으로 인한 현금흐름

재무활동으로 인한 현금흐름에서 재무활동이란 증권시장이나 금융시장을 통해서 자금을 조달 또는 상환하는 활동을 말한다. 즉, 주식이나 회사채를 발행해서 자금을 조달하거나 은행에서 차입금을 조달하면 재무활동으로 인한 현금유입이 된다. 반면에 회사채나 차입금을 상환하거나 유상감자를 수행하면 현금이 유출되는데 이는 재무활동으로 인한 현금유출이 되는 것이다.

(4) 현금의 증감

앞서 설명한 영업활동, 투자활동, 재무활동별로 현금유입과 현금유출을 비교한다. 그러면 기업전체 차원에서 일정기간 동안의 현금이 증가되었는지 감소되었는지가 나타난다. 기초의 현금수준에 이 증감액을 가산 또는 차감하면 기말의 현금수준이 파악된다. 그리고 이 금액은 다시 다음 연도의 기초현금수준이 될 것이다. 현금흐름표의 구조는 [표 2-4]에서 확인할 수 있다.

현금흐름표

제*(당)기 **년 1월 1일부터 **년 12월 31일까지
제*(전)기 **년 1월 1일부터 **년 12월 31일까지

**주식회사 단위 : 원(또는 천원, 백만원)

과 목	제*(당)기	제*(전)기
Ⅰ. 영업활동으로 인한 현금흐름		
1. 당기순이익		
2. 현금유출이 없는 비용 가산		
가. 감가상각비 등		
3. 현금유입이 없는 수익 차감		
가. 토지처분이익 등		
4. 영업활동으로 인한 자산부채의 변동		
가. 매출채권의 감소		
나. 재고자산의 증가 등		
Ⅱ. 투자활동으로 인한 현금흐름		
1. 토지의 처분		
2. 기계장치의 취득 등		
Ⅲ. 재무활동으로 인한 현금흐름		
1. 보통주의 발행		
2. 차입금의 상환		
3. 배당금의 지급 등		
Ⅳ. 현금의 증가(감소)		
Ⅴ. 기초의 현금		
Ⅵ. 기말의 현금		

[표 2-4] 현금흐름표

연습문제

선택형

1. 재무제표에 대한 다음 설명 중 잘못된 것은?
   ① 대차대조표의 대변은 자금조달내역을, 차변은 자금운용내역을 나타낸다.
   ② 영업외손익항목 중 가장 중요한 것은 투자활동에 의해서 발생하는 것이다.
   ③ 현금흐름표에서 현금증감액은 전기말 잔액과 당기말 잔액의 차이와 동일하다.
   ④ 임의적립금을 이입한 것은 당기 이익잉여금처분가능액에 포함된다.

정답 ②

해설 영업외손익항목 중 가장 중요한 것은 이자이고 이는 재무활동에서 발생한다.

2. 다음 중에서 유량(flow)의 개념을 나타내고 있는 재무제표들끼리 묶은 것은?
   ① 대차대조표, 손익계산서
   ② 현금흐름표, 대차대조표
   ③ 손익계산서, 현금흐름표
   ④ 대차대조표, 이익잉여금처분계산서

정답 ③

해설 유량(flow)은 일정한 기간을 기준으로 산출한 값이고 저량(stock)은 일정한 시점을 기준으로 산출한 값이다.

3. 다음 중에서 유동자산에 해당하지 않는 것은?
   ① 조선회사가 건조 중인 선박
   ② 건설회사가 건물을 지어 분양할 목적으로 보유하고 있는 토지
   ③ 아파트회사가 보유하고 있는 미분양아파트
   ④ 자동차회사가 업무용으로 사용하고 있는 차량

정답 ④

해설 자동차회사가 판매를 목적으로 갖고 있는 차량은 유동자산이지만 업무용으로 사용하고 있는 차량은 고정자산(유형자산)이다.

4. 다음은 대차대조표의 자본계정에 대한 설명이다. 잘못된 것은?

① 자본금이란 주식의 발행금액에 해당한다.
② 잉여금에는 자본잉여금과 이익잉여금, 두 가지가 있다.
③ 증자 또는 감자에서 발생하는 잉여금은 자본잉여금이다.
④ 임의적립금은 이익잉여금에 포함된다.

정답 ①

해설 자본금이란 발행주식의 액면금액이다. 주식발행금액은 자본금과 주식발행초과금을 포함하는 개념이다.

5. 다음은 대차대조표와 손익계산서의 항목을 투하자본과 이익의 관점에서 연결한 것이다. 그 연관이 논리적이지 못한 것은?

① 총사본－영업이익　② 부채－이자
③ 자기자본－순이익　④ 총자산－순이익

정답 ④

해설 총자산(또는 총자본)이 창출하는 이익은 영업이익이다.

6. 이익잉여금을 처분한다면 다음 중 어떤 항목으로 제일 먼저 처분해야 하는가?

① 배당금　② 이익준비금
③ 임의적립금　④ 기타법정적립금

정답 ②

해설 이익준비금은 상법상 자본의 1/2이 될 때까지 금전에 의한 이익배당액의 1/10이상을 적립해야 하는 법정적립금으로서 가장 먼저 적립해야 한다.

7. 현금흐름표에서는 현금증감내역을 기업의 활동별로 나타낸다. 이 활동에 해당되지 않은 것은?

① 영업활동　② 재무활동　③ 투자활동　④ 경영활동

정답 ④

설명형

1. 우리나라 기업회계기준에서 제시한 기본적 재무제표는 무엇인가? 이들 재무제표들 사이의 관계를 설명해보라.

제2부

비율분석

Financial
재무분석이란 기업의 이해관계자들이 경제적 의사결정에 필요한 정보를 얻기 위해서 기업을 평가하는 것이다. 기업과 관련된 정보는 매우 다양한데 그 중 특히 재무적 정보를 분석하는 활동을 재무분석이라고 한다.

제3장 비율분석의 기초

비율분석은 재무분석의 기초적 내용이면서 가장 중요한 내용이기도 하다. 기업의 재무제표를 이해하는 정도의 수준만 되어도 비율분석을 수행할 수 있다. 재무제표의 수치를 활용하면 여러 가지 각도에서 경제적 의미가 있는 비율을 만들어 낼 수 있고 그 결과로 기업평가에 유용하게 활용할 수 있다. 간단한 비율분석은 주로 대차대조표와 손익계산서를 이용하지만 증권시장의 주가관련자료도 함께 이용하여 분석효과를 높일 수 있다.

제1절 비율분석이란?

기업의 재무상태나 경영성과와 관련된 정보는 대차대조표, 손익계산서 등의 재무제표로 공표된다. 이들 재무제표를 구성하는 여러 가지 항목들은 서로 연관성을 갖기 때문에 이들을 적절하게 이용하면 여러 가지의 경제적 의미를 갖는 비율을 산출할 수 있다. 이들 비율을 재무비율(financial ratio)이라고 한다.

비율분석(ratio analysis)이란 이러한 재무비율을 산출하여 그 의미를 찾아내고 기업과 관련된 경제적 의사결정에 이를 활용하는 것이다. 비율분석은 미국에서 은행이 기업에게 자금을 대출해줄 때 기업의 지급능력을 판단하는 수단으로 사용한 데에서 비롯되었다. 오래된 방법이긴 하지만 지금도 그 유용성이 높아서 가장 널리 사용되고 있다. 뿐만 아니라 이를 이용한 여러 가지 분석기법이 계속적으로 도입되고 있다.

제2절 재무비율의 분류

1. 비율특성에 따른 분류

재무제표의 항목들로 만들어 낼 수 있는 비율은 매우 많다. 그러나 비율분석을 위해서는 그 중에서 경제적 의미를 갖는 것들을 추려내야 한다. 그리고 그 중에서도 특성이 같은 것끼리 묶어서 다음과 같이 몇 가지 범주로 분류할 수 있다.

(1) 안전성비율

안전성비율이란 기업의 부채상환능력을 나타내는 비율을 의미한다. 이를 좀더 세분화시키면 유동성비율(liquidity ratios)과 레버리지비율(leverage ratios)로 분류할 수 있다.

여기서 유동성비율은 단기부채에 대한 상환능력을 파악할 수 있는 비율이고 레버리지비율은 장기부채에 대한 상환능력을 파악할 수 있는 비율이라고 말할 수 있다.

(2) 수익성비율

수익성비율은 일정기간 동안 기업이 올린 경영성과를 나타내는 비율을 말한다. 어떤 변수를 기준으로 수익성을 측정하느냐에 따라서 매출수익성비율과 자본수익성비율로 분류할 수 있다.

매출수익성비율은 매출액을 기준으로 매출액 중 얼마가 이익이 되는가를 나타낸다. 그리고 자본수익성비율은 투자자본을 기준으로 이에 대한 이익의 비율, 즉 투자수익률을 나타내는 비율이라고 할 수 있다.

(3) 활동성비율

활동성비율은 일정기간 동안 기업이 보유하고 있는 자산을 얼마나 효율적으로 활용하고 있는지를 나타내는 비율이다. 활동성비율은 주로 매출액을 이용해서 산출하는데 매출액이 많을수록 활동성비율이 높게 나타난다.

(4) 성장성비율

성장성비율은 일정기간 동안 기업이 어느 정도 성장하였는가를 나타내는 비율이다. 성장을 확인하는 지표로는 자산, 매출액, 이익 등이 이용되기 때문에 이들 변수가 얼마나 증가하였는지를 측정하면 된다. 대체로 중소규모의 기업에서는 성장성이 높게 나타나는 경우가 많지만 일정규모 이상의 대기업이 되면 성장규모는 크더라도 성장률은 둔화되는 것이 일반적이다.

(5) 생산성비율

생산성비율은 기업이 생산활동에 사용하고 있는 인적자원 및 물적자원의 능률과 업적을 측정하는 비율이다. 생산성비율의 기본적 구조는 투입량 대비 산출량의 비율을 나타내는 것으로 이해할 수 있다.

(6) 주가관련비율

증권시장에서 형성되는 주식가격을 이용해서 기업가치를 측정하거나 주가수준의 적정성을 판단하는 비율을 말한다. 증권시장자료를 이용하기 때문에 시장가치비율이라고도 한다. 이러한 비율은 위험과 수익이 함께 반영된 객관적 비율로 볼 수 있기 때문에 증권투자에서도 많이 이용된다.

2. 자료특성에 따른 분류

(1) 대차대조표비율, 손익계산서비율, 혼합비율

재무비율을 구할 때에 어떤 재무제표의 자료를 이용했느냐에 따라서 분류하는 방법이다.

재무비율의 분모, 분자를 모두 대차대조표에서 구한 것이면 대차대조표비율이라고 하고 모두 손익계산서에서 구한 것이면 손익계산서비율이라고 한다. 그리고 분모, 분자 중 하나는 대차대조표에서 구하고 또 다른 하나는 손익계산서에서 구해서 산출한 재무비율이면 혼합비율이라고 한다.

(2) 정태적 비율, 동태적 비율

그리고 대차대조표는 일정시점의 재무상태를 나타내는 재무제표이므로 여기서의 자료를 통해서 산출한 재무비율은 특정시점의 경제적 상황을 나타낸다고 해서 이를 정태적 비율이라고 부른다. 한편 손익계산서의 자료는 일정기간 동안의 경영성과를 나타내기 때문에 손익계산서의 자료를 통해서 구한 재무비율은 동태적 비율이라고 부른다. 손익계산서

비율이나 혼합비율은 모두 동태적 비율에 해당된다.

3. 분석방법에 따른 분류

재무비율을 분류하는 또 다른 방법은 분석방법을 기준으로 하는 것이다. 이러한 방법에 따르면 재무비율을 관계비율과 구성비율로 분류할 수 있다.

관계비율(relative ratios)은 재무제표의 두 항목을 대응시켜서 산출한 재무비율을 말한다. 대개 비율분석에서는 이러한 관계비율을 산출해서 경제적 의미를 찾기 때문에 우리가 가장 많이 다루게 되는 것이다.

그러나 대차대조표나 손익계산서의 구성비율(component ratios)을 분석하는 경우도 있다. 대차대조표의 경우에는 총자산을 100으로 놓고 개별항목들의 구성비율을 구하고 손익계산서의 경우에는 매출액을 100으로 놓고 개별항목들의 구성비율을 구한다. 이러한 구성비율은 서로 규모가 크게 다른 기업들을 비교하거나 동일기업이라고 해도 시간의 흐름에 따른 추세를 분석하는데 유용하게 쓰인다.

비율특성에 따른 분류	자료특성에 따른 분류	분석방법에 따른 분류
• 안전성비율 • 수익성비율 • 활동성비율 • 성장성비율 • 생산성비율 • 주가관련비율	• 대차대조표비율 • 손익계산서비율 • 혼합비율 — • 정태적 비율 • 동태적 비율	• 관계비율 • 구성비율

[표 3-1] 재무비율의 분류

제3절 표준비율

1. 표준비율이란?

개별기업의 재무비율이 구체적인 값으로 산출되면 이에 대한 경제적 의미를 찾아야 한다. 여기서 산출된 값만 갖고 이 기업이 좋다 나쁘다라고 판단하기는 어려운 일이다. 왜냐하면 이러한 판단은 상대적인 경우가 많아서 비교기준이 되는 표준값이 있어야 분석기업의 위치를 정확하게 파악할 수 있기 때문이다. 여기서 비교기준이 되는 표준값을 표준비율(standard ratio)이라고 한다.

2. 표준비율의 종류

표준비율은 분석목적에 따라서 적합한 비율을 선택해서 사용할 수 있는데 대체로 다음과 같은 것들이 이용된다.

(1) 산업평균비율

해당기업이 속해 있는 산업전체의 평균재무비율은 표준비율로 가장 많이 이용된다. 한국은행에서 매년 발간하는 '기업경영분석'이나 산업은행에서 발간하는 '재무분석'에서 이들 수치를 구할 수 있다. [표 3-2]에 한국은행의 '기업경영분석'에서 제시한 산업평균비율의 일부를 보여주고 있다.

산업평균비율은 분석대상기업이 산업전체에서 어떤 위치에 있는지 확인할 때 유용한 표준비율이지만 분석목적에 따라서 더 적합한 비율을 선택해서 표준비율로 사용할 수 있다.

D32. Electronic components, radio, television & communication equipment and apparatuses

(All Enterprises)

5. 성장성에 관한 지표 Indicators concerning Growth

단위 : % Unit : %

Code No.	내역 Contents	2004	2005	2006
501	총자산증가율	9.71	13.78	8.50
502	유형자산증가율	15.81	19.14	11.42
503	유동자산증가율	1.94	10.02	1.63
504	재고자산증가율	10.92	−1.98	2.06
505	자기자본증가율	19.99	15.32	8.38
506	매출액증가율	25.13	−0.36	3.88

6. 손익의 관계비율 Relationship Ratios of Income and Expenses

단위 : % Unit : %

Code No.	내역 Contents	2004	2005	2006
601	총자산경상이익률	15.54	9.22	6.58
602	총자산순이익률	13.84	8.41	5.68
603	기업경상이익률	16.69	10.27	7.64
604	기업순이익률	14.98	9.46	6.74
605	자기자본경상이익률	27.61	15.51	11.01
606	자기자본순이익률	2458	14.15	9.50
607	자본금경상이익률	135.52	100.10	73.34
608	자본금순이익률	120.65	91.30	63.31
609	매출액경상이익률	11.79	7.49	5.78
610	매출액순이익률	10.49	6.83	4.99
611	매출액영업이익률	11.46	7.51	5.69
612	매출원가 대 매출액	75.05	78.23	79.98
613	변동비 대 매출액	57.87	59.81	59.87
614	고정비 대 매출액	35.70	37.28	39.23
615	연구개발비 대 매출액	5.04	5.12	5.33
616	인건비 대 매출액	7.92	8.41	8.83
617	인건비 대 영업총비용	9.35	9.45	9.94
618	재료비 대 매출액	48.89	49.58	47.62
619	재료비 대 영업총비용	57.65	55.72	53.60
620	순외환손익 대 매출액	0.27	0.24	0.26
621	EBIT 대 매출액	12.65	8.35	6.71
622	EBITDA 대 매출액	19.24	15.35	14.47
623	감가상각률	18.70	18.90	18.73
624	금융비용 대 부채	2.58	2.61	2.65
625	차입금평균이자율	5.55	6.26	6.43
626	금융비용 대 총비용	0.93	0.88	0.94
627	금융비용 대 매출액	0.87	0.86	0.94
628	순금융비용 대 매출액	0.42	0.48	0.50
629	이자보상비율	1,321.43	874.18	607.55
630	순이자보상비율	2,707.73	1,563.65	1,147.65
631	손익분기점률	72.02	81.37	85.61
632	사내유보율	89.24	92.48	93.72
633	배당률	16.55	15.33	11.57
634	배당성향	11.80	13.63	11.79

반도체 및 기타 전자부품, 통신기기 및 방송장비, 방송수신기 및 기타 영상, 음향기기 제조업

7. 자산 · 자본의 관계비율 Relationship Ratios of Assets, Liabilities and Stockholder's Equity

단위 : % Unit : %

Code No	내역 Contents	2004	2005	2006
701	자기자본비율	58.69	59.80	59.72
702	유동비율	134.75	140.12	129.38
703	당좌비율	100.36	110.59	10124
704	현금비율	37.74	41.67	36.93
705	고정비율	107.66	107.06	111.15
706	고정장기적합률	86.94	86.14	89.68
707	부채비율	70.39	67.24	67.46
708	유동부채비율	46.55	42.95	43.52
709	고정부채비율	23.84	24.29	23.94
710	차입금의존도	18.07	16.68	16.57
711	차입금 대 매출액	14.34	14.42	15.15
712	매출채권 대 매입채무	134.56	133.31	130.93
713	순운전자본 대 총자본	9.49	10.30	7.64

8. 자산 · 자본의 회전율 Turnover Ratios of Assets, Liabilities and Stockholder's Equity

단위 : % Unit : times

Code No.	내역 Contents	2004	2005	2006
801	총자산회전율	1.32	1.23	1.14
802	자기자본회전율	2.34	2.07	1.91
803	자본금회전율	11.50	13.37	12.70
804	경영자산회전율	1.68	1.59	1.49
805	고정자산회전율	2.13	1.94	1.74
806	유형자산회전율	3.29	2.94	2.63
807	재고자산회전율	14.11	15.09	15.11
808	상(제)품회전율	43.93	44.17	45.45
809	매출채권회전율	11.87	11.19	10.50
810	매입채무회전율	15.85	14.68	13.91

9. 생산성에 관한 지표 Indicators concerning Productibity

단위 : % Unit : In million won, %

Code No.	내역 Contents	2004	2005	2006
901	노동장비율	133.66	126.71	126.13
902	자본집약도	363.38	334.19	321.83
903	총자본투자효율	35.10	28.98	26.11
904	설비투자효율	95.43	76.44	66.64
905	기계투자효율	192.71	148.95	123.60
906	부가가치율	26.62	23.54	22.93
907	노동소득분배율	29.77	35.73	38.51
908	종업원1인당부가가치	127.55	96.76	84.05

10. 부가가치의 구성 Composition of Gross Value Added

단위 : % Unit : %

Code No.	내역 Contents	2004	2005	2006
1001	경상이익	44.28	31.80	25.19
1002	인건비	29.77	35.73	38.51
1003	순금융비용	1.59	2.04	2.16
1004	임차료	0.67	0.97	1.04
1005	조세공과	0.88	1.07	0.92
1006	감가상각비	22.80	28.40	32.18

Note : Given in English terminology on pp.600~601

[표 3-2] 산업평균비율의 예시

(2) 과거비율

해당기업의 과거재무비율도 현재의 경영상태를 파악하는데 유용하다. 즉, 과거 일정기간 동안의 재무비율이 어떤 추세로 변화하였고 그 속에서 현재의 재무비율이 갖는 경제적 의미를 찾아서 문제점을 파악하고 앞으로의 개선방안을 모색할 수 있다.

(3) 경쟁기업의 재무비율

경쟁기업의 재무비율도 유용한 비교지표가 될 수 있다. 경쟁기업은 업종이 같고 기업규모 등의 특성과 처한 경제여건도 비슷하기 때문에 경쟁기업의 재무비율과 비교해서 해당기업의 강점과 약점을 파악할 수 있다. 특히 수출비중이 높은 기업들은 외국기업들과 비교하는 것도 큰 의미가 있다고 본다.

(4) 최우량기업의 재무비율

업종마다 선도기업이 있게 마련이다. 예를 들어 전자업종에서 삼성전자, 이동통신업종에서 SK텔레콤, 자동차업종에서 현대자동차 등이 이에 해당되는 기업들이다. 이들 선도기업의 재무비율은 이 업종에서 기업활동을 할 때에 어떤 방향으로 경영방침을 설정해야 할 것인가에 대한 지침을 제공한다.

(5) 이상적 재무비율

기업의 재무비율이 이 수준은 되어야 한다고 경험적 기준으로 설정된 표준비율이 있다. 이를 이상적 재무비율이라고 하는데 예를 들면 유동비율은 200%이상, 당좌비율은 100%이상, 고정비율은 100%이하, 자기자본비율은 50%이상 등이 그것이다. 그러나 이는 업종이나 기업규모를 무시하고 설정된 것이기 때문에 그다지 큰 의미를 두지는 않는다.

제4절 유용성과 한계점

비율분석은 가장 많이 이용되는 재무제표분석기법으로서 여러 가지 장점을 갖고 있다. 그러나 단편적인 해석으로 잘못된 평가결과를 가져올 수도 있으므로 주의깊게 경제적 의미를 찾아내야 한다. 비율분석이 갖는 유용성과 한계점을 이해하면 좀더 적용과 해석에서 정확도를 높일 수 있을 것이다.

1. 유용성

비율분석이 갖는 유용성을 열거하면 다음과 같다.

첫째, 분석자료를 쉽게 얻을 수 있다는 것이다. 즉, 주된 분석대상이 재무제표인데 이는 각종 공시자료에서 누구든지 쉽게 얻을 수 있기 때문이다.

둘째, 재무비율의 산출식이 이해하기 쉽다는 점이다. 대부분의 재무비율은 대개 2~3개 정도의 항목을 이용해서 산출되는데 그 산출식은 누구든지 이해할 수 있는 수준이라는 것이다.

셋째, 재무비율은 여러 가지가 존재하는데 이는 곧 다양한 재무정보를 분석할 수 있다는 것을 의미하는 것이다.

2. 한계점

비율분석이 갖는 한계점은 다음과 같다.

첫째, 비율분석의 기초자료인 재무제표의 신뢰도가 보장되지 않으면 비율분석은 아무 의미가 없게 된다. 즉, 분식회계로 왜곡된 수치라면 그 결과도 경제적 의미를 부여할 수 없는 것이다.

둘째, 비율분석은 양적 정보만을 분석하는 것이기 때문에 이 결과에 너무 의존해서는 안된다. 왜냐하면 경영자의 능력, 사업전망 등 질적 정보 역시 양적 정보 못지않게 중요한 요소이기 때문이다.

셋째, 비율분석은 과거정보를 기초로 수행되는 것이기 때문에 그 결과가 미래를 예측하는데 한계점을 갖는다는 것이다.

넷째, 재무제표를 작성하기 위한 회계처리방법이 기업들 사이에 서로 다를 수가 있기 때문에 기업 간의 평면적 비교는 신중해야 한다는 것이다.

다섯째, 기업의 사업영역이 다각화되어 있을 경우에는 비율분석을 통한 각종 재무비율의 의미가 감소된다는 것이다.

여섯째, 표준비율로 흔히 산업평균비율을 이용하지만 이것이 가장 바람직한 것인가 하는 의문이 제기될 수 있다. 때로는 선도기업이나 경쟁기업의 재무비율이 더 의미 있는 표준비율이 될 수 있으므로 다양한 분석을 병행해야 할 것이다.

2004년 8월 6일 동아일보

잉여금 늘고 시가총액 줄고

상장사 10곳 중 4곳 잉여금으로 주식전량 살 수 있어

상장기업 10곳 중 4곳가량은 자체 이익잉여금만으로도 상장주식 전량을 사들일 수 있다. 실직 호조로 이익잉여금은 쌓여만 가는데 증시 침체로 시가총액은 갈수록 줄어들어 나타난 결과다.

6일 증권거래소에 따르면 508개 12월 결산 상장사의 이익잉여금 총액은 3월말 현재 123조4711억원으로 지난해 말의 105조8832억원에 비해 3개월만에 16.61% 급증했다. 반면 이들 종목의 시가총액은 작년 말 286조4500억원에서 4일 현재 261조4211억원으로 8.74%가 감소했다. 시가총액 대비 이익잉여금 비율은 36.96%에서 47.23%로 상승했다.

이익잉여금은 영업활동에서 발생한 이익 중 배당금을 지급한 뒤 사내에 유보된 돈으로 자사주(自社株) 취득의 재원이 된다. 시가총액 대비 이익잉여금 비율이 높은 종목일수록 저평가 상태가 심하다는 의미.

이익잉여금이 시가총액보다 커 상장주식을 모두 살 수 있는 회사는 작년 말 163개사에서 4일 현재 195개사로 늘어나 조사 대상 기업의 38.39%를 차지했다.

시가총액 대비 이익잉여금 비율이 가장 높은 회사는 BYC로 잉여금 비율이 무려 695%에 이르렀다. 이익잉여금은 1922억원인 데 비해 시가총액은 고작 277억원에 그쳤기 때문이다.

잉여금 비율이 높은 회사

회사	이익잉여금(억원)	시가총액(억원)	잉여금비율(%)
BYC	1922	277	694.7
신풍제지	718	107	669.4
삼영모방공업	201	39	510.7
태광산업	7589	1647	460.6
태창기업	266	63	423.3
성지건설	558	135	414.1
국동	330	84	389.8
건설화학공업	1005	270	372.4
세원화성	469	127	367.6
넥센	960	263	364.6
동성화학	901	248	363.0
혜인	607	169	359.6
삼양통상	1157	324	357.4
동부정밀화학	927	259	357.3
디피씨	405	114	353.7

이익잉여금은 3월말 기준, 시가총액은 4일 종가 기준.
자료 : 증권거래소

반면 삼양중기는 이익잉여금이 5000만원인 데 비해 시가총액은 85억7400만원으로 이익잉여금 비율이 0.6%로 가장 낮았다.

한국전력의 시가총액 대비 이익잉여금 비율은 164.9%로 시가총액 상위 20사 중에서 가장 높았으며 KT(73.62%) 포스코(72.45%) 등이 그 뒤를 이었다. 삼성전자는 시가총액이 66조8687억원, 이익잉여금은 25조6965억원으로 이익잉여금 비율이 38.4%였다.

연습문제

선택형

1. 다음은 비율분석에서 사용하는 비율을 그 특성에 따라 분류한 것을 설명한 것이다. 올바르게 설명하고 있는 것은?
   ① 유동성비율과 레버리지비율은 모두 부채에 대한 상환능력을 파악하는데 유용하다.
   ② 수익성비율은 매출액을 기준으로 측정한다.
   ③ 생산성비율을 통해서 보유자산의 효율적 활용도를 알 수 있다.
   ④ 활동성비율은 기업활동의 능률 내지 성과를 측정하는 비율이다.

   정답 ①
   해설 유동성비율은 단기채무상환능력을, 레버리지비율은 장기채무상환능력을 파악할 수 있는 지표이다.

2. 다음은 비율의 특성을 서로 연결한 것이다. 바르게 연결된 것은?
   ① 활동성비율-혼합비율, 동태적 비율, 관계비율
   ② 유동성비율-대차대조표비율, 정태적 비율, 구성비율
   ③ 성장성비율-손익계산서비율, 정태적 비율, 관계비율
   ④ 주가관련비율-혼합비율, 동태적 비율, 구성비율

   정답 ①
   해설 유동성비율과 성장성비율은 모두 관계비율이지만 성장성비율 중에는 총자산증가율과 같은 대차대조표비율도 있다. 그리고 주가관련비율은 구성비율이 아니다.

3. 다음은 표준비율에 대한 설명이다. 잘못된 것은?
   ① 분석기업의 상대적 위치를 파악하기 위한 기준이 된다.
   ② 가장 많이 이용되는 것은 한국은행에서 제시하는 산업평균비율인데 이는 기업규모를 반영하여 산출한다.
   ③ 이상적 재무비율은 경영계획의 수립과 경영활동의 통제에 유용한 표준비율로서 대체로 유동비율은 200%이상, 당좌비율은 100%이상으로 본다.

④ 새로 시작하는 기업은 선도기업의 재무비율이 유용한 표준비율이 된다.

정답 ③

해설 이상적 재무비율은 산업이나 기업의 특성을 반영하지 않는 것이어서 유용하지 못하다.

4. 다음은 표준비율로 사용될 수 있는 것들이다. 이 중 가장 현실적 유용성이 떨어지는 것은?

① 산업평균비율 ② 과거비율
③ 경쟁기업의 재무비율 ④ 이상적 재무비율

정답 ④

5. 비율분석의 유용성을 나열한 것이다. 잘못된 것은?

① 기초자료를 쉽게 구할 수 있다.
② 여러 가지 재무비율로 다양한 각도에서 기업을 평가할 수 있다.
③ 다각적 사업을 운영하는 기업도 쉽게 평가할 수 있다.
④ 누구나 쉽게 이해할 수 있는 내용이다.

정답 ③

해설 여러 사업부를 가진 기업은 비율분석을 적용하기가 어렵다.

6. 다음은 비율분석을 수행할 때에 주의해야 할 사항들이다. 해당되지 않는 것은?

① 과거정보를 이용하므로 미래예측에는 추가적 분석이 필요하다.
② 기업 간 비교에서는 회계처리의 차이가 존재하는지 체크해야 한다.
③ 공인회계사의 감사를 받은 재무제표를 이용하는 것이 좋다.
④ 질적 정보도 포함시켜서 분석해야 한다.

정답 ④

해설 비율분석은 양적 정보를 대상으로 기법이다.

설명형

1. 표준비율은 비율분석의 기준이 되는 재무비율을 말한다. 표준비율은 분석목적에 따라서 여러 가지를 사용할 수 있는데 어떤 것들이 어떤 목적으로 이용되는지 설명하시오.

2. 비율분석이 갖는 장점과 단점을 열거하시오.

제4장 비율분석의 사례

재무비율은 여러 가지 방법으로 산출할 수 있다. 그 산출방법에 따라서 분류방법도 다양한데 대체로 재무비율이 갖는 특성을 기준으로 분류하는 것이 일반적이다. 채무상환능력을 나타내는 안전성비율, 기업자산의 활용도를 나타내는 활동성비율, 영업성과의 내실을 나타내는 수익성비율, 자산이나 매출의 증가속도를 나타내는 성장성비율, 그리고 주가관련자료를 활용하여 시장의 평가를 나타내는 비율들이 있다. 제4장에서는 이러한 비율을 중심으로 비율분석의 실제 활용방법을 설명한다.

제1절 사례기업

이제부터는 앞 장에서 소개한 비율의 특성을 고려한 비율분석방법에 따라서 실제로 비율분석을 수행할 것이다. 비율의 특성에 따라서 구분한다면 안전성비율, 활동성비율, 수익성비율, 성장성비율, 생산성비율, 주가관련비율 등 6가지 범주로 비율을 분류할 수 있다고 하였다.

사례기업의 대차대조표, 손익계산서 등 재무제표와 기타 재무자료를 이용하여 비율분석을 수행하면서 6가지 범주에 해당하는 각종 비율들을 하나씩 설명하겠다. 먼저 이들 비율의 정의와 산출식을 소개하고 해당 비율이 갖는 경제적 의미를 설명한다. 그리고 사례기업을 대상으로 해당비율을 산출한 후, 그 결과를 통해서 사례기업에 대한 평가를 병행할 것이다. 이를 위해서 사례기업의 대차대조표와 손익계산서를 다음의 [표 4-1]과 [표 4-2]에 제시하였다.

대차대조표

**년 12월 31일 현재

가나주식회사 (단위 : 억원)

과 목	금 액	과 목	금 액
Ⅰ. 유동자산	(60,000)	Ⅰ. 유동부채	(55,000)
(1) 당좌자산	41,000	1.매입채무	21,200
1.현금예금	12,600	2.단기차입금	28,700
2.유가증권	13,000	3.미지급금	5,100
3.매출채권	15,400		
(2) 재고자산	19,000	Ⅱ. 고정부채	(84,000)
1.제품	8,500	1.사채	50,000
2.재공품	6,500	2.장기차입금	34,000
3.원재료	4,000		
		Ⅲ. 자본	(71,000)
Ⅱ. 고정자산	(150,000)	1.자본금	7,500
(1) 투자자산	63,000	2.자본잉여금	22,500
(2) 유형자산	75,400	3.이익잉여금	41,000
(3) 무형자산	11,600	(당기순이익)	(3,200)
자산 총계	210,000	부채와 자본총계	210,000

[표 4-1] 대차대조표

〈추가정보〉

보통주 발행주식수는 1,123(백만주), 우선주 발행주식수는 377(백만주)이고 모두 1주당 액면금액은 5,000원임.

손익계산서

**년 1월 1일부터 **년 12월 31일까지

가나주식회사 (단위 : 억원)

과 목	금 액	
I. 매 출 액		201,000
II. 매 출 원 가		140,000
III. 매출총이익		61,000
IV. 판매비와 관리비		
1. 급 여	11,200	
2. 감가상각비	5,000	
3. 대손상각	2,100	
4. 조세공과	1,600	
5. 광고선전비 등	10,100	30,000
V. 영 업 이 익		31,000
VI. 영업외수익		
1. 이자수익	15,000	
2. 외환차익 등	3,300	18,300
VII. 영업외비용		
1. 이자비용	32,500	
2. 기 타	12,400	44,900
VIII. 세전계속사업이익		4,400
IX. 법인세비용		1,320
X. 계속사업이익		3,080
XI. 중단사업이익		120
XII. 당기순이익		3,200
XII. 주당순이익		2,850원

[표 4-2] 손익계산서

〈추가정보〉

매출원가에는 인건비 9,000, 감가상각비 6,000, 조세공과 900이 포함되어 있으며 종업원 수는 71,000명임.

제2절
안전성비율

안전성비율(safety ratio)이란 회사가 보유하고 있는 유동성이나 부채 의존도를 통해서 채무를 변제할 능력이 어느 정도인가를 나타내는 비율이다. 안전성분석은 이러한 안전성비율을 측정하고 더 나아가 경기변동이나 시장여건의 변화에 대응력이 충분한가를 파악하는 것이다.

1. 유동성비율

유동성(liquidity)이란 짧은 시간에 얼마나 많은 현금을 동원할 수 있는가를 나타내는 것이다. 이는 곧 기업의 단기채무상환능력을 의미하는데 유동성비율이란 이러한 능력을 파악하는데 유용한 비율이라고 할 수 있다. 대표적으로 유동비율, 당좌비율이 많이 이용된다.

(1) 유동비율

유동비율(current ratio)이란 유동자산을 유동부채로 나눈 비율을 말하는데 기업의 단기부채상환능력을 측정하는 지표이다.

유동자산은 1년 이내에 현금화되는 자산이고 유동부채는 1년 이내에 만기가 도래하는 부채이므로 유동비율은 대체로 높을수록 좋다고 할 수 있다. 이론적으로는 최소한 100%이상을 유지하여야 한다고 보며 일반적으로 200%이상이면 안전하다고 판단한다.

사례로 든 가나주식회사의 유동비율은 다음과 같이 109.1%로서 산업평균비율 102.6%보다 높은 편이다.

$$\text{유동비율}(\%) = \frac{\text{유동자산}}{\text{유동부채}} \times 100$$

$$= \frac{60,000}{55,000} \times 100 = 109.1\% \qquad (\text{산업평균 } 102.6\%)$$

(2) 당좌비율

유동자산은 당좌자산과 재고자산으로 구성된다. 그런데 이 중에서 재고자산은 정상적인 영업순환과정을 거쳐야 현금화되는 것이다. 만약 재고상태에 문제가 있다면 이는 채무상환에 즉각적으로 이용되는 자산으로 적합하지 않을 수도 있다. 따라서 재고자산을 제외한 당좌자산만을 평가대상으로 안전성을 파악하기 위해서 당좌비율을 산출하여 이용한다.

당좌비율(quick ratio)은 유동자산 중에서도 현금화가 빠른 현금, 예금, 유가증권, 매출채권 등 당좌자산을 유동부채로 나누어 산출한다. 당좌비율은 100%정도를 이상적인 기준으로 본다. 유동비율이나 당좌비율이 높으면 부채상환능력은 좋지만 기업전체의 수익성은 떨어지게 된다.

가나주식회사의 경우 당좌비율은 다음과 같이 74.5%가 된다. 유동비율과 마찬가지로 당좌비율도 산업평균비율보다 높은 수준이므로 이 회사의 단기부채상환능력은 업종평균에 비해서 양호하다고 할 수 있다.

$$\text{당좌비율(\%)} = \frac{\text{당좌자산}}{\text{유동부채}} \times 100$$

$$= \frac{41,000}{55,000} \times 100 = 74.5\% \qquad \text{(산업평균 72.6\%)}$$

2. 레버리지비율

레버리지비율(leverage ratio)이란 기업의 타인자본의존도를 측정하는 지표이다. 유동성비율이 기업의 단기채무상환능력을 측정하는데 비해서 레버리지비율은 장기채무에 대한 상환능력을 측정하는 지표로 이용된다.

레버리지비율은 대차대조표를 이용해서 부채비율, 자기자본비율 등으로 측정할 수 있으며 손익계산서를 이용해서 이자보상비율로 측정할 수도 있는데 이들을 종합해서 판단하는 것이 바람직하다.

(1) 부채비율

부채비율(debt to equity ratio)이란 부채를 자본으로 나눈 비율을 말하는데 기업의 재무구조를 파악하는 데 가장 많이 이용되는 지표이다.

경기가 활황일 때에는 기업이 부채의 이자비용보다 높은 수익률을 올릴 수 있어서 부채를 사용하는 것이 유리하다. 그러나 경기가 불황일 때에는 부채의 이자비용부담이 더 크기 때문에 자칫하면 파산할 가능성이 높으므로 경기가 좋지 않을 때 부채비율이 높은 기업의 주식에 투자하는 것은 특히 주의해야 한다.

가나주식회사의 경우 부채비율은 195.8%로서 산업평균 281.9%보다 훨씬 낮은 수준이어서 자본구조의 안전성이 매우 좋으며 따라서 불경기에 대한 대응력이 좋다고 할 수 있다.

$$\text{부채비율}(\%) = \frac{\text{부채}}{\text{자본}} \times 100$$
$$= \frac{55,000 + 84,000}{71,000} \times 100 = 195.8\% \quad (\text{산업평균 } 281.9\%)$$

(2) 자기자본비율

자기자본비율(equity to asset ratio)이란 총자본(또는 총자산) 중에서 자기자본이 차지하고 있는 비율을 말한다. 물론 자기자본비율은 높을수록 안전하다고 볼 수 있다. 자기자본비율이 높으면 부채비율이 낮을 것이므로 부채비율과 함께 기업의 안전성을 파악하는데 자주 이용되는 지표이다. 별도의 자료가 없어도 부채비율과의 관계식을 이용해서 산출할 수 있다.

대개 레버리지비율로 부채비율을 많이 이용하지만 금융기관을 평가할 때에는 자기자본비율이 더 중요하게 이용된다. 금융기관의 건전성지표로 많이 이용되는 BIS비율은 국제결제은행이 제시한 자기자본비율인 것이다.

$$\text{자기자본비율}(\%) = \frac{\text{자기자본}}{\text{총자본}} \times 100$$

$$= \frac{71,000}{210,000} \times 100 = 33.8\% \qquad \text{(산업평균 26.2\%)}$$

(3) 이자보상비율

이자보상비율(interest coverage ratio)이란 이자와 법인세차감전순이익(earnings before interest and taxes : EBIT)을 이자비용으로 나눈 값을 말한다. 이는 결국 EBIT가 지급이자의 몇 배에 해당하는가를 나타내는 지표이기 때문에 이자보상배율이라고도 부른다.

이자보상비율을 통해서 기업의 영업이익이 부채사용에 따른 이자비용을 충분히 지급할 수준이 되는가를 파악할 수 있다. 그리고 여기서 이자비용이란 단순히 차입금에 대한 이자이외에 사채이자 및 사채할인발행차금상가 등 금융비용을 모두 포함하는 개념이다.

또한 개략적인 계산으로 영업이익을 이자비용으로 나누어 이자보상비율을 산출하는 경우도 있는데 이는 정상적 영업활동의 결과가 이자비용을 감당할 수 있어야 한다는 의미로 사용되는 것이다.

$$\text{이자보상비율} = \frac{\text{세전계속사업이익} + \text{이자비용}}{\text{이자비용}} \times 100$$

$$= \frac{4,400 + 32,500}{32,500} = 1.14\text{배}$$

가나주식회사의 경우에는 이자보상비율이 1.14로 나와서 이자지급능력에 문제가 없다고 할 수 있다. 위와 같이 계산한 값은 1이 넘지만 영업이익을 기준으로 계산하면 0.95밖에 되지 않아 정상적 영업활동이 이자비용을 커버하지 못하고 있다고 판단된다.

(4) 고정비율과 고정장기적합률

고정비율과 고정장기적합률은 고정자산(비유동자산)을 이용해서 자금조달의 안전성을 측정하는 비율이다. 그래서 비유동비율, 비유동장기적합률이라고도 부른다. 일반적으로 기업의 운영자금은 단기자금으로, 시설자금은 장기자금으로 조달하는 것이 안전하다고 한다. 만약 시설자금을 단기자금으로 조달하면 투자수익을 올리기도 전에 자금을 상환해야 하는 압박을 받게 되어 기업이 재무적 곤경에 빠질 수 있기 때문이다.

고정비율(fixed ratio)이란 고정자산을 자기자본으로 나눈 비율을 말하는데 시설자금이라면 장기적으로 묶이는 것이므로 자기자본으로 조달해야 한다는 뜻으로 100%미만의 값을 바람직하다고 본다. 고정장기적합률(fixed assets to net worth and fixed liabilities)이란 이보다 좀더 양보해서 시설자금을 차입금에 의존하더라도 차입금은 장기적 성격을 갖는 것이어야 한다는 의미를 갖는다. 따라서 고정장기적합률은 고정자산을 자기자본과 장기차입금의 합계로 나누어 산출한다.

$$\text{고정비율}(\%) = \frac{\text{고정자산}}{\text{자기자본}} \times 100$$

$$= \frac{150,000}{71,000} \times 100 = 211.3\% \qquad (\text{산업평균 } 230\%)$$

$$\text{고정장기적합률}(\%) = \frac{\text{고정자산}}{\text{자기자본} + \text{장기차입금}} \times 100$$

$$= \frac{150,000}{71,000 + 84,000} \times 100 = 96.8\%$$

(산업평균 120%)

가나주식회사의 경우 고정비율은 200%이상으로 높게 나타나서 자금조달의 안전성이 염려되지만 고정장기적합률이 100%미만으로 나타나서 자금조달의 안전성이 크게 위험하다고 보지 않아도 될 것이다.

제3절 활동성비율

활동성비율(activity ratio)이란 회사가 보유 자산을 얼마나 활발하게 이용하였는가를 나타내는 비율이다. 구체적인 활동성분석방법은 매출액을 각 자산항목으로 나눈 값을 활동성비율로 산출해서 이를 분석하게 되는데 이 값을 대개 회전율(turnover)이라고 부른다. 따라서 매출액을 총자산액으로 나누면 총자산회전율이 되고 매출액을 매출채권으로 나누면 매출채권회전율, 재고자산으로 나누면 재고자산회전율이 된다.

(1) 총자산회전율

총자산회전율(total assets turnover)은 총자본회전율이라고도 하는데 이 비율은 회사의 총자산이 1년 동안 몇 번 회전하였는가를 나타내므로 회사가 얼마나 총자산을 능률적으로 활용했는가를 나타내는 지표이다. 이 비율이 낮으면 과다투자나 비효율적 투자를 하고 있다는 뜻이 된다.

가나주식회사의 경우 다음과 같이 총자산회전율은 산업평균보다 높다. 이는 자산규모를 고려해볼 때에 매출액이 많은 편이라는 것으로서 자산운용이 효율적으로 이루어지고 있다고 볼 수 있다.

$$\text{총자산회전율(회)} = \frac{\text{매출액}}{\text{총자산}}$$

$$= \frac{201{,}000}{210{,}000} = 0.96\text{회} \qquad \text{(산업평균 0.87회)}$$

그런데 위 식에서 보면 분자의 매출액은 1년 동안의 금액이고 분모의 총자산은 연말시점의 금액이다. 따라서 만약 기업의 자산이 연중에 큰 변동이 있었다면 위 식의 값은 왜곡된 결과를 가져다 줄 수 있다. 이러한 문제점 때문에 활동성비율(회전율)을 구할 때에는 분모의 값을 연초금액과 연말금액의 평균금액으로 사용하기도 한다.

(2) 매출채권회전율과 매출채권회수기간

매출채권회전율은 매출액을 매출채권으로 나누어 산출하는데 이는 매출채권이 얼마나 빨리 회수되는가를 나타내는 지표이다.

가나주식회사의 경우 매출채권회전율이 산업평균에 비해서 상당히 높은 편인데 이는 매출채권의 현금화속도가 빨라서 기업의 유동성이 양호하다는 것을 의미한다.

$$\text{매출채권회전율(회)} = \frac{\text{매출액}}{\text{매출채권}}$$

$$= \frac{201,000}{15,400} = 13.05\text{회} \qquad \text{(산업평균 7.74회)}$$

매출채권회전율을 관련하여 매출채권회수기간이라는 개념이 있다. 매출채권회수기간은 매출채권이 발생한 후 그 대금이 현금으로 회수될 때까지 걸리는 평균기간을 말한다. 기업의 신용정책에 의해 매출채권회수기간이 영향을 받지만 대체로 매출채권회수기간이 짧을수록 채권관리가 효율적으로 이루지고 있다고 본다. 매출채권회수기간을 구하기 위해서는 먼저 총매출액을 영업일수로 나누어 1일 매출액을 구한 후 매출채권을 1일 매출액으로 나누면 된다.

$$\text{1일 매출액} = \frac{\text{매출액}}{365}$$

$$= \frac{201,000}{365} = 550.7$$

$$\text{매출채권회수기간} = \frac{\text{매출채권}}{\text{1일매출액}}$$

$$= \frac{15,400}{550.7} = 28\text{일}$$

다른 방법으로는 매출채권회전율의 역수를 구하면 연단위의 매출채권회수기간이 된다. 일단위로 측정하려면 이 역수에 365를 곱하면 된다. 가나기업의 매출채권회수기간을 구하면 다음과 같이 0.077년이 되는데 이는 앞에서 구한 28일(=0.077×365)과 같은 값이다.

$$\text{매출채권회수기간} = \frac{1}{\text{매출채권회전율}}$$

$$= \frac{1}{13.05} = 0.077\text{(년)}$$

(3) 재고자산회전율과 재고자산회전기간

재고자산회전율은 매출액을 재고자산으로 나눈 값으로서 재고자산이 얼마나 빨리 판매되는가를 나타낸다. 재고자산회전율이 낮다는 것은 매출액에 비해서 과다한 재고를 갖고 있다는 것이며 재고자산회전율이 높다는 것은 적은 재고자산으로 생산 및 판매활동을 효율적으로 수행하고 있다는 의미이다.

가나주식회사의 경우 다음과 같이 재고자산회전율이 산업평균에 비해서 높은 것을 확인할 수 있는데 이는 재고자산을 효율적으로 관리하고 있다는 의미이다.

$$\text{재고자산회전율(회)} = \frac{\text{매출액}}{\text{재고자산}}$$

$$= \frac{201,000}{19,000} = 10.58\text{회} \qquad \text{(산업평균 7.99회)}$$

그런데 위 식에서 보면 분자에 해당하는 매출액은 판매가격이고 분모에 해당하는 재고자산은 원가로 측정된 것이어서 논리적 일관성이 없는 단점이 있다. 특히 매가와 원가의 차이, 즉 마진의 변동이 심하면 더 그렇다. 따라서 좀 더 정확한 회전율을 산출하기 위해서 분자의 매출액 대신에 매출원가를 사용하기도 한다.

매출채권회전율에서 설명한 방법으로 재고자산회전율을 이용해서 재고자산회전기간을 구할 수 있다. 가나기업의 재고자산회전기간을 일단위로 구하면 다음과 같다.

$$\text{재고자산회전기간} = \frac{1}{\text{재고자산회전율}} \times 365$$

$$= \frac{1}{10.58} \times 365 = 34\text{일}$$

이렇게 구한 재고자산회전기간은 기업의 원재료가 제품화되어서 매출액으로 실현되는데 걸리는 평균기간을 의미한다.

(4) 매입채무회전율과 매입채무지급기간

매입채무회전율은 매출액을 매입채무로 나누어 산출하는데 이는 매입채무의 결제속도를 나타내는 지표이다. 가나주식회사의 경우 매입채무회전율은 다음과 같다.

$$\text{매입채무회전율(회)} = \frac{\text{매출액}}{\text{매입채무}} = \frac{201,000}{21,200} = 9.48\text{회}$$

매입채무회전율의 역수는 매입채무지급기간으로 이용된다. 매입채무지급기간은 매입채무가 발생한 후 그 대금을 지급할 때까지 걸리는 평균기간을 말한다. 따라서 매입채무회전율이 높으면 매입채무지급기간이 짧아지는 것이므로 그만큼 더 매입채무를 빨리 지급하고 있다는 의미가 된다. 매입채무회전율을 통해서 가나주식회사의 매입채무지급기간을 구하면 다음과 같다.

$$\text{매입채무지급기간} = \frac{1}{\text{매입채무회전율}} \times 365 = \frac{1}{9.48} \times 365 = 38\text{일}$$

(5) 1회전 운전기간

활동성비율을 이용하면 영업사이클(operating cycle)과 현금전환사이클(cash conversion cycle)을 구할 수 있다. 영업사이클이란 기업이 원재료를 매입하고 이를 가공하여 제품으로 만들어 판매한 후 판매대금을 현금으로 회수할 때까지의 기간을 말한다. 따라서 재고자산회전기간과 매출채권회수기간의 합으로 구할 수 있다. 현금전환사이클이란 영업사이클에서 현금이 투입된 후 회수될 때까지의 기간을 말하는데 이를 1회전 운전기간이라고 부른다. 재고자산회전기간과 매출채권회수기간 동안 자금이 묶이게 되지만 매입채무지급기간 동안에는 대금을 주지 않아도 되므로 1회전 운전기간은 영업사이클에서 매입채무지급기간을 차감하여 다음과 같은 식으로 구한다.

1회전 운전기간 = 재고자산회전기간+매출채권회수기간−매입채무지급기간

따라서 가나주식회사의 영업사이클은 62일(=34+28)이고 1회전 운전기간은 24일(=34+28−38)이 된다. 즉, 1회의 영업사이클에서 현금이 필요한 기간이 24일이라는 의미이다.

(6) 1회전 운전자본

그러면 1회전 운전기간 동안에 어느 정도의 현금이 필요할까? 1회전 운전자본이 바로 이 금액을 의미한다. 손익계산서의 영업비용(매출원가와 판매관리비) 중에서 비현금비용(감가상각비)을 차감하면 1년 동안에 필요한 현금규모가 산출된다. 이를 1회전 운전기간에 해당하는 금액으로 조성하면 1회전 운전자본이 된다. 가나주식회사의 경우 손익계산서에서 다음과 같이 영업활동에 필요한 1년 단위의 현금규모를 구할 수 있다.

1년 단위의 현금필요액 = 매출원가 + 판매관리비 − 감가상각비
= 140,000+30,000−(8,000+7,000)
= 155,000억원

이 금액을 1회전 운전기간인 24일에 필요한 금액으로 환산하면 다음과 같은데 이 금액이 가나주식회사의 1회전 운전자본이 된다.

$$\text{1회전 운전자본} = \frac{155,000}{365} \times 24 = 10,192\text{억원}$$

제4절 수익성비율

수익성비율(profitability ratio)은 회사가 1년 동안 벌어들인 영업성과를 산출해서 매출액이나 투자자금의 단위당 얼마의 이익을 올리고 있는지를 나타내는 비율이다. 수익성분석의 목표는 회사가 자금을 얼마나

효율적으로 운용하였는가와 이익창출능력은 어느 정도인지를 평가하는 것이다.

(1) 매출액이익률

매출액이익률(profit to sales ratio)은 이익을 매출액으로 나누어 산출하는데 매출액 단위당 얼마의 이익을 올리고 있는지를 파악하기 위한 비율이다.

이때에 분자의 이익을 총이익으로 해서 매출액이익률을 산출하면 매출액총이익률, 영업이익을 기준으로 매출액이익률을 산출하면 매출액영업이익률, 경상이익을 기준으로 산출하면 매출액경상이익률, 당기순이익을 기준으로 산출하면 매출액순이익률이 되는데 이 중 매출액순이익률이 가장 많이 이용된다.

$$\text{매출액순이익률(\%)} = \frac{\text{당기순이익}}{\text{매출액}} \times 100$$

$$= \frac{3,200}{201,000} \times 100 = 1.59\% \quad \text{(산업평균 -0.35\%)}$$

(2) 자본이익률

자본이익률(profit to capital ratio)은 이익을 자본으로 나누어 산출하는데 투자자금 단위당 얼마의 이익을 올리고 있는지를 파악하기 위한 비율이다. 이때 분모의 투입자본을 총자본으로 해서 자본이익률을 산출하면 총자본이익률, 자기자본으로 해서 산출하면 자기자본이익률이라고 한다.

① 총자본이익률

총자본이란 타인자본(부채)과 자기자본의 합계를 말하며, 당기순이익을 총자본으로 나눈 값을 총자본이익률이라고 한다. 그런데 총자본은 자산총액과 일치하기 때문에 총자본이익률을 총자산이익률 또는 투자이익률(return on investment : ROI)이라고 부르기도 한다. 이 값은 회사에 투자된 총자본이 단위당 얼마의 순이익을 벌어들이는지를 파악하는 지표로서 다음 산식으로 산출된다.

$$총자본이익률(\%) = \frac{당기순이익}{총자본} \times 100$$

$$= \frac{3,200}{210,000} \times 100 = 1.52\% \qquad (산업평균\ -0.31\%)$$

그런데 이 비율의 변동요인을 좀더 구체적으로 분석하기 위해서 활동성비율인 총자본회전율을 이용하면 위 식은 다음과 같이 바꿀 수 있다.

$$\frac{당기순이익}{총자본} = \frac{당기순이익}{매출액} \times \frac{매출액}{총자본}$$

$$= 매출액순이익률 \times 총자본회전율$$

$$= 1.59\% \times 0.96 = 1.52\%$$

위와 같은 관계에서 총자본이익률이 상승하는 원인은 매출액순이익률이 상승하는 경우, 총자본회전율이 상승하는 경우, 두 가지가 함께 상승하는 경우 등으로 생각할 수 있다. 업종별 특징을 보면 소매업과 같은 경우는 매출액순이익률이 낮고 총자본회전율이 높은 반면, 조선업이나 화학제품제조업의 경우는 총자본회전율이 낮고 매출액순이익률은 높은 편이다.

② 자기자본이익률

자기자본이익률(return on equity : ROE)이란 당기순이익을 자기자본으로 나누어 산출한 비율인데 이는 회사의 주인인 주주의 입장에서 투자자금 단위당 얼마의 이익을 벌어들였는지를 파악할 수 있는 지표가 된다.

$$자기자본이익률(\%) = \frac{당기순이익}{자기자본} \times 100$$

$$= \frac{3,200}{71,000} \times 100 = 4.51\% \qquad (산업평균\ -1.29\%)$$

수익성과 관련된 산업평균비율들을 보면 전체적으로 음(−)의 값을 갖고 있는 것을 볼 수 있다. 이는 시장이 전반적으로 불경기상황이라는 의미인데 이런 중에서도 가나주식회사의 수익성관련비율들은 높은 값은 아니지만 모두 양(+)의 값을 갖고 있으므로 우수한 기업임을 알 수 있다.

제5절
성장성비율

성장성비율(growth ratio)은 일정기간 중에 회사의 규모나 경영성과가 얼마나 증대되었는가를 나타내는 비율이다. 대개 재무제표의 각 항목을 기준으로 전년대비 얼마나 증가하였는가를 증가율로 측정한다.

(1) 매출액증가율

매출액증가율은 전년도 매출액에 대한 올해 매출액의 증가율로 표시된다. 매출액은 정상적인 영업활동에서 계속적으로 발생하는 수익이므로 이 지표는 기업의 신장세를 판단하는데 유용하다. 또한 매출액증가율은 제품가격상승과 판매수량증가라는 두 가지 요인에 의해 영향을 받게 되므로 분석할 때에는 이 점을 고려해서 평가해야 한다.

$$\text{매출액증가율(\%)} = \frac{\text{당기매출액} - \text{전기매출액}}{\text{전기매출액}} \times 100$$

(2) 총자산증가율

회사에 투하되어 운용되고 있는 총자산이 전기에 비해서 당기에는 얼마나 증가하였는지를 표시하는 비율이 총자산증가율이다. 회사전체적인 성장규모를 측정하는 지표가 된다.

$$총자산증가율(\%) = \frac{당기총자산 - 전기총자산}{전기총자산} \times 100$$

(3) 이익증가율

• 이익증가율은 성장성분석에서 가장 관심이 많은 부분이다. 이익증가율에서는 대체로 영업이익증가율과 당기순이익증가율을 많이 이용한다. 영업이익증가율은 회사가 정상적인 영업활동을 하는 과정에서 벌어들이는 이익의 변동을 파악할 수 있는 것이며 순이익증가율은 여기에 비경상적이고 특별한 손익까지 고려되어 주주에게 귀속되는 순이익의 변동을 파악할 수 있는 지표이다.

$$영업이익증가율(\%) = \frac{당기영업이익 - 전기영업이익}{전기영업이익} \times 100$$

$$순이익증가율(\%) = \frac{당기순이익 - 전기순이익}{전기순이익} \times 100$$

제6절 생산성비율

생산성비율(productivity ratio)이란 기업의 생산성을 측정하는 비율이다. 생산성비율을 산출하기 위해서는 투입(input)과 산출(output)의 관계를 분석해야 한다. 여기서 기업의 중요한 투입요소는 노동과 자본이고 기업의 산출량은 부가가치로 파악한다. 그러므로 노동과 부가가치의 관계, 자본과 부가가치의 관계를 파악하는 것이 중요하다.

(1) 부가가치

부가가치(value added : VA)란 기업이 경영활동을 통해서 창출한 가치를 말한다. 예를 들어 기업이 원재료 등을 60만큼 매입해서 이를 가공하여 100에 매출하였다고 하자. 그러면 부가가치는 매출액 100에서 외부투입액 60을 차감해서 40으로 산출할 수 있는데 이렇게 매출액에서 외부투입액을 차감해서 부가가치를 구하는 방법을 공제법이라고 한다. 우리나라 세법(부가가치세법)에서는 이러한 공제법을 적용하고 있다.

그러나 부가가치를 구성하는 요소들을 하나하나 찾아내서 이들을 모두 더해서 부가가치를 산출할 수도 있다. 이러한 방법은 가산법이라고 하며 한국은행에서는 다음과 같이 다섯 가지 구성요소를 더하는 가산법을 사용하고 있다.[1)]

부가가치 = 영업잉여 + 인건비 + 금융비용 + 조세공과 + 감가상각비

여기서 영업잉여란 영업이익에 대손상각비를 가산하고 금융비용을 차감한 금액이다.

가나주식회사의 경우 손익계산서와 주어진 자료를 통해서 가산법을 이용하여 부가가치를 측정하면 다음과 같다.

영 업 잉 여	31,000 + 2,100 − 32,500	=	600 억원
인 건 비	11,200 + 9,000	=	20,200
금 융 비 용			32,500
조 세 공 과	1,600 + 900	=	2,500
감가상각비	5,000 + 6,000	=	11,000
부 가 가 치			66,800 억원

(2) 부가가치율

부가가치율(value added to sales ratio)은 일정기간 동안 창출된 부가가치를 같은 기간 동안의 매출액으로 나눈 값을 말한다. 이는 매출액 중에서 얼마의 금액이 생산과정에 참여한 사람들에게 소득으로 분배되는가를 의미한다.

흔히 산업구조를 고부가가치화하여야 한다는 말을 많이 듣게 되는데 이것은 생산활동을 효율적으로 운영하여 부가가치율을 높여야 한다는

---

1) 종전에는 부가가치를 다음과 같이 여섯 가지 구성요소를 더하는 가산법을 이용했다.
부가가치=경상이익+인건비+순금융비용+임차료+조세공과+감가상각비

뜻이다.

$$\text{부가가치율(\%)} = \frac{\text{부가가치}}{\text{매출액}} \times 100$$
$$= \frac{66,800}{201,000} \times 100 = 33.2\%$$

(3) 노동생산성

노동생산성(productivity of labor)은 노동력 단위당 생산성과를 나타내는 것으로 종업원 1인당 부가가치로 측정한다. 따라서 부가가치를 종업원 수로 나누어 산출한다.

노동생산성이 높다면 기업이 종업원을 효율적으로 활용해서 많은 부가가치를 올렸다는 뜻이 된다. 그리고 노동생산성의 증가는 종업원의 입장에서는 임금인상을 요구할 수 있는 합리적 근거가 된다. 이 지표는 기업의 경쟁력뿐만 아니라 특정국가의 경쟁력을 파악할 수 있는 지표가 된다.

$$\text{노동생산성} = \frac{\text{부가가치}}{\text{종업원 수}}$$
$$= \frac{66,800}{71,000\text{명}} = 0.94\text{억원}$$

(4) 자본생산성

자본생산성(productivity of capital)은 자본 단위당 생산성과를 나타내는 것이다. 즉, 경영활동을 위해서 기업에 투자된 자본이 단위당 얼마의 부가가치를 창출했는가를 의미한다. 따라서 부가가치를 총자본(또는 총자산)으로 나누어 산출한다.

노동생산성과 함께 생산성을 측정하는 기본적 지표로 사용되기 때문에 두 가지 지표를 함께 분석해야 한다. 예를 들어 생산공정을 자동화시키면 노동투입량감소로 노동생산성은 증가할 수 있으나 자본투입량의 증가로 자본생산성은 감소하기 때문이다.

$$\text{자본생산성} = \frac{\text{부가가치}}{\text{총자본}}$$

$$= \frac{66,800}{210,000} \times 100 = 31.8\%$$

제7절
주가관련비율

재무비율은 반드시 재무제표에서만 구해지는 것은 아니다. 재무제표는 일정한 기업회계기준에 의해서 작성되는 것이어서 시장가치를 반영하지는 못한다. 시장가치개념으로 기업을 평가하기 위해서는 증권시장에서 형성되는 주가자료를 이용하는 것이 바람직하다. 이때에 주로 많이 이용되는 비율로서 다음과 같은 주가수익비율, 주가순자산비율 등이 있다.

(1) 주가수익비율

주가수익비율(price earnings ratio : PER)은 다음과 같이 분석대상기업의 현재주가를 그 기업의 1주당 순이익(EPS)으로 나누어 산출한다. PER은 주식가격이 1주당 순이익의 몇 배 수준으로 형성되어 있는가를 측정하는 값이기 때문에 주가수익배율이라고도 한다. 따라서 다른 조건은 동일한데 PER이 낮은 주식이 있다면 이것은 저평가되어 있다는 것이므로 주가상승 가능성이 높은 것으로 판단할 수 있다.

가나주식회사의 2005년말 1주당 가격이 80,000원이라면 손익계산서의 1주당 순이익 2,850원을 이용해서 이 회사의 PER을 다음과 같이 구할 수 있다.

$$PER = \frac{\text{현재 주가}}{\text{1주당 순이익}} = \frac{80,000}{2,850} = 28.1\text{ 배}$$

(2) 주가순자산비율

PER과 함께 자주 인용되는 분석지표로 주가순자산비율(price book-value ratio : PBR)이라는 지표가 있다. PER이 주가를 1주당 순이익으로 나눈 것인데 비해서 PBR은 주식가격을 1주당 순자산으로 나누어 계산한 값이다. 여기서 1주당 순자산은 대차대조표상의 자기자본총계를 발행주식수로 나누어 구하는데 기업이 청산할 때 1주당 돌아갈 재산가치를 의미하는 것이다.

가나주식회사의 1주당 순자산액은 대차대조표의 자본(순자산) 71,000억원을 보통주발행주식수 1,123백만주로 나누면 63,224원이 된다. 따라서 이 회사의 PBR은 다음과 같다.

$$PBR = \frac{\text{현재 주가}}{\text{1주당 순자산}} = \frac{80,000}{63,224} = 1.27\text{ 배}$$

결국 PBR은 주식가격이 1주당 순자산의 몇 배 수준으로 형성되어 있는가를 측정하는 값이다. PER과 마찬가지로 PBR이 같은 업종의 다른 기업에 비해서 낮게 형성된 주식은 저평가되어 있다는 것이므로 주가상승 가능성이 높은 것으로 판단할 수 있다.

(3) 주가매출액비율

주가매출액비율(price to sales ratio : PSR)은 주가를 1주당 매출액으로 나누어 계산한 값이다. 대개 창업초기의 벤처회사들은 순이익을 올린 것이 없어서 PER을 사용하기 어렵다. 뿐만 아니라 이들은 아이디어 위주의 회사들이기 때문에 시설투자도 많지 않아서 순장부가액도 음(−)의 값을 갖는 경우가 적지 않다. 이때에는 PSR이 유용한 평가지표로 사용될 수 있다.

여기서도 가나주식회사의 1주당 매출액은 손익계산서의 매출액 201,000억원을 보통주발행주식수 1,123백만주로 나누면 178,985원이 된다. 따라서 이 회사의 PSR은 다음과 같이 산출된다.

$$PSR = \frac{\text{현재 주가}}{\text{1주당 매출액}} = \frac{80,000}{178,985} = 0.45 \text{ 배}$$

(4) 토빈q비율

토빈q비율(Tobin's q ratio)이란 다음과 같이 부채와 자본의 시장가치를 자산의 대체원가로 나누어 산출하는 비율이다. 그 이름은 이 개념을 제시한 경제학자인 토빈의 이름을 따서 부쳐진 것이다.

$$\text{토빈 } q = \frac{\text{부채} \cdot \text{자본의 시장가치}}{\text{자산의 대체원가}}$$

여기서 분자는 자본시장에서 기업을 평가하는 값이고 분모는 실물시장에서의 기업가치라고 할 수 있다. 자본시장에서 기업을 높게 평가하는 것은 그만큼 기업이 좋은 투자기회를 갖고 있는 것이라고 볼 수 있다. 이러한 논리를 따라서 토빈은 q가 1보다 크면 기업은 투자를 늘리고 1보다 작으면 투자를 중단하게 된다고 하였다.

또한 토빈q비율은 M&A시장에서 합병가능성을 판단하는 데에 이용되기도 한다. 만약 q가 1보다 작으면 실물자산을 구입하는 것보다 자본시장에서 주식을 매입하고 부채를 인수하는 것이 더 경제적이기 때문에 합병가능성이 있다고 판단한다.

연습문제

진위형

1. 유동비율보다 당좌비율을 중시하는 것은 재고자산의 유동성을 의심하기 때문이다. ( )
2. 매출채권회전율이 높고 매입채무회전율이 낮으면 기업은 자금압박을 받게 된다. ( )
3. 시설자금을 단기자금으로 조달하면 고정비율이나 고정장기적합율이 낮아지게 된다. ( )
4. 고정비율이 100%보다 크면 고정자산에 투자된 자본 중 일부는 부채에 의존하고 있다는 의미이다.( )
5. 이자보상비율이 1보다 크다면 일단 기업가치는 감소하지 않는 것이다. ( )

정답 1. ○ 2. × 3. × 4. ○ 5. ×

선택형

1. 대차대조표차변은 유동자산과 고정자산으로, 대변은 유동부채와 고정부채, 자기자본만으로 구성된 기업이 있다. 고정비율은 200%, 고정장기적합률은 100%라고 하면 유동비율은 얼마인가?

① 50% ② 66.7% ③ 100% ④ 150%

정답 ③

해설 자본을 100으로 놓으면 고정자산은 200, 고정부채는 100이 된다. 따라서 유동자산과 유동부채는 대차평균의 원리에 의해 동일한 금액이 되므로 유동비율은 100%가 된다.

2. 부가가치란 기업이 창출한 가치로서 기업의 이해관계자에게 배분되는 것이다. 이때의 이해관계자에 해당되지 않는 것은?

① 정부 ② 주주 ③ 채권자 ④ 납품업체

정답 ④

해설 납품업체의 재료비 또는 외주가공비는 부가가치의 구성요소가 아니다.

3. 가나기업의 유동비율은 220%(198%), 당좌비율은 80%(95%), 매출액영업이익률은 12%(8%), 매출액순이익률은 4%(6%)이다. 단, 괄호안은 산업평균비율임. 산업평균과 비교한 이 기업의 재무분석 결과를 바르게 설명한 것은?
① 부채상환을 위한 현금화능력은 우수한 편이다.
② 재고자산회전율이 낮을 것이다.
③ 판매비 및 일반관리비의 비중이 높은 편이다.
④ 부채비율은 산업평균과 비슷한 수준이다.

정답 ②

해설 유동비율은 높지만 당좌비율이 낮은 것은 재고자산이 많다는 것이고 따라서 재고자산회전율은 낮게 된다.

4. 가나기업의 재고자산회전율은 8회, 매출채권회전율은 6회, 매입채무회전율은 9회이다. 매출액은 100억원, 영업이익은 10억원, 감가상각비는 6억원이라고 할 때에 1회전 운전기간과 운전자본은 얼마인가? 단, 1년은 365일로 가정한다.
① 25일, 7억원 ② 66일, 15억원
③ 66일, 18억원 ④ 147일, 34억원

정답 ②

해설 $(\frac{1}{8}+\frac{1}{6}-\frac{1}{9})\times 365=66$일, $(100-10-6)\times\frac{66}{365}=15$억원

5. 고정비율, 고정장기적합률은 자본배분의 안정성을 측정할 수 있는 재무비율이다. 이들과 관련된 다음 설명 중 올바른 것은?
① 이들 지표는 높은 값을 갖는 것이 바람직하다고 판단한다.
② 고정비율은 고정자산과 안정적 자본과의 관계에서 산출된다.
③ 고정장기적합률은 고정자산과 자기자본과의 관계에서 산출된다.
④ 고정장기적합률이 고정비율보다 완화된 측정지표이다.

정답 ④

해설 고정비율은 고정자산의 취득자금을 자기자본만으로 제한하지만 고정장기적합

률은 고정부채까지 인정하는 비율이다.

6. 유동비율과 당좌비율, 그리고 고정비율과 고정장기적합률중에서 그 적용기준이 엄격한 것끼리 바르게 연결한 것은?

① 유동비율-고정비율

② 유동비율-고정장기적합률

③ 당좌비율-고정비율

④ 당좌비율-고정장기적합률

정답 ③

7. 다음은 EVA를 측정하는 식들이다. 이 중 잘못된 것은?

① NOPAT－총자본조달비용

② (영업이익－법인세)－(타인자본조달비용＋자기자본조달비용)

③ 투자자본×(ROIC－WACC)

④ 경상이익－지급이자와 법인세

정답 ④

해설 EVA는 영업이익에서 자본비용 및 법인세를 차감한 값이다.

8. 재무분석은 회계자료뿐만 아니라 시장가치를 이용해야 한다. 다음의 시장가치비율에 대한 설명 중 잘못된 것은?

① PER은 미래의 주가를 예상할 때에 이용할 수 있다.

② PER은 PBR, PSR보다 사용범위가 넓다.

③ PER은 수익가치에, PBR은 자산가치에 중점을 둔 것이다.

④ 최근 들어 PSR에 대한 관심이 증가되고 있다.

정답 ②

해설 PER는 이익이 있는 기업에만 적용할 수 있기 때문에 적용범위가 가장 좁다.

9. 생산성비율을 측정하려면 우선 부가가치를 산출해야 한다. 부가가치를 구성하는 요소를 두 가지씩 묶은 것이다. 잘못된 것은?

① 재료비와 노무비

② 노무비와 경비

③ 경비와 지급이자

④ 지급이자와 제세공과

정답 ①

해설 부가가치를 구성하는 요소는 경상이익, 인건비, 금융비용, 임차료, 감가상각비, 조세공과 등 6가지이다.

10. 고정비율은 고정자산취득에 따른 자본배분의 안정성을 측정하는 지표이다. 이에 대한 다음 설명 중 틀린 것은?

① 일반적으로 고정비율은 100%를 기준으로 적정여부를 판단한다.
② 고정비율은 중화학공업에서 높으며 서비스업에서는 낮게 나타난다.
③ 노동집약적 산업에서는 고정비율이 낮고 자본집약적 산업에서는 고정비율이 높다.
④ 고정비율이 100% 이하가 되면 시설자금의 일부를 부채로 조달한 것을 의미한다.

정답 ④

해설 고정비율이 100%보다 작으면 자기자본이 고정자산보다 크다는 것이다. 즉, 부채에 의존하지 않고 고정자산을 취득한 상태라고 볼 수 있다.

11. 고정장기적합률은 자본배분의 안정성을 측정하는 지표이다. 어떤 회사의 고정비율은 150%, 고정장기적합률이 100%라고 한다. 고정자산을 취득하기 위한 자본구성에 대해 올바르게 설명한 것은?

① 부채가 자본보다 많다. ② 자본이 부채보다 많다.
③ 자본과 부채가 동일하다. ④ 자본배분의 안정성이 취약하다.

정답 ②

해설 자본을 100으로 놓으면 고정자산은 150이고 고정부채는 50이라는 의미이다.

12. 대차대조표차변은 유동자산과 고정자산으로, 대변은 유동부채와 고정부채, 자기자본만으로 구성된 기업이 있다. 고정비율은 200%, 고정장기적합률은 100%라고 할 때에 다음 설명 중 잘못된 것은?

① 자기자본은 고정자산보다 작은 금액이다.
② 고정부채는 고정자산의 반이다.
③ 유동자산은 유동부채보다 큰 금액이다.
④ 당좌비율은 100%이하이다.

정답 ③

해설 자본을 100으로 놓으면 고정자산은 200, 고정부채는 100이 된다. 따라서 유동자산과 유동부채는 대차평균의 원리에 의해 동일한 금액이 된다. 유동자산에는 재고자산이 있을 수 있으므로 당좌비율은 100%이하가 된다.

13. 자본금 10,000원, 잉여금 20,000원으로 자본이 구성된 기업이 있다. 당좌비율은 40%, 부채비율은 150%, 총자산회전율 1.5회, 재고자산회전율 5회라면 이 기업의 재고자산은 얼마인가?

① 22,500원 ② 30,000원 ③ 45,000원 ④ 75,000원

정답 ①

해설 자본은 30,000원, 부채는 45,000원(=30,000 × 150%), 자산은 75,000원이므로 매출액은 112,500(75,000 × 1.5회)이 된다. 따라서 재고자산은 22,500원(=112,500 ÷ 5회)이 된다.

14. 가나기업의 유동비율은 150%, 부채비율은 200%, 고정비율은 150%이다. 이 기업에 대해서 자본배분의 안정성을 진단한 결과로 가장 적합하지 않은 것은?

① 고정장기적합률은 75%이다.
② 자본배분의 안정성은 무난하다.
③ 부채의 반은 고정자산을 취득하는데 사용되고 있다.
④ 자본만으로는 고정자산을 커버하지 못하고 있다.

정답 ③

해설 자본을 100으로 놓으면 고정자산은 150이고 부채는 200이다. 총자본(총자산)이 300이므로 유동자산은 150이고 유동비율이 150%이므로 부채 200 중 유동부채는 100이 되고 나머지 100은 고정부채이다. 따라서 고정부채의 반이 고정자산의 취득에 사용되고 있다.

15. 가나기업의 유동비율은 202%(200%), 당좌비율은 80%(100%), 부채비율은 220%(200%)이다. 괄호 안은 산업평균비율임. 이 기업에 대한 진단결과 중 어떤 해석이 가장 적합한가?

① 유동성분석의 결과 대체로 무난한 편이다.
② 부채비율이 높아서 현금이 부족한 수준이다.

③ 영업활동에 필요한 운전자본이 부족하다.
④ 재고자산회전율이 낮을 가능성이 높다.

정답 ④

해설 유동비율은 괜찮지만 당좌비율이 낮으면 재고자산이 많다는 뜻이다. 따라서 일정한 매출수준에서 재고자산회전율이 낮을 가능성이 높다.

16. 가나기업의 생산성지표는 노동생산성 32백만원(40백만원), 자본생산싱 55%(56%), 부가가치율 32.4%(31.5%)이다. 단, 괄호 안은 산업평균비율임. 산업평균비율과 비교해서 이 기업에 대한 평가결과를 잘못 설명하고 있는 것은?

① 노조의 영향력이 센 기업이라고 할 수 있다.
② 일부 생산설비를 매각할 필요가 있다.
③ 종업원 수가 많은 편이다.
④ 종업원에 대한 교육훈련을 강화할 필요가 있다.

정답 ②

해설 자본생산성은 괜찮으나 노동생산성이 크게 떨어지는 것은 종업원 수가 적정규모를 초과하고 있다는 뜻이다.

17. 다음은 PER, PBR, PSR에 대한 설명이다. 다음 설명 중 잘못된 것은?

① 이들 비율은 모두 시장가치를 반영한 것이다.
② 주식 중에서 수익주는 PER, 가치주는 PBR이 더 중요하다.
③ 이들 중 PSR의 적용범위가 가장 넓다.
④ 적용된 회계기준이 달라진다고 해서 이들 값이 달라지는 것은 아니다.

정답 ④

해설 회계기준이 달라지면 이들 지표는 그 값이 다 달라진다.

18. 자본배분의 안정성을 측정하는 고정비율과 고정장기적합률에 대한 다음 설명 중 올바른 것은?

① 이들 지표는 높은 값을 갖는 것이 바람직하다고 판단한다.
② 고정비율은 고정자산과 장기적 자금조달과의 관계에서 산출된다.
③ 고정장기적합률은 고정자산과 자기자본과의 관계에서 산출된다.

④ 고정비율보다 고정장기적합률이 더 느슨한 측정지표라고 할 수 있다.

정답 ④

해설 고정비율이 고정장기적합률보다 더 엄격한 지표이다.

19. 주가를 이용해서 산출하는 재무비율로 PER, PBR, PSR 등이 있다. 이들에 대한 설명 중 바르게 기술된 것은?

① 가장 많이 이용되는 것은 PBR이다.
② 회계처리방법에 의해서 영향을 가장 적게 받는 것은 PSR이다.
③ 적용범위가 가장 넓은 것은 PER이다.
④ PBR의 역수는 자본비용으로 이용된다.

정답 ②

해설 매출액은 회계처리방법의 차이에 가장 덜 영향을 받는 계정과목이다.

20. '박리다매(薄利多賣)'를 재무분석적 관점에서 표현한다면?

① 매출액이익률과 회전율이 높다.
② 매출액이익률은 높고 회전율은 낮다.
③ 매출액이익률은 낮고 회전율은 높다.
④ 매출액이익률과 회전율이 낮다.

정답 ③

해설 박리다매란 할인점과 같이 싼 가격에 많이 파는 전략이다.

21. 고정비율은 자본배분의 안정성을 측정하는 지표이다. 이에 대한 다음 설명 중 틀린 것은?

① 일반적으로 고정비율은 100%를 기준으로 적정여부를 판단한다.
② 고정비율은 중화학공업에서 높으며 서비스업에서는 낮게 나타난다.
③ 노동집약적 산업에서는 고정비율이 낮고 자본집약적 산업에서는 고정비율이 높다.
④ 고정비율이 100% 이하가 되면 시설자금의 일부를 부채로 조달한 것을 의미한다.

정답 ④

해설 고정비율이 100% 이하이면 고정자산보다 자본금액이 더 크다는 뜻이 된다.

22. 한국은행에서는 부가가치를 가산식으로 산출하고 있다. 가산식으로 산출할 경우 부가가치를 구성하는 요소가 아닌 것으로만 묶여 있는 것은?

① 재료비, 외주경비 ② 노무비, 조세공과

③ 제조경비, 외주경비 ④ 재료비, 이자비용

정답 ①

23. 가나기업의 재고자산회전율은 8회전, 매출채권회전율은 5.9회전, 매입채무회전율은 9.4회전이라고 할 때 이 회사의 1회전 운전기간은 얼마인가?

① 39일 ② 46일 ③ 63일 ④ 70일

정답 ④

해설 $(\frac{1}{8}+\frac{1}{5.9}-\frac{1}{9.4})\times 365=70$일

24. 23에서 가나기업의 매출원가는 67억원, 판매관리비는 26.5억원인데 이 중에는 감가상각비가 6.5억원이 포함되어 있다. 이 기업의 1회의 영업활동에 소요되는 운영자금은 얼마로 예상되는가?

① 10.6억원 ② 16.5억원 ③ 24억원 ④ 56.8억원

정답 ②

해설 $(67+26.5-6.5)\times\frac{70}{365}=16.5$억원

25. 다음은 가나기업의 생산성지표를 산업평균과 비교한 것이다. 다음 중 알맞은 해석은?

비 율	가나기업	산업평균
노동생산성	55백만원	70백만원
자본생산성	55%	56%
부가가치율	32.4%	31.5%

① 산업평균에 비해 종업원 수가 많은 것 같다.

② 노동소득분배율은 산업평균에 비해서 낮을 것이다.
③ 재료비나 외주가공비에 대한 의존도가 높은 편이다.
④ 수익성은 산업평균에 비해서 높을 것이다.

정답 ①
해설 다른 지표는 산업평균과 별 차이가 없지만 노동생산성이 크게 떨어지기 때문이다.

26. 다음은 서울기업의 유동성비율을 산업평균과 비교한 것이다. 다음 중 잘못된 해석은?

비 율	서울기업	산업평균
유동비율	160%	140%
당좌비율	55%	90%

① 팔리지 않는 재고를 많이 갖고 있다.
② 유동비율이 높아도 당좌비율이 낮기 때문에 유동성에 문제가 있다.
③ 현금과 예금의 비율이 산업평균에 비해서 낮을 가능성이 높다.
④ 재고자산회전율은 산업평균에 비해서 높을 것이다.

정답 ④
해설 과잉재고로 인해서 재고자산회전율이 낮을 것이다.

27. 다음은 PER, PBR, PSR에 대한 설명이다. 다음 설명 중 잘못된 것은?
① 이들 비율은 모두 시장가치를 반영한 것이다.
② 주식 중에서 수익주는 PER, 가치주는 PBR이 더 중요하다.
③ PSR의 변동성보다 PER의 변동성이 더 안정적이다.
④ 적용된 회계기준이 달라지면 이들 값이 달라지는 문제점이 있다.

정답 ③
해설 PER, PBR, PSR 중에서 PSR의 변동성이 가장 작다.

28. 2000~2004년까지의 기간에 한국근로자의 시간당 노동생산성은 10.4달러로서 OECD회원국 평균수준(27달러)에 40%도 안 되는 수준이라는 통계가

발표된 적이 있었다. 특히 미국과 일본은 40달러에 이르러 이들 국가의 25% 수준이었다. 이러한 통계에 대한 다음 설명 중 중 잘못된 것은?

① 노동생산성은 노동력의 단위당 생산성을 나타내는 지표이다.
② 노동생산성은 종업원 1인당 매출액으로 측정한다.
③ 우리나라 근로자가 1시간 일해 올린 생산성을 미국과 일본 근로자는 15분에 올린다는 뜻이다.
④ 자본생산성도 노동생산성과 밀접한 관계를 갖는다.

정답 ②

해설 노동생산성은 종업원 1인당 부가가치로 측정한다.

29. 다음 중 생산활동의 효율성을 측정할 수 있는 지표는?

① 매출액총이익률　② 매출액영업이익률
③ 매출액경상이익률　④ 매출액순이익률

정답 ①

해설 생산활동의 결과는 매출원가에 나타난다.

30. 기업의 활동성을 측정하는데 가장 중요한 계정과목은 무엇인가?

① 경제적 부가가치　② 매출액
③ 영업비용　④ 부가가치

정답 ②

해설 활동성을 측정하는 회전율은 모두 매출액을 이용해서 산출한다.

31. 총자본이익률(ROI)은 산업평균에 비해서 낮은데 자기자본이익률(ROE)은 산업평균에 비해서 높은 기업이 있다. 이 기업에 대해 어떻게 해석해야 할까?

① 산업평균에 비해서 자기자본비율이 높다.
② 산업평균에 비해서 고정비율이 높다.
③ 산업평균에 비해서 부채비율이 높다.
④ 산업평균에 비해서 활동성비율이 높다.

정답 ③

해설 ROE = ROI×(1 + 부채비율)

32. 다음 중 부채비율과 실질적으로 같은 정보를 제공하는 것은?

① 자기자본비율 ② 이자보상비율
③ 고정비율 ④ 총자산증가율

정답 ①

33. 기업이 보유하고 있는 잉여금이 주가에 어느 정도 반영되고 있는가를 확인할 수 있는 지표는 다음 중 어느 것인가?

① PER ② PBR ③ PSR ④ PCR

정답 ②

해설 자본계정의 시가(주가)를 액면가로 나눈 것이 PBR이므로 잉여금이 주가에 덜 반영될수록 PBR은 높게 된다.

34. 부가가치에 대한 다음 설명 중 틀린 것은?

① 노무비 비중이 높으면 부가가치가 높다는 것을 의미한다.
② 노동소득분배율도 부가가치와 관련된 재무비율이다.
③ 노동생산성은 금액으로 측정하지만 자본생산성은 %단위로 측정한다.
④ 재료비는 거래처에게 분배되는 부가가치라고 할 수 있다.

정답 ④

해설 재료비는 부가가치가 아니다.

35. 기업의 1회전 운전자본이란 1회전 운전기간 동안에 기업이 필요로 하는 운영자금의 규모를 말한다. 다음 중 1회전 운전자본규모에 양(+)의 효과를 미치는 것들로만 묶은 것은?

① 매출액, 재고자산 ② 영업이익, 감가상각비
③ 매출액, 감가상각비 ④ 매입채무, 매출채권

정답 ①

해설 영업비용(=매출액－영업이익)에서 감가상각비를 차감한 금액이 연단위 운전자본규모이다. 재고자산이 많으면 재고자산회전기간이 길어져서 1회전 운전기간이 길어진다. 연단위 운전자본규모가 클수록, 1회전 운전기간이 길수록 1회전 운전자본규모가 커진다.

36. 생산성비율을 분석하는 경우에는 부가가치가 필수적 지표가 된다. 부가가치를 가산법으로 산출하려면 ( )에 인건비, 순금융비용, 임차료, 조세공과, 감가상각비를 더하면 된다. ( )안에 알맞은 이익개념은?

① 매출총이익 ② 영업이익
③ 경상이익 ④ 당기순이익

정답 ③

해설 부가가치를 구성하는 이익은 경상이익이다.

계산형

1. 다음은 가나기업의 활동성과 관련된 재무비율을 산업평균과 비교한 표이다. 각 물음에 간단하게 답하시오.

재무비율	산업평균	가나기업
재고자산회전율	8회전	6회전
매출채권회전율	11	9
매입채무회전율	10	17
총자산회전율	2.0	1.7

(1) 가나기업의 1회전 운전기간을 측정하라.
(2) (1)의 결과를 산업평균과 비교해서 가나기업을 간단하게 평가하라.
(3) 매출액은 6,800백만원, 영업이익은 600백만원, 감가상각비는 1,200백만원이라고 할 때에 1회전 운전자본을 측정하라.

정답과 해설

(1) 가나기업의 1회전 운전기간 = $(\frac{1}{6}+\frac{1}{9}-\frac{1}{17}) \times 365 = 80$일

(2) 산업평균의 1회전 운전기간 = $(\frac{1}{8}+\frac{1}{11}-\frac{1}{10}) \times 365 = 42$일

가나기업의 경우에는 원재료를 제품으로 생산해서 판매할 때 까지 걸리는 기간은 산업평균에 비해서 짧으나 매출채권회수가 늦고 매입채무는 빨리 상환하는 등 신용업무의 잘못으로 1회전 운전기간이 길어서 자금압박을 받는 실정이다.

(3) 영업비용 = 매출액 − 영업이익 = 6,800 − 600 = 6,200
현금지출영업비용 = 영업비용 − 감가상각비 = 6,200 − 1,200 = 5,000

가나기업의 1회전 운전자본=5,000 × $\frac{80}{365}$ = 1,096 백만원

2. 다음 대차대조표와 비율분석자료를 이용해서 각 물음에 답하시오.

대차대조표			
현　금	(　　)	매입채무	(　　)
매출채권	(　　)	자본금	10,000
재고자산	(　　)	잉여금	20,000
유형자산	(　　)		
총자산	(　　)	총자본	(　　)

당좌비율 40%, 부채비율 150%
총자본회전율 1.5회, 재고자산회전율 5회
매출채권회수기간 20일(단, 1년은 360일), 매출액총이익률 20%

(1) 매출액과 매출원가는 얼마인가?
(2) 위 대차대조표의 빈 칸을 채우시오.
(3) 고정비율과 고정장기적합률을 구하시오.

정답 과 해설

부채비율 = 150% = $\frac{\text{매입채무}}{\text{자본}}$ = $\frac{\text{매입채무}}{10{,}000+20{,}000}$ → 매입채무 = 45,000

총자산(총자본) = 45,000 + 10,000 + 20,000 = 75,000

총자본회전율 = 1.5회 = $\frac{\text{매출액}}{75{,}000}$ → 매출액 = 112,500

매출액총이익률 = 20% = $1-\frac{\text{매출원가}}{112{,}500}$ → 매출원가 = 90,000

재고자산회전율 = 5회 = $\frac{112{,}500}{\text{재고자산}}$ → 재고자산 = 22,500

매출채권회수기간 = 20일 = $\frac{\text{매출채권}}{\text{1일매출액}}$ = $\frac{\text{매출채권}}{112{,}500/360}$ → 매출채권 = 6,250

당좌비율 = 40% = $\frac{\text{현금}+6{,}250}{45{,}000}$ → 현금 = 11,750

현금 + 매출채권 + 재고자산 + 고정자산 = 총자산
11,750 + 6,250 + 22,500 + 고정자산 = 75,000 → 고정자산 = 34,500

고정비율 = $\frac{\text{고정자산}}{\text{자본}}$ = $\frac{34{,}500}{30{,}000}$ = 115%

고정장기적합률은 고정부채가 없으므로 고정비율과 동일하게 115%이다.

제5장 종합적 비율분석

비율분석은 그 비율이 갖는 특성에 따라서 특정한 목적에 알맞은 정보를 제공해주는 장점이 있다. 그러나 그 정보들은 개별적인 것이어서 어떤 경우에는 서로 다른 결과를 가져다주는 경우가 있을 수 있다. 예를 들어 안전성은 높은데 활동성이 낮은 기업이 있다면 이를 종합해서 어떻게 결론을 내릴 수 있을까? 이러한 문제를 해결해주는 방법이 종합적 비율분석이다. 종합적 비율분석의 대표적 방법으로 지수법, ROI법, ROE법 등이 있다. 제5장에서는 이를 중심으로 설명한다.

제 1 절 종합적 비율분석이란?

1. 개별적 비율분석의 한계

앞서 살펴 본 비율분석은 기업분석의 가장 대표적인 기법이다. 그러나 개별적인 재무비율분석을 통해서 얻은 정보로 기업전체를 평가하는 데에는 한계가 있을 수 있다. 예를 들어서 유동성비율은 높으면서 부채비율이 낮다면 이는 항상 바람직한 것일까? 그렇지 않다. 만약 마땅한 투자기회를 갖지 못해서 대안 없이 현금을 보유하고 있는 상황이라면 기업의 성장을 기대하기 어렵기 때문이다. 따라서 이러한 경우에는 수익성분석도 동시에 수반되어야 어떤 판단을 내릴 수 있다.

2. 종합적 비율분석

개별적인 비율분석이 갖는 한계점을 극복하기 위해 개별적 비율분석을 기업전체에 대한 평가로 발전시킨 것이 종합적 비율분석이다. 이에 대한 구체적인 기법은 지수법, ROI분석, 기업체종합평가표분석 등이 있다. 이들은 모두 개별적인 비율분석의 결과를 이용하는 것이지만 이용방법이 서로 차이가 있다. 본격적인 설명에 앞서 이들의 내용을 간단하게 설명한다.

(1) 지수법

지수법은 종합적 비율분석 중 비교적 간단한 기법이다. 따라서 재무분석에서는 전통적으로 가장 오랜 동안 이용되어온 기법이기도 하다. 이는 개별적으로 산출한 재무비율들 중에서 분석목적에 알맞는 것들을 선택한 후 이들을 지수화하여 종합적 판단의 근거로 삼는 것이다. 100점을 기준으로 100점을 넘으면 우량기업으로, 100점에 미달하면 불량기업으로 판단한다.

(2) ROI분석

투자이익률(return on investment : ROI)은 손익계산서와 대차대조표를 하나로 집약시키는 종합비율이다. ROI분석은 ROI를 이용해서 기업을 전체적인 관점에서 계획하고 통제하는 분석기법이다. 이는 또한 주주의 입장을 중시하는 재무비율인 자기자본이익률(ROE)로 전환시킬 수 있는 장점도 있어서 가장 널리 이용되고 있는 기법이기도 하다.

(3) 기업체종합평가표분석

기업체종합평가표분석은 우리나라에서 은행들이 기업을 평가할 때에 이용하는 기법이다. 종전에는 거의 모든 은행들이 한국은행의 분석모델을 이용하였다. 그러나 최근에는 시중은행들이 자신들의 고유모델을 개발하여 거래기업의 신용상태를 분석하고 있다. 대개는 개별적인 재무비율과 같은 양적 정보뿐만 아니라 다양한 질적 정보까지 포함하고 있다.

제2절 지수법

1. 지수법이란?

예를 들어 개별적인 비율분석에서 안전성비율은 높지만 활동성비율이 낮은 경우 또는 수익성비율은 높지만 성장성비율이 낮은 경우에는 해당 기업의 전반적인 재무상태와 경영성과에 대한 전체적 판단을 어떻게 내려야 할까?

지수법(index method)이란 이러한 개별적인 비율분석이 갖는 문제점을 해결하기 위해서 도입된 것이다. 지수법은 개별분석의 결과에서 얻은 값들 중에서 분석목적에 맞추어 몇 개의 비율들을 선택해서 이들을 이용하는 것이다. 구체적으로는 이들 비율값들을 이용하여 표준비율과의 관계에서 지수를 산출한 후, 이들의 합계를 구하여 기준점수 100과 비교해서 종합적 판단을 내리는 것이다.

2. 적용절차

지수법을 적용하는 절차는 대체로 네 단계로 구성된다. 각 단계별 내용을 구체적으로 설명하면 다음과 같다.

(1) 1단계

1차적으로 분석목적에 따라서 주요비율을 몇 개 선택한다. 예를 들어 은행의 입장이라면 대출금의 회수가능성을 염두에 두고 안전성을 중시할 것이므로 유동비율이나 부채비율 등을 주로 선택하게 될 것이다. 그러나 투자자의 입장이라면 미래의 성장가능성을 생각해서 수익성비율이나 성장성비율 같은 것들이 더 중요한 비율이 될 수 있다.

(2) 2단계

1단계에서 선택한 주요비율의 중요성을 판단한다. 그리고 그 중요성을 고려해서 각 재무비율에 가중치를 부여한다. 여기서 가중치도 은행의 입장과 투자자의 입장에 따라 달라질 것이다. 그리고 이때 가중치의 합계는 100%가 되어야 한다.

(3) 3단계

개별적 비율분석에서 얻은 주요비율들의 실제값들을 이에 상응하는 표준비율과 비교해서 관계비율을 산출한다. 관계비율은 바람직한 방향이 높은 값을 갖도록 산출한다. 즉, 유동비율과 같은 것은 높을수록 좋은 것이므로 실제값을 표준비율로 나누어 관계비율을 산출하고 부채비율과 같은 것들은 낮을수록 좋은 것이므로 표준비율을 실제값으로 나누어 관계비율을 산출하도록 한다.

(4) 4단계

이제는 2단계에서 구한 가중치와 3단계에서 구한 관계비율을 곱해서 평점을 산출한다. 그리고 이렇게 산출한 평점들을 모두 더하여 평점합계를 구한다. 이 합계가 곧 최종적인 판단근거라고 할 수 있는 지수(index)가 되는 것이다. 이 값이 100보다 큰 값을 가지면 양호하다고 판단하고 100보다 작은 값을 가지면 불량으로 판단한다.

3. 월과 트랜트의 지수법

지수법은 월(A. Wall)에 의해서 처음으로 개발되어 이 방법이 가장 많이 이용된다. 그리고 트랜트(J.B. Trant)는 주요비율과 가중치를 이와 다르게 설정하여 나름대로의 모형을 제시하였다. 월의 지수법과 트랜트의 지수법을 비교해서 제시한 것이 [표 5-1]이다.

월의 지수법		트랜트의 지수법	
주요비율	가중치	주요비율	가중치
유동비율	25%	유동비율	15%
부채비율	25	부채비율	10
고정비율	15	고정비율	10
매출채권회전율	10	매출채권회전율	10
재고자산회전율	10	재고자산회전율	20
고정자산회전율	10	고정자산회전율	20
자기자본회전율	5	매입채무회전율	15
합 계	100%	합 계	100%

[표 5-1] 월과 트랜트의 지수법 비교

먼저 이들이 선택한 주요비율 중 고정비율과 매입채무회전율을 예로 들어서 간단하게 설명한다. 고정비율은 고정자산을 자기자본으로 나눈 비율로서 자기자본이 고정자산에 투입되어 있는 정도, 즉 자본의 고정화정도를 의미한다. 이 비율은 낮은 것이 좋다. 그리고 매입채무회전율은 매출액을 매입채무로 나눈 비율로서 매입채무가 원활히 결제되고 있는지를 나타낸다. 이 비율은 높을수록 바람직하다고 보는 것이다.

이제 앞의 표를 중심으로 월과 트랜트의 지수법을 비교해보자. 표에서 보듯이 월과 트랜트가 선택한 주요비율은 거의 동일하다. 다만 월의 자기자본회전율 대신에 트랜트는 매입채무회전율을 도입한 점이 다를 뿐이다. 그러나 이 두 사람이 부여한 가중치는 크게 차이가 있다. 즉, 월은 유동비율과 부채비율 등 안전성비율에 가중치를 크게 부여하고 있는데 비해서 트랜트는 재고자산회전율과 고정자산회전율 등 활동성비율에 가중치를 크게 부여하고 있다. 따라서 월의 지수법은 채권자(은행)의 입장에서 재무안전성을 중시하는 분석기법이라고 할 수 있고, 트랜트의 지수법은 경영자 또는 투자자의 입장에서 기업자산의 활용도를 중시하는 분석기법이라고 할 수 있다.

4. 사례분석

이미 설명한 월과 트랜트의 지수법을 실제로 적용하는 과정을 보자. 다음의 예제로 지수법 적용과정을 구체적으로 설명하도록 한다.

예 제

가나기업의 재무제표에 대한 비율분석결과자료를 산업평균자료와 비교한 것이 다음과 같다.(괄호안의 자료는 산업평균치임)

> 유동비율 118% (100%), 부채비율 250% (275%), 고정비율 180% (225%), 매출채권회전율 6.3회 (8.4회), 재고자산회전율 10.8회 (12.0회), 고정자산회전율 2.0회 (2.5회), 자기자본회전율 4.6회 (4.0회), 매입채무회전율 12.6회 (15.0회)

이 기업을 월의 지수법과 트랜트의 지수법으로 평가해보자.

먼저 월의 지수법에 따라서 평가한 내역을 표로 만들면 다음과 같다. 평가결과 이 기업의 지수는 기준점수 100보다 높은 106.0이 나왔다. 이를 근거로 이 기업은 전체적으로 약간 우량한 기업이라고 판단할 수 있다.

주요비율	가나기업 (a)	산업평균 (b)	관계비율 (c=a/b)	가중치 (d)	평점 (e=c×d)
유동비율	118%	100%	118%	25%	29.5
부채비율	250	275	110	25	27.5
고정비율	180	225	125	15	18.75
매출채권회전율	6.3회	8.4회	75	10	7.5
재고자산회전율	10.8	12.0	90	10	9.0
고정자산회전율	2.0	2.5	80	10	8.0
자기자본회전율	4.6	4.0	115	5	5.75
합계				100	106.0

이번에는 트랜트의 지수법에 따라서 평가해보자. 평가내역을 표로 만들면 다음과 같다. 이번에는 평가결과가 기준점수 100보다 낮은 95.3으로 나왔으므로 약간 불량한 기업으로 평가된다.

주요비율	가나기업 (a)	산업평균 (b)	관계비율 (c=a/b)	가중치 (d)	평점 (e=c×d)
유동비율	118%	100%	118%	15%	17.7
부채비율	250	275	110	10	11.0
고정비율	180	225	125	10	12.5
매출채권회전율	6.3회	8.4회	75	10	7.5
재고자산회전율	10.8	12.0	90	20	18.0
고정자산회전율	2.0	2.5	80	20	16.0
매입채무회전율	12.6	15.0	84	15	12.6
합계				100	95.3

이렇게 동일한 기업에 대한 평가가 다르게 나온 것은 이미 설명한대로 월의 지수법은 채권자의 관점에서 안전성을 중시하는데 비해서 트랜트의 지수법은 경영자 또는 투자자의 관점에서 활동성을 중시하기 때문이다. 결론적으로 가나기업은 돈을 빌려주는 입장에서는 대출금회수에 문제가 없어 보이는 기업이지만 투자자의 입장에서는 기업자산의 활용도가 떨어져서 매력적인 기업이 아닌 것이다.

5. 브리체트 지수법

월과 트랜트의 지수이외에도 많이 사용되는 또 하나의 지수법으로 브리체트(Brichett)의 지수법이 있다. 월과 트랜트가 사용한 주요비율은 거의 비슷하지만 브리체트가 사용한 주요비율은 이들의 것과 차이가 있다. 가장 큰 차이는 브리체트의 경우에는 수익성비율을 중요하게 생각하고 있다는 것이다.

그리고 금융기관과 사채권자 등 분석주체에 따라서 관심분야가 다르다는 점을 고려해서 주요비율에 대한 가중치도 다르게 설정하였는데 구체적인 내용은 표에 제시되어 있다.

주요비율	금융기관	사채권자
유동비율	20	3
당좌자산/유동자산	20	3
매출채권/재고자산	5	3
부채비율	5	20
재고자산회전율	10	4
매출채권회전율	25	4
총자산회전율	5	20
이자보상배율	2	30
매출액순이익률	5	8
총자산순이익률	3	5
합계	100%	100%

[표 5-2] 브리체트 지수법

위 표를 보면 알 수 있듯이 금융기관의 입장에서는 유동비율, 매출채권회전율 등 단기지급능력과 자금관련 활동성비율을 중시하고 있다. 반면에 사채권자의 입장에서는 부채비율, 총자산회전율 및 이자보상배율에 높은 가중치를 부여함으로써 기업의 자본구조와 전체자원의 활용도, 그리고 부채에 원리금지급능력을 중시하고 있음을 알 수 있다.

제3절

ROI분석

1. ROI분석이란?

ROI(return on investment)는 투자수익률을 의미하는 개념이다. 이때의 투자수익률은 회사에 투자된 총자본이 단위당 얼마의 순이익을 벌어들이는지를 파악하는 지표로 측정하기 때문에 다음 산식으로 산출한다.

$$\text{총자본이익률}(\%) = \frac{\text{당기순이익}}{\text{총자본}} \times 100$$

여기서 총자본이란 타인자본(부채)과 자기자본의 합계를 말하며 당기순이익을 총자본으로 나눈 ROI를 총자본이익률이라고도 한다. 앞서 밝혔지만 총자본은 자산총액과 일치하기 때문에 ROI를 총자산이익률이라고 부르기도 한다.

ROI는 기업활동의 최종결과를 나타내는 지표이기 때문에 이를 이용하면 기업전체의 재무 또는 경영성과를 종합적으로 파악할 수 있다. ROI분석은 이러한 관점에서 1930년대 미국의 듀퐁(Du Pont)사에 의해서 듀퐁시스템이라는 이름으로 개발된 것이다.

ROI는 비율분석에서 이미 설명하였듯이 다음과 같이 매출액순이익률과 총자본회전율로 분해할 수 있다.

$$\frac{\text{당기순이익}}{\text{총자본}} = \frac{\text{당기순이익}}{\text{매출액}} \times \frac{\text{매출액}}{\text{총자본}}$$

$$= \text{매출액순이익률} \times \text{총자본회전율}$$

위와 같은 구조를 이용하면 [그림 5-1]과 같은 ROI도표(ROI chart)를 작성할 수 있다. 이 그림을 보면 ROI도표는 손익계산서의 수익과 비용, 대차대조표의 자산, 부채, 자본 등 모든 항목들을 동시에 반영하고 있음을 알 수 있다. 따라서 ROI분석을 기업전체의 관점에서 종합적 분석에 활용할 수 있는 기법이라고 하는 것이다.

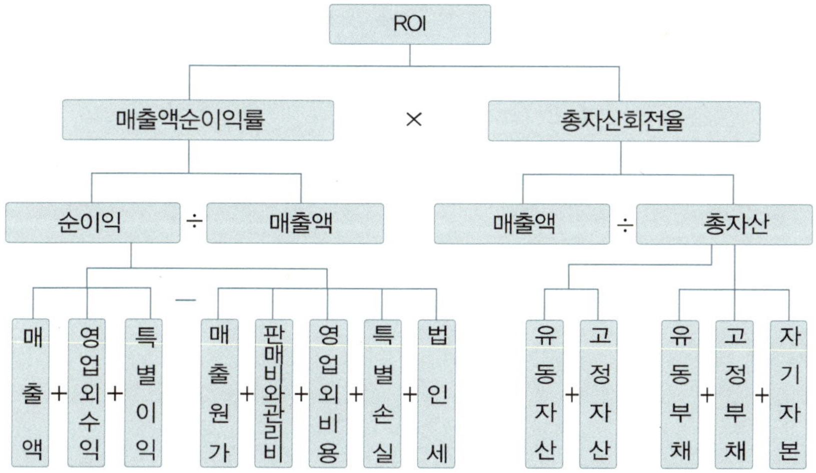

[그림 5-1] ROI 도표

2. ROI분석의 이용

ROI를 높이기 위해서 가장 바람직한 방법은 매출액순이익률과 총자본회전율을 동시에 높이는 것이다. 그러나 이는 현실적으로 매우 어려운 일이다. 대개는 매출액순이익률을 높이려면 총자본회전율이 낮아지고 총자본회전율을 높이려면 매출액순이익률이 낮아지기 때문이다. 그러면 ROI분석을 어떻게 현실에 적용할 것인가? 이에 대한 해답으로 다음과 같은 세 단계의 절차를 소개한다.

(1) 제1단계

ROI분석을 적용하는 첫 번째 단계는 해당기업의 현재 ROI를 산출하여 그 기업이 속한 산업평균ROI와 비교하는 것이다. 이로써 해당기업의 현재 위치, 즉 다른 기업에 비해서 갖고 있는 장점과 문제점 등을 발견할 수 있다. 구체적인 하부구조의 비율까지 비교하면 좀더 자세한 현황파악이 가능할 것이다.

(2) 제2단계

투자자 또는 은행의 입장에서는 목표기업에 대한 1단계의 분석을 마치고 그 결과에 따라서 투자 또는 대출여부를 결정하면 될 것이다.

그러나 기업을 관리하는 경영자입장에서는 현황파악이 끝나면 기업의 목표ROI를 설정하여야 한다. 이러한 설정단계에서는 영업부서, 생산부서 및 관리부서 모두가 참여한다. 각 부서의 현실을 반영하여 담당업무와 관련한 목표수치를 제시해야 달성 가능하고 구체적인 목표를 설정할 수 있을 것이다.

(3) 제3단계

일정기간이 경과된 후 기업의 실제ROI를 산출한다. 그리고 이를 2단계에서 설정했던 목표ROI와 비교해서 차이분석을 수행한다. 목표ROI를 달성하지 못했다면 그 원인을 구체적으로 추적해야 한다. 예를 들어 ROI 중 매출액순이익률이 목표치에 미달되었다고 하자. 매출단가의 변화가 없었다면 비용측면을 살펴보고 그 중에서도 재료비, 노무비, 경비 중 어떤 항목이 그 원인을 초래했는지를 확인하여 업적평가에 반영함과 동시에 다음 목표를 설정할 때에 이를 고려해야 한다.

제1단계	현재의 ROI를 산출하여 현황을 파악한다.

⇓

제2단계	현실을 반영해서 각 부서의 참여하에 목표ROI를 설정한다.

⇓

제3단계	일정기간 후 실제ROI를 산출하여 목표ROI와의 차이를 분석한다.

[그림 5-2] ROI분석의 3단계

3. ROI분석의 효과

ROI분석의 효과는 다음과 같은 측면에서 그 유용성을 높이 인정받고 있다.

첫째, ROI분석은 수익성분석과 활동성분석을 동시에 수행할 수 있다. 뿐만 아니라 모든 재무요인들을 상호연관시켜 종합적 분석을 가능하게 한다.

둘째, 구체적인 목표제시가 가능하다. 종업원들에게 담당업무와 ROI의 연관성을 인식시킴으로써 기업목표를 달성하기 위해서 자신이 해야 할 일을 구체적으로 제시해 줄 수 있다.

셋째, 실제ROI와 목표ROI를 비교하여 업적평가와 통제에 효과적으로 활용할 수 있다. 목표설정이 구체적이었듯이 차이분석도 구체적으로 수행할 수 있는 것이 ROI분석의 장점이다.

4. 사례분석

이제까지 설명한 ROI분석기법이 어떻게 적용되는가를 살펴보겠다. 다음의 예제를 통해서 그 구체적인 과정을 설명한다.

예 제

> ABC기업의 매출액은 900억원이고 매출원가 및 판매관리비 등 총비용은 882억원이다. 이 기업의 유동자산은 200억원, 고정자산은 300억원이라고 한다. 이 자료를 이용하여 ROI도표를 작성하고 산업평균과 비교분석하라. 단, 산업평균 매출액순이익률은 2.5%, 총자산회전율은 1.68회이다.

위 자료를 이용한 매출액순이익률과 총자산회전율을 구하면 다음과 같다.

$$매출액순이익률 = \frac{순이익}{매출액} = \frac{900-882}{900} = 2\%$$

$$총자산회전율 = \frac{매출액}{총자산} = \frac{900}{200+300} = 1.8회$$

따라서 ROI는 3.6%(= 2% × 1.8회)가 된다. 따라서 ROI도표를 만들어 산업평균과 비교하면 다음과 같다.

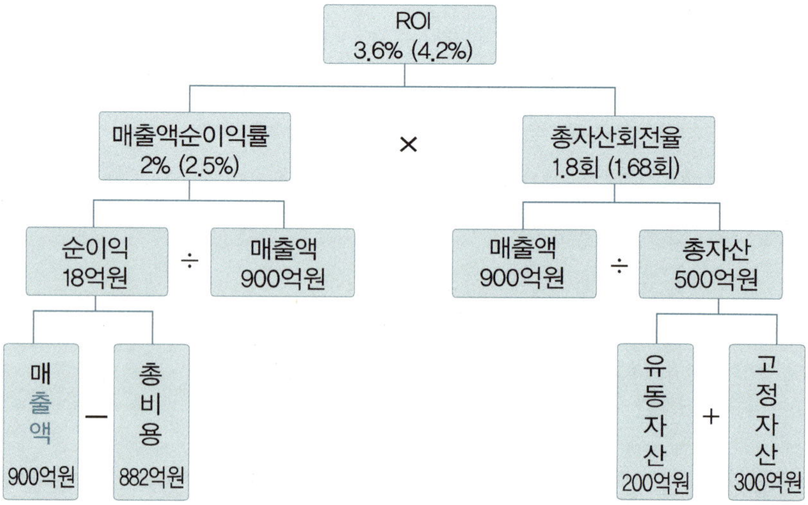

ROI 사례분석

*( )의 수치는 산업평균값

위 결과를 보면 ABC기업은 매출활동이 활발하여 총자산회전율이 산업평균에 비해서 높다는 것을 알 수 있다. 그렇지만 매출액순이익률이 낮기 때문에 결과적으로 ROI가 산업평균ROI 4.2%(=2.5%×1.68회)에 비해서 낮게 나타난 것을 확인할 수 있다. 따라서 이 기업은 기존의 가격정책을 검토하거나 비용절감노력을 통해서 매출액순이익률을 높이는 방향으로 경영목표를 설정해야 할 것이다.

제4절 ROE분석

1. ROE의 의미

(1) ROE의 구성요소

자기자본이익률(return on equity : ROE)은 주주에게 귀속되는 순이익을 측정하는 비율이다. 구체적으로 ROE는 순이익을 자기자본으로 나누어 산출한다. 그리고 이는 다음과 같이 매출액순이익률, 총자본회전율, 자기자본비율이라는 세 가지 요소의 결합으로 볼 수 있다.

$$\begin{aligned} ROE &= \frac{\text{순이익}}{\text{자기자본}} \\ &= \frac{\text{순이익}}{\text{매출액}} \times \frac{\text{매출액}}{\text{총자본}} \times \frac{\text{총자본}}{\text{자기자본}} \\ &= \text{매출액순이익률} \times \text{총자본회전율} \div \text{자기자본비율} \end{aligned}$$

여기서 자기자본비율이란 총자본 중에 자기자본이 차지하고 있는 비율로서 재무적 안전성을 의미하는 비율이다. 따라서 위와 같은 ROE산출식의 구조를 보면 ROE는 수익성비율, 활동성비율, 안전성비율의 결합으로 볼 수 있다. 그러므로 경영자의 입장에서는 ROE를 높이기 위해서 이 세 가지 분야의 비율들을 동시에 점검해야 한다.

(2) ROE와 ROI의 관계

그리고 위에서 ROE의 세 가지 구성요소를 보면 앞의 두 가지 요소, 즉 매출액순이익률과 총자본회전율의 곱은 앞서 설명한 ROI를 의미한다. 따라서 ROE를 ROI와의 관계에서 나타내면 다음과 같이 표현할 수 있다.

$$ROE = ROI \div \text{자기자본비율}$$

이러한 관계를 이용하면 ROE도표를 [그림 5-3]과 같이 나타낼 수 있다.

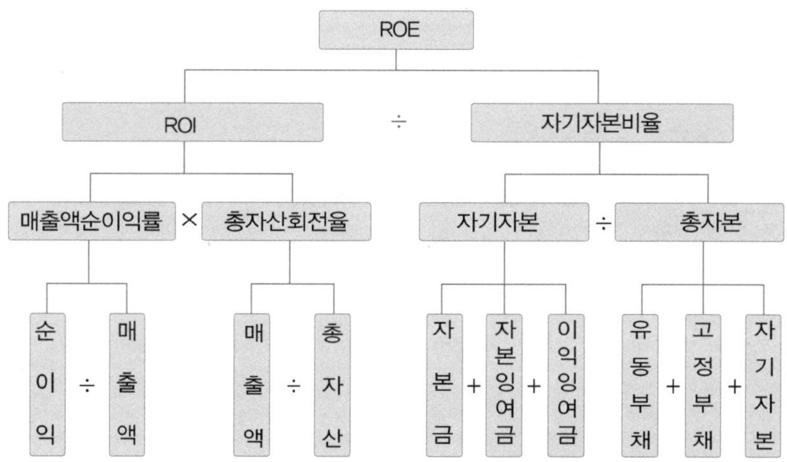

[그림 5-3] ROE 도표

2. ROE의 활용

(1) ROE의 변동성

ROI와 ROE의 관계식은 자기자본비율이 높으면 ROE가 작아지고 자기자본비율이 낮으면 ROE가 커진다는 의미를 갖는다. 그런데 자기자본비율은 부채비율과 역관계에 있으므로 부채비율과의 관계를 구체적으로 확인하기 위해서 다음과 같은 관계식을 이용해보자.

$$\begin{aligned} ROE &= ROI \times \frac{총자본}{자기자본} \\ &= ROI \times (1 + \frac{부채}{자기자본}) \\ &= ROI \times (1 + 부채비율) \end{aligned}$$

이 식도 부채비율이 낮으면 ROE가 작고 부채비율이 높으면 ROE도 크게 된다는 것을 보여주고 있다. 그렇다면 주주의 입장에서는 부채비율이 높은 것이 더 좋다는 의미인가? 그렇다. 주주에게 귀속되는 자기자본순이익률은 부채비율이 높을수록 더 커지기 때문이다.

그러나 이러한 결론을 내릴 수 있으려면 ROI가 양(+)의 값을 가져야 한다는 점을 주목해야 할 것이다. 만약 ROI가 음(−)의 값을 갖는 경우라면 ROE는 ROI보다 더 큰 음(−)의 값을 가지므로 주주는 더 큰 손실을 보게 된다. 결론적으로 위 식은 ROE가 ROI보다 변동성이 더 크다는 의미를 갖는 것이다.

(2) 재무전략

ROE가 ROI보다 더 변동성이 큰 이유는 부채비율 때문이다. 이것을 부채가 갖는 레버리지효과라고 한다. 경기가 호황일 때에는 대개 ROI가 양(+)의 값을 갖게 된다. 이때는 부채를 사용하면 ROE가 더 커지므로 부채사용이 주주의 입장에서는 유리한 측면이 있다. 그러나 경기가 불황이면 ROI는 음(−)의 값을 갖게 되므로 최대한 부채사용을 억제하고 유상증자로 자본을 조달해야 주주의 손실이 커지는 것을 막을 수 있다.

3. 사례분석

이제는 지금까지 설명한 ROE분석기법이 어떻게 적용되는가를 살펴보겠다. 다음의 예제를 통해서 그 구체적인 과정을 설명한다.

예 제

> 앞의 예제에서 ABC기업의 부채는 400억원이라고 한다. 그리고 산업평균 자기자본비율이 35%라고 가정해서 ABC기업에 대해서 ROE분석을 해보라. 또한 산업평균과의 비교분석을 수행하라.

앞의 예제와 여기서 주어진 정보를 이용해서 다음과 같은 ABC기업의 손익계산서와 대차대조표를 작성할 수 있다.

손익계산서

총수익(매출액)	900
총비용	882
순이익	18

대차대조표

유동자산	200	부 채	400
고정자산	300	자 본	100
총 자 산	500	총자본	500

따라서 이 기업의 자기자본비율은 20%(=100/500)이다. 그리고 부채비율은 400%(=400/100)임을 알 수 있다. 이러한 결과를 이용해서 ROE 도표를 만들어 산업평균과 비교하면 다음과 같다.

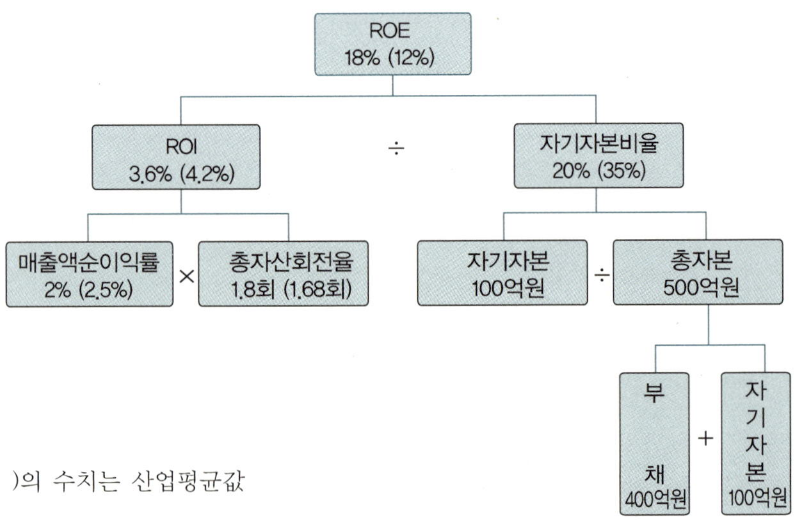

*( )의 수치는 산업평균값

ROE 사례분석

위 결과를 보면 ABC기업의 ROI는 산업평균에 비해 낮았지만 ROE는 18%로서 산업평균ROE 12%(=4.2/35%)보다 매우 높게 나타났음을 알 수 있다. 이는 ABC기업의 자기자본비율이 산업평균에 비해서 훨씬 낮기 때문에 나타난 결과이다. 달리 말하면 ABC기업의 부채비율 400%가 산업평균 부채비율 186%(=(100−35)/35)에 비해서 훨씬 높기 때문에 레버리지효과가 나타난 것이다.

제5절 EVA분석

1. 가치중심경영

최근 들어 급변하는 세계경제환경에서 양적 성장전략이 한계를 맞게 되자 성장모형을 질적 성장으로 전환할 필요성이 대두되었다. 이러한 관점에서 기업가치를 측정하고 관리하는데 새로운 패러다임이 등장하였는데 가치중심경영(value based management : VBM)이 그것이다.

가치중심경영이란 기업을 경영하면서 기업가치를 높일 수 있는 요소에 중점을 두고 기업전체와 관련된 전략적 의사결정을 위한 통합시스템이라고 할 수 있다. 이때 경영목표로서 기업가치를 측정할 수 있는 지표가 경제적 부가가치(economic value added : EVA)이다. 구체적으로 EVA는 1980년대 후반 미국의 경영컨설턴트회사인 스턴스튜어트(Stern Stewart)사가 개발한 새로운 경영관리지표인데 가치중심경영의 가장 핵심적 내용이다.

2. EVA의 측정

EVA란 종전 기업들이 사용하던 회계적 이익과는 다른 개념으로서 현금흐름에 중심을 두고 세후영업이익에서 자본비용을 차감한 잔액으로 정의된다. 그리고 여기서 자본비용이란 타인자본비용(부채사용에 대한 이자비용)과 자기자본비용(주주에게 지급할 배당금)까지 의미하는 것이므로 다음과 같이 표현된다.

EVA = 세후 영업이익 − 자본비용
= (영업이익 − 법인세) − (타인자본비용 + 자기자본비용)

앞서의 손익계산서의 구조에서 보듯이 회계상의 순이익은 타인자본비용까지만 차감한 것이다. 그런데 EVA는 여기에서 자기자본비용까지 차감한 값이므로 회계상의 순이익보다 작은 값을 갖게 된다. 즉, 회계상의 순이익이 0보다 크더라도 EVA는 0보다 작을 수 있다.

그런데 재무이론에서는 자본비용을 %단위로 측정하는 것이 일반적이다. 따라서 금액단위의 자본비용은 투자자본에다가 %단위의 자본비용을 곱하면 구할 수 있다. 마찬가지 논리로 영업이익도 투자자본에 %단위의 이익률을 곱해서 구할 수 있으므로 EVA를 다음과 같이 나타낼 수도 있다.

EVA = 투자자본 × (투자자본이익률 − 자본비용)

3. EVA의 구성요소

위의 EVA산출식을 살펴보면 EVA의 구성요소는 투자자본, 투자자본이익률, 자본비용, 세 가지가 된다. 각 요소에 대해 좀더 살펴보자.

(1) 투자자본

투자자본(invested capital : IC)이란 순수하게 영업활동에 투자된 자본을 말한다. 따라서 영업활동과 무관하게 보유하고 있는 비사업용자산이나 아직 영업활동에 기여하지 않고 있는 건설 중인 자산은 제외된다. 그리고 만약 이자부담이 없는 부채가 있다면 이는 자본비용이 없는 것이므로 이 역시 제외된다.

(2) 투자자본이익률

세후영업이익(net operating profit after tax : NOPAT)은 순수영업활동으로부터 창출된 세후순현금유입액을 말한다. 구체적으로 이는 손익계산서상의 영업이익을 약간의 조정을 거치고 난 후 법인세를 차감해서 산출한다. 세후영업이익을 투자자본으로 나누면 이익률이 산출되는데 이를 정확하게는 투자자본이익률(return on invested capital : ROIC)이라고 한다.

(3) 자본비용

기업의 총자본은 크게 타인자본과 자기자본으로 구성된다. 따라서 자본비용(%)도 타인자본비용과 자기자본비용으로 구분된다. 그런데 이를 하나의 자본비용으로 통합해서 산출한 것이 가중평균자본비용(weighted average cost of capital : WACC)이다. 가중평균자본비용은 대개 k_o로 표시하는데 타인자본비용(k_i)과 자기자본비용(k_e)을 총자본 중 타인자본과 자기자본이 차지하는 비율을 가중치로 평균한 값이다. 따라서 다음과 같이 측정된다.

$$k_o = k_i\left(\frac{B}{B+S}\right) + k_e\left(\frac{S}{B+S}\right)$$

단, B : 부채(타인자본)
S : 자본(자기자본)

예 제

어떤 기업의 총자본이 100억원이라고 하자. 그런데 투자자본이익률이 15%이고 총자본 중 60억원은 은행에서 차입한 것이고 나머지는 자기자본이다. 은행의 차입이자율은 11%이고 자기자본비용이 13%라고 할 때 EVA는 얼마인가?

먼저 투자자본은 100억원이라는 것을 알 수 있다. 그리고 투자수익률 15%는 주어져 있으므로 다음과 같이 가중평균자본비용을 산출한다.

$$WACC(k_o) = 11 \times \frac{60}{100} + 13 \times \frac{40}{100} = 11.8(\%)$$

이 결과를 이용해서 다음과 같이 EVA를 구한다.

EVA = 투자자본 × (투자자본이익률 − 자본비용)
= 100억원 × (15% − 11.8%) = 3.2억원

4. EVA의 활용

(1) 업무개선의 관리지표

EVA를 도입하면 기업가치를 높이기 위한 업무개선활동의 관리지표로 활용할 수 있다. 즉, 기존의 재무제표를 통한 수익성분석 등은 이익이나 이자비용 등 가시적인 성과에 중점을 두고 있지만 EVA는 눈에 보이지 않는 자본의 효율적 이용이나 자기자본비용 등까지 관리가 가능하다.

(2) 분야별 개선절차의 파악

또한 분석대상을 앞서 설명한 기업전체, 사업단위별 뿐만 아니라 제품별, 고객별, 공정별, 지역별로 세분해서 적용할 수 있으며, 이들 EVA를 높이기 위해서는 어떤 개선절차가 필요한지를 쉽게 파악할 수 있다.

(3) 성과평가와 보상결정

EVA지표는 관리자와 종업원의 성과평가나 보상결정에 유용하다. 즉, EVA지표를 기준으로 경영활동을 평가하고 그 결과에 따라서 경영자, 관리자, 종업원 등의 업적평가 및 보수를 결정함으로써 기업가치와 연계된 보상시스템을 운용할 수 있다.

(4) MVA산출과 기업가치평가

EVA를 이용하여 시장부가가치(market value added : MVA)를 산출

할 수 있다. 시장부가가치란 미래에 예측되는 경제적 부가가치를 현재가치로 산출한 값이다. 그래서 기업의 가치는 다음과 같이 영업용자본(투자자본)과 시장부가가치의 합으로 구할 수 있다.

기업가치 = 투자자본 + 시장부가가치

만약 기업이 영업에 사용되지 않는 자산을 보유하고 있다면 이를 위 식에 더해주어 기업가치를 구할 수 있을 것이다.

예 제

어떤 기업의 총자본이 100억원이라고 하자. 부채비율은 100%이고 타인자본비용은 10%, 자기자본비용은 20%이다. 영업이익은 19억원이고 법인세율은 30%라고 하자.

(1) 회계상의 순이익은 얼마인가?

(2) 노조에서 순이익에 대한 성과급을 요구한다. EVA를 구하여 이에 대해 평가하라.

(1) 회계상의 순이익을 구하기 위해 손익계산서를 작성하면 다음과 같다.

손익계산서		
영업이익	19억원	
이자비용	5	(← 50억원×10%)
세전이익	14	
법인세	4.2	
순이익	9.8	

(2) 이번에는 EVA를 구해보자. 투자자본은 100억원이고 세후영업이익(NOPAT)은 다음과 같다.

$$\begin{aligned} NOPAT &= \text{영업이익} \times (1 - \text{법인세율}) \\ &= 19\text{억원} \times (1 - 0.3) = 13.3\text{억원} \end{aligned}$$

가중평균자본비용(WACC)은 다음과 같이 산출한다.[1)]

$$WACC = 10(1-0.3) \times \frac{50}{100} + 20 \times \frac{50}{100} = 13.5(\%)$$

이 결과를 이용해서 다음과 같이 EVA를 구한다.

$$\begin{aligned} EVA &= \text{세후영업이익} - \text{자본비용} \times \text{투자자본} \\ &= 13.3 - 13.5\% \times 100 = -0.2\text{억원} \end{aligned}$$

결국 이 기업의 성과는 채권자에 대한 이자는 지급하였지만 주주에 대해서는 적정한 대가를 주지 못하는 수준이다. 즉, 주주는 0.2억원의 손실을 본 것이므로 노조 측의 성과급요구는 부당한 것이다.

5. ROI와 EVA의 비교

ROI는 전통적으로 기업성과지표로 가장 많이 사용되어 왔다. 이는 앞서 살펴보았듯이 기업의 자본이 얼마의 수익을 올렸는가를 수익률(%)의 개념으로 나타내는 것이다. 그러나 이는 다음과 같은 문제점을 갖는다.

첫째, 수익률극대화가 반드시 주주이익극대화로 연결되는 것은 아니라는 것이다. 따라서 ROI는 자본배분의 왜곡을 초래할 수 있기 때문에 기업활동의 목표로 적합하지 않을 수 있다.

둘째, ROI는 수익률이 최소한 얼마이상이 되어야 한다는 지침이 없다는 것이다. 즉, 자본비용의 회수문제를 고려하지 않고 있다.

이러한 ROI의 문제점은 EVA에서 해결될 수 있다. 주주의 입장에서 수익이 존재하는가 또는 자본비용은 어느 정도 회수되고 있는가를 EVA

1) 단, 법인세가 존재하는 경우 지급이자는 손비로 처리되어 법인세를 줄여주는 효과가 있기 때문에 타인자본비용은 10%가 아닌 7%(=10%×(1−0.3))를 사용한다. 여기서 10%는 세전타인자본비용, 7%는 세후타인자본비용이라고 한다.

를 통해서 확인할 수 있기 때문이다.

6. 한국기업의 EVA

한국기업의 성과를 평가할 때 자주 문제가 되는 것은 회계상의 순이익은 0보다 크지만 EVA가 0보다 작은 기업이 많다는 것이다. 이러한 기업들은 실제로는 기업가치가 증가한 것이 아니라 감소한 것이다.

2002년 EVA의 크기에 따라서 상위 10개사의 순위를 표로 작성한 것이 다음과 같다. 표에서 보듯이 삼성전자가 5조원 정도로 1위, SK텔레콤이 1조 5천억원 정도로 2위를 기록하고 있다. 3위 KT부터는 1조 미만의 EVA를 창출하였다.

순위	회사명	2002년	2001년
1	삼성전자	51,781억원	9,695억원
2	SK텔레콤	15,456	13,187
3	KT	9,056	8,717
4	POSCO	5,250	3,255
5	현대자동차	4,735	7,721
6	기아자동차	2,633	2,228
7	현대모비스	2,095	1,821
8	한국전력공사	1,788	-6,575
9	삼성SDI	1,732	2,665
10	KT&G	1,663	1,668

[표 5-4] 한국기업의 EVA

연습문제

선택형

1. 다음의 분석방법 중 지수법과 적용원리가 비슷한 것은?
   ① ROI분석 ② 기업체종합평가표
   ③ CVP분석 ④ 레버리지분석

정답 ②

해설 평가항목별로 점수를 내서 총점으로 평가하는 방법이 동일하다.

2. 순이익은 10억원, 매출액은 100억원이고 총자산회전율은 1.5회인 기업이 있다. 이 기업의 부채비율이 120%라고 할 때 자기자본순이익률(ROE)은 얼마인가?
   ① 18% ② 20% ③ 23.3% ④ 33%

정답 ④

해설 $ROE = \text{매출액순이익률} \times \text{총자산회전율} \times (1 + \text{부채비율})$

$$= \frac{10}{100} \times 1.5 \times (1 + 1.2) = 0.33$$

3. 시장부가가치(Market Value Added)를 바르게 설명한 것은?
   ① 미래의 경제적 부가가치(EVA)를 현재가치로 계산한 값
   ② 부가가치(VA)를 현재가치로 평가한 값
   ③ 시장의 수요와 공급에 의해서 평가된 경제적 부가가치
   ④ 당기의 부가가치 합계

정답 ①

4. 경제적 부가가치를 산출하려면 투자자본(Invested Capital)을 먼저 구해야 한다. 다음 중 투자자본을 구성하는 요소들로 묶은 것은 어느 것인가?
   ① 건설중인 자산, 기계설비 ② 미지급금, 투자부동산

③ 영업보증금, 매입채무 ④ 재고자산, 기계설비

정답 ④

해설 투자자본은 영업활동에 사용되고 있는 자산에서 이자비용이 발생하지 않는 부채를 차감한 개념이다.

5. 다음 중 지수법을 적용하기 위한 절차를 차례로 연결한 것은?

① 관계비율 → 가중치 → 주요비율 → 지수
② 가중치 → 지수 → 주요비율 → 관계비율
③ 주요비율 → 가중치 → 관계비율 → 지수
④ 지수 → 주요비율 → 가중치 → 관계비율

정답 ③

6. 일반적으로 월(Wall)과 트랜트(Trant)의 지수법이 많이 이용된다. 월의 경우에는 유동비율과 부채비율에, 트랜트의 경우에는 재고자산회전율과 고정자산회전율에 가장 큰 가중치를 부여하고 있다. 이와 관련된 다음 설명 중 올바른 것은?

① 월지수값은 100이 넘고 트랜트값은 100미만이라면 대출에 신중해야 한다.
② 월지수값이나 트랜트지수값이 모두 100을 넘지 않는 것이 대출회수가 쉽다.
③ 투자자라면 월지수값보다 트랜트지수에 관심을 가져야한다.
④ 금융기관은 월지수값에, 사채권자의 경우에는 트랜트지수값에 민감하다.

정답 ③

해설 월지수값은 대출상환능력에, 트랜트지수값은 자원활용능력에 초점을 두고 있다.

7. 다음 중 주주의 입장을 중시하는 지표들로 묶은 것은?

① 총자본이익률(ROI), 자기자본이익률(ROE)
② 경제적 부가가치(EVA), 자기자본이익률(ROE)
③ 경제적 부가가치(EVA), 총자본이익률(ROI)
④ 자기자본이익률(ROE), 부가가치(VA)

정답 ②

8. 총자본이익률(ROI)은 두 가지 요소의 재무비율로 분해하여 경영관리에 효과적으로 이용할 수 있다. 두 가지 요소에 해당하는 것은?

① 수익성비율과 활동성비율 ② 안정성비율과 수익성비율
③ 안정성비율과 활동성비율 ④ 성장성비율과 수익성비율

정답 ①

해설 총자본이익률=매출액순이익률×총자산회전율

9. 자기자본이익률(ROE)은 총자본이익률(ROI)로부터 구해낼 수 있다. ROI에 어떤 요소를 추가하면 ROE가 되는가?

① 부채비율 ② 수익성비율
③ 활동성비율 ④ 생산성비율

정답 ①

해설 ROE=ROI×(1+부채비율)

10. 총자본이익률(ROI)과 자기자본이익률(ROE)에 대해서 설명한 것이다. 잘못된 것은?

① 부채를 사용하는 기업의 경우에는 ROE가 ROI보다 변동성이 크게 된다.
② 개별적 비율분석이 갖는 한계점을 극복할 수 있는 종합적 분석에 이용된다.
③ ROI는 ROE를 구성하는 요소가 된다.
④ 시장가치가 반영된 것이어서 회계처리방법이 다르다고 해서 그 값이 달라지지는 않는다.

정답 ④

해설 ROI, ROE 모두 회계처리방법에 따라서 다른 값이 산출될 수 있다.

11. 가치중심경영(VBM)에서 중요시하는 성과지표는 다음 중 어느 것인가?

① 총자본이익률(ROI) ② 자기자본이익률(ROE)
③ 부가가치(VA) ④ 경제적 부가가치(EVA)

정답 ④

해설 EVA는 가치중심경영에서 핵심적 지표이다.

12. 총자본이익률(ROI), 자기자본이익률(ROE), 경제적 부가가치(EVA)에 대한 다음 설명 중 잘못된 것은?
① 그동안 기업성과지표로 가장 많이 이용되어 왔던 것은 ROI이다.
② ROE와 EVA는 둘 다 주주의 입장을 중시하는 지표이다.
③ ROI는 자본비용의 회수문제를 고려하지 않는 지표이다.
④ ROE가 양의 값을 가지면 EVA도 양의 값을 갖게 된다.

정답 ④

13. 다음은 경영자, 주주, 채권자들이 각자의 관점에서 중요시하는 지표들을 묶은 것이다. 거리가 먼 것은?
① 경영자－부가가치, ROI ② 채권자－이자보상비율, 부채비율
③ 주주－EVA, ROE ④ 위에는 답이 없다.

정답 ①
해설 부가가치는 경영자만의 관심사항이라고 할 수 없다.

14. 지수법 중 월의 지수법은 유동비율과 부채비율에 가장 큰 가중치를 두고 있지만 트랜트의 지수법은 재고자산회전율과 고정자산회전율에 가장 큰 가중치를 두고 있다. 이에 대한 설명으로 적합한 것은?
① 월의 지수법은 경영자의 입장을 중시한 것이다.
② 트랜트의 지수법은 채권자의 입장을 중시한 것이다.
③ 고정비율은 월의 지수법에서 더 중요시할 것이다.
④ 두 방법에서 선정한 주요비율은 동일하고 가중치만 다를 뿐이다.

정답 ③
해설 고정비율은 레버리지비율에 포함시킬 수 있으므로 채권자의 입장을 중시하는 월의 지수법에서 더 중요하다.

15. 지수법에는 월, 트랜트, 브리체트의 방법이 있다. 이들 방법에 대한 설명 중 잘못된 것은?

① 월의 지수법은 안정성을 중시한 것이다.
② 트랜트의 지수법은 활동성을 중시한 것이다.
③ 브리체트의 방법은 월과 트랜트의 방법에서 고려하지 않았던 수익성을 도입하였다.
④ 브리체트의 방법은 경영자의 입장을 반영한 것이다.

정답 ④
해설 브리체트의 방법은 금융기관과 사채권자의 입장을 반영한 것이다.

16. 다음은 종합적 비율분석에 대한 설명이다. 바르게 설명하고 있는 것은?
① 개별적 비율이 가져다주는 상충적 결과는 여전히 해결하지 못한다.
② 지수법을 적용할 때에는 100을 넘지 않는 것이 바람직하다고 본다.
③ 지수법외에도 PER법, ROI법 등이 이용되고 있다.
④ 월의 지수법은 안전성비율에, 트랜트의 지수법은 활동성비율에 큰 가중치를 부여하므로 대출회수가능성에 관심이 높은 금융기관에게는 월 지수가 더 중요하다.

정답 ④

17. 다음은 자기자본순이익률(ROE)에 대한 설명이다. 이에 대한 설명 중 가장 바르게 기술된 것은?
① 경영자의 관점에서 관리목적으로 파악하는 지표이다.
② 매출액순이익률, 총자본회전율, 부채비율 세 가지 요소로 구성된다.
③ 목표비율을 설정하고 실제비율과 비교함으로써 업적평가에 활용할 수 있다.
④ 종업원들에게 담당업무와 ROE의 연관성을 인식시킴으로써 목표달성을 위한 자신의 역할을 분명하게 제시해 줄 수 있다.

정답 ②
해설 나머지는 모두 총자본이익률(ROI)에 대한 설명이다.

18. 총자본이익률(ROI)에 대한 다음 설명 중 잘못된 것은?
① 수익성비율과 활동성비율로 분해할 수 있다.

② 경영계획과 통제에 효과적으로 이용되는 지표이다.
③ 최근 주주중심의 경영이 중시되면서 관심을 많이 받고 있다.
④ 부채비율을 추가해서 자기자본순이익률(ROE)로 확대하여 분석할 수 있다.

정답 ③
해설 주주중심의 경영에서 중요한 지표는 ROE이다.

19. EVA와 ROI에 대한 설명이다. 잘못된 것은?
① 둘 다 주주중심의 재무지표이다.
② ROI는 자본비용의 회수문제를 고려하지 않는 지표이다.
③ 주주이익을 극대화한다는 차원에서 보면 ROI는 한계점이 있다.
④ ROI는 %단위, EVA는 금액단위의 지표이다.

정답 ①
해설 ROI는 주주중심이라기보다 경영자중심이라고 할 수 있다.

20. 다음 중 ROI의 구성식을 바르게 나타낸 것은?
① 매출액순이익률×총자본회전율×자기자본비율
② 매출액순이익률×총자본회전율÷자기자본비율
③ 매출액순이익률÷총자본회전율×자기자본비율
④ 매출액순이익률÷총자본회전율÷자기자본비율

정답 ②

21. 지수법을 이용할 때에 관계비율을 산출하는 방법이 나머지 항목들과 다른 것은?
① 부채비율 ② 자기자본비율 ③ 유동비율 ④ 재고자산회전율

정답 ①
해설 다른 비율들과 달리 부채비율은 낮을수록 좋으므로 표준비율을 해당기업비율로 나누어 관계비율을 산출한다.

22. 자산(=투자자본)은 200억원, 부채는 100억원(이자율 10%), 자본은 100억원(자본비용 20%)으로 구성된 가나기업(주)은 올해 24억원의 영업이익을 올렸다. 분석결과를 설명한 다음 중 잘못된 것은? 법인세는 없다고 가정한다.
① 순이익은 양의 값을 갖는다.
② 투자자본수익률은 12%이다.
③ EPS와 EVA는 음의 값을 갖는다.
④ 가중평균자본비용은 15%이다.

정답 ③

해설 순이익=24억원−100억원×10%=14억원 > 0, 따라서 주당순이익(EPS)도 양의 값을 갖는다.

계산형

1. 다음은 가나기업의 수익성과 관련된 재무비율을 산업평균과 비교한 표이다. 각 물음에 간단하게 답하시오.

재무비율	산업평균	가나기업
자기자본순이익률	12%	12%
총자본순이익률	4	3
매출액순이익률	2.5	1.5

(1) 가나기업의 경우 산업평균에 비해서 총자본순이익률이 낮은데도 자기자본순이익률이 같은 이유를 추정해보시오. 구체적인 수치로 근거를 제시하시오.
(2) 가나기업은 활동성비율은 산업평균에 비해서 높을까? 아니면 낮을까? 근거와 함께 답을 제시하시오.

정답과 해설

(1) 부채비율이 더 높기 때문이다. ROE = ROI×(1+부채비율)의 관계식에서
산업평균의 경우에는 0.12=0.04×(1+부채비율) → 부채비율 200%
가나기업의 경우에는 0.12=0.03×(1+부채비율) → 부채비율 300%
(2) 산업평균에 비해서 더 높다. ROI = 매출액순이익률×총자산회전율의 관계식에서
산업평균의 경우에는 0.04 = 0.025×총자산회전율 → 총자산회전율 160%

가나기업의 경우에는 0.03=0.015×총자산회전율 → 총자산회전율 200%

2. 가나기업의 투자자본(IC)이 150억원이고 투자자본이익률(ROIC)은 21.33%이다. 이 기업의 타인자본비용은 10%, 자기자본비용은 20%이며 부채비율은 66.67%이다. EVA와 관련된 다음 물음에 답하라.

(1) 가나기업의 가중평균자본비용을 산출하라.

(2) 경제적 부가가치(EVA)를 구하라.

(3) 시장부가가치(MVA)를 구하고 이로부터 기업가치를 구하라.

정답 과 해설

(1) 가중평균자본비용(WACC)은 다음과 같다.

$$WACC = 10\% \times \frac{2}{5} + 20\% \times \frac{3}{5} = 16\%$$

(2) 경제적 부가가치는 다음과 같다.

$EVA = IC \times (ROIC - WACC)$=150×(21.33%-16%)=8억원

(3) 시장부가가치는 경제적 부가가치의 현재가치로 다음과 같다.

$$MVA = \frac{EVA}{WACC} = \frac{8}{16\%} = 50\text{억원}$$

위와 같이 계산하는 것은 영구연금의 현재가치산출방법을 이용한 것이다(제8장 참조). 따라서 기업가치(V) = IC+MVA = 150+60 = 210억원

제3부

현금흐름분석

Financial
재무분석이란 기업의 이해관계
자들이 경제적 의사결정에 필
요한 정보를 얻기 위해서 기업
을 평가하는 것이다. 기업과
관련된 정보는 매우 다양한데
그 중 특히 재무적 정보를 분
석하는 활동을 재무분석이라고
한다.

제6장 현금흐름표

지금까지 살펴 본 재무분석의 내용은 주로 대차대조표와 손익계산서를 중심으로 하는 비율분석이었다. 그러나 최근 기업평가에서 현금흐름의 중요성이 인식되면서 현금흐름표도 중요한 재무제표가 되고 있다. 현금흐름표는 일정기간 동안 기업의 현금흐름을 나타내는 재무제표이기 때문이다. 제6장에서는 현금흐름표의 의의와 작성방법을 소개하고 현금흐름표를 이용해서 수행할 수 있는 재무분석의 내용에 대해서 설명한다.

제1절 자금이란?

1. 자금의 의미

자금이란 용어는 여러 가지 의미로 매우 다양하게 사용된다. 우선 좁은 의미로 자금이란 현금과 예금을 지칭하는 용어로 사용된다. 그리고 좀더 넓은 의미로는 현금과 예금에다가 유가증권, 매출채권까지 포함한 당좌자산을 자금이라고 부르기도 한다. 이보다 더 넓은 개념으로 유동자산에서 유동부채를 차감한 순운전자본(net working capital : NWC)을 일컫기도 한다. 더 나아가서는 유동자산 또는 총자본을 의미하기도 한다.

그러나 기업회계기준에서 사용하고 있는 자금의 개념은 현금과 예금 및 현금등가물을 말한다. 그리고 기업회계기준에서 규정하고 있는 현금흐름표도 이러한 개념을 기준으로 작성되기 때문에 현금흐름표를 통해서 자금의 흐름을 파악한다고 할 때에 자금은 곧 현금과 예금 및 현금등가물의 합계를 의미하는 것이다.

여기서 현금등가물(cash equivalents)이란 여유현금을 단기적으로 이용할 목적에서 취득한 유동성이 높은 유가증권을 말한다. 구체적으로는 큰 거래비용을 들이지 않고 현금으로 전환이 용이하고 이자율변동에 따른 가치변동의 위험이 중요하지 않은 유가증권 및 단기금융상품으로서 취득당시 만기가 3개월 이내에 도래되는 것을 말한다.

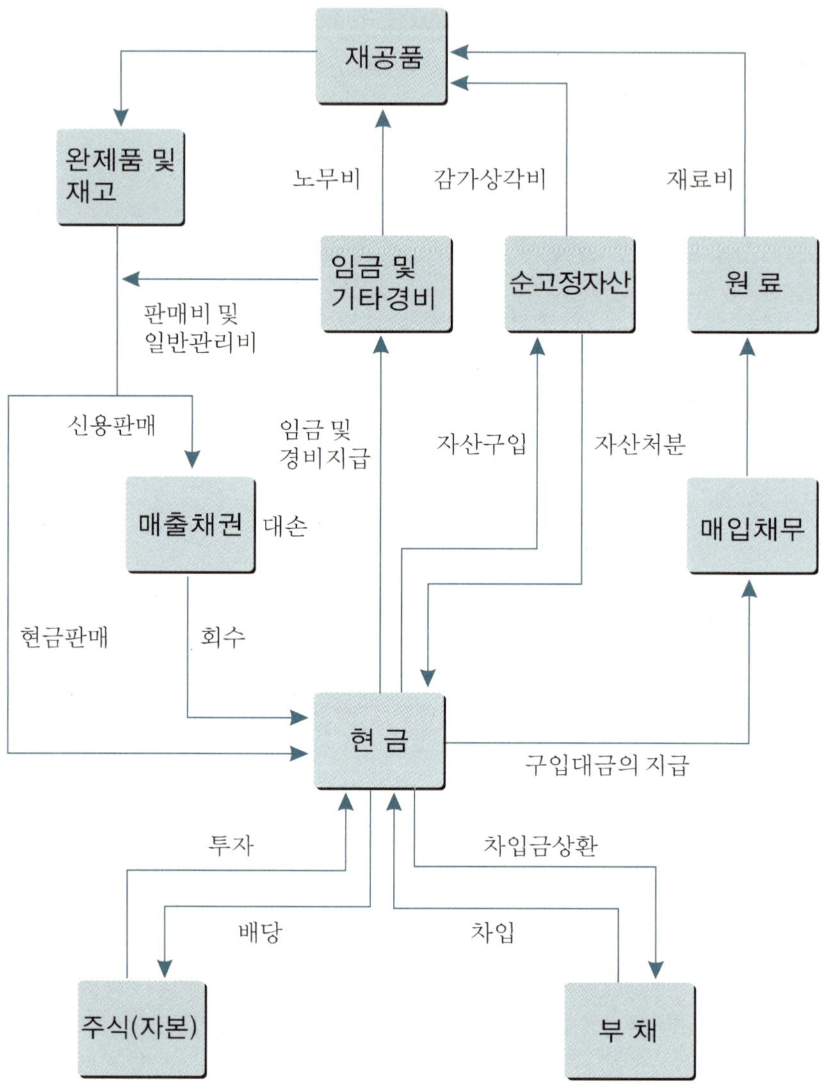
재공품
완제품 및 재고
노무비
감가상각비
재료비
임금 및 기타경비
순고정자산
원 료
판매비 및 일반관리비
신용판매
임금 및 경비지급
자산구입
자산처분
매출채권
대손
매입채무
현금판매
회수
현 금
구입대금의 지급
투자
차입금상환
배당
차입
주식(자본)
부 채

[그림 6-1] 자금의 흐름

2. 기업활동과 자금흐름

[그림 6-1]은 기업활동과 관련해서 자금이 어떻게 흘러가는가를 보여주고 있다. 이러한 자금흐름을 현금의 유입과 유출이라는 관점에서 단순화시키면 다음과 같이 요약할 수 있다.

먼저 제품의 판매, 서비스의 공급 등 영업활동으로 현금이 유입된다. 이외에도 차입금의 조달, 주식의 발행, 고정자산의 처분 등을 통해서도 현금유입이 이루어진다.

그리고 이렇게 유입된 현금은 제품을 생산하거나 서비스를 창출하는 데 필요한 원재료나 고정자산 등을 구입하는 데에 사용된다. 또한 생산이나 판매관리 등에 참여한 노동자에게 인건비를 지급하면서 현금이 유출된다. 또 다른 한편으로는 자본사용대가에 대한 이자와 배당을 지급하거나 부채를 상환하면서 외부로 유출된다.

제2절 현금흐름표

1. 현금흐름표란?

앞에서 보았듯이 기업활동은 항상 자금(현금)흐름을 수반하게 된다. 현금흐름표(statement of cash flow)는 이러한 현금흐름의 변동내역을 나타내는 재무제표이다. 즉, 현금흐름표는 기업의 현금흐름을 나타내는 표로서 일정기간 동안 현금의 유입(원천)과 현금의 유출(운용), 그리고 이에 따른 결과에 관한 정보를 제공하는 재무제표이다.[1)]

기업활동에 직접적으로 필요한 것은 장부상의 순이익이 아니고 현금이기 때문에 순이익이 나는 기업도 현금이 부족하여 도산하는 경우가

---

1) 종전에는 순운전자본을 자금개념으로 한 재무상태변동표가 작성되어 이용되었으나 1994년부터는 보다 유용성을 높일 수 있는 자금개념의 현금흐름표가 등장하였다.

있다. 따라서 대차대조표나 손익계산서의 분석보다도 기업의 현금흐름을 파악할 수 있는 현금흐름표에 대한 분석이 더 중요하게 받아들여지고 있다.

2. 현금흐름의 발생원천

현금흐름표에서는 기업의 현금흐름을 발생원천별로 구분해서 영업활동으로 인한 현금흐름, 투자활동으로 인한 현금흐름, 재무활동으로 인한 현금흐름의 세 가지로 나타내고 있다. 따라서 영업활동, 투자활동, 재무활동에 대한 내용을 먼저 살펴본다.

(1) 영업활동

영업활동이란 기업이 본래의 영업활동을 수행하는 과정에서 발생되는 거래를 말한다. 만약 제과회사의 경우라면 밀가루, 설탕과 같은 원재료를 구입하고 이를 가공해서 빵이나 과자와 같은 제품을 생산하여 이를 소비자에게 판매하는 활동이 영업활동이 된다.

영업활동의 내용은 주로 손익계산서에서 확인할 수 있다. 즉, 빵이나 과자를 판매한 수익은 매출액, 이를 생산하기 위해 투입된 원가는 매출원가, 이를 판매하기 위해 발생한 비용은 판매비 및 일반관리비 등이 되기 때문이다.

이러한 거래에서 발생되는 현금흐름을 영업활동으로 인한 현금흐름이라고 하는데 기업의 정상적 활동을 평가하는데 가장 중요한 현금흐름이다. 대표적으로 여기서 발생하는 현금유출입의 내용은 다음과 같다.

① 현금의 유입

제품 및 서비스의 매출(여기에는 매출채권의 회수도 포함된다), 이자수입과 배당금수입 등

② 현금의 유출

원재료, 상품구입(여기에는 매입채무의 결제도 포함된다), 종업원 인

건비, 법인세비용, 이자비용 등

(2) 투자활동

투자활동이란 토지나 건물을 매입하고 새로운 설비를 도입한다든가 하는 것처럼 거래의 규모가 비교적 크면서 앞으로의 기업성과에 장기적인 영향을 주는 거래를 말한다. 뿐만 아니라 합병이나 장기적인 투자수익을 목적으로 유가증권을 매매하는 것도 투자활동에 속한다.

투자활동의 내용은 주로 대차대조표에서 확인할 수 있다. 대차대조표 중에서도 차변 쪽에서 확인가능한데 차변의 내용이 자금을 운용하여 취득한 기계장치, 건물, 토지, 차량 등을 나타내고 있기 때문이다.

이러한 거래는 기업의 생존에 영향을 줄 수도 있기 때문에 신중한 의사결정이 요구되는 분야이다. 이와 관련된 현금유출입의 내용 중 대표적인 것들은 다음과 같다.

① 현금의 유입

대여금의 회수, 유가증권, 투자자산, 유형자산, 무형자산의 처분 등

② 현금의 유출

현금의 대여, 유가증권, 투자자산, 유형자산, 무형자산의 취득 등

(3) 재무활동

재무활동이란 앞서 설명한 영업활동과 투자활동을 수행하는 과정에서 필요한 자금을 조달하거나 남는 여유자금을 운용하는 거래를 말한다. 예를 들어, 부족한 자금은 은행에서 차입금을 조달하거나 증권시장에서 주식을 발행하여 조달할 수 있을 것이다. 반대로 여유자금이 있으면 차입금을 상환하거나 일시적으로 예금할 수도 있는데 이러한 것들이 모두 재무활동에 포함되는 것들이다.

재무활동의 내용도 대차대조표에서 확인할 수 있다. 앞서 설명한 투자활동이 차변에 나타나 있는데 비해서 재무활동은 대변 쪽에 나타난다. 왜냐하면 자금의 조달내역, 즉 차입금조달, 사채발행, 주식발행 등의

내용이 차변에 기록되기 때문이다.

이러한 거래에서 발생되는 현금흐름을 재무활동으로 인한 현금흐름이라고 하고 대표적인 현금유출입의 내용은 다음과 같다.

① **현금의 유입**

장단기 차입금의 차입, 사채의 발행, 주식의 발행 등

② **현금의 유출**

장단기 차입금의 상환, 사채의 상환, 배당금지급 등

제3절 현금흐름표의 작성

1. 기본내용과 구조

(1) 기본내용

현금흐름표의 기본내용은 기초의 현금수준과 기말의 현금수준을 비교해서 그 차이(증가 또는 감소)가 무엇에 의해서 나타난 것인가를 설명하는 것이다. 즉, 그 증감의 내역을 세분해서 영업활동에 의한 현금흐름이 얼마이고 투자활동에 의한 현금흐름이 얼마이고 재무활동에 의한 현금흐름이 얼마인가를 설명하는 것이다.

예를 들어서 기초의 현금이 700이고 기말의 현금이 1,600인 기업이 있다고 하자(단위 : 백만원). 그러면 당기 중에 현금이 900만큼 증가한 것이다. 그러면 어떻게 해서 900만큼이 증가하였는가? 이를 분석해서 다음의 사실을 파악했다고 가정하자. 즉, 영업활동에 의해서 2,200만큼 증가하였고 투자활동에 의해서 1,700만큼 증가하였다. 그러나 재무활동으로 인해 3,000만큼 감소하였다고 하자. 이를 통해서 현금흐름표의 기본구조를 나타내면 표와 같다.

기말의 현금	1,600		
기초의 현금	700		
현금의 증가	900	→ 증가내역	
		영업활동으로 인한 현금흐름	2,200 증가
		투자활동으로 인한 현금흐름	1,700 증가
		재무활동으로 인한 현금흐름	3,000 감소

[표 6-2] 현금흐름표의 기본내용

(2) 현금흐름표의 구조

현금흐름표는 기본적으로 위와 같은 내용을 담고 있지만 이러한 내용을 표시하는 방법은 다음의 순서를 따른다.

첫째, 영업활동에 의한 현금흐름, 투자활동에 의한 현금흐름, 재무활동에 의한 현금흐름을 먼저 구한다.

둘째, 첫째 단계에서 산출한 각 활동별 현금흐름을 합하여 당기 중의 현금증가액 또는 감소액을 산출한다.

셋째, 기초의 현금에 둘째 단계에서 구한 현금증가액 또는 감소액을 더하여 기말의 현금을 나타낸다.

따라서 위와 같은 표로 설명된 내용을 현금흐름표의 구조에 맞추어 작성하면 다음과 같이 된다.

영업활동으로 인한 현금흐름	2,200	증가
투자활동으로 인한 현금흐름	1,700	증가
재무활동으로 인한 현금흐름	3,000	감소
당기 중 현금의 증가	900	
기초의 현금	700	
기말의 현금	1,600	

[표 6-3] 현금흐름표의 구조

2. 사례기업

본격적인 현금흐름표의 작성과정을 설명하기 전에 사례기업의 재무제표를 제시한다. 대차대조표의 기초와 기말잔액이 주어져 있고 이 기간의 손익계산서도 제시되어 있다. 그리고 현금흐름표 작성을 위한 참고자료가 함께 주어져 있다.

대차대조표

2005년 12월 31일 현재 (단위 : 백만원)

과 목	기 초	기 말
현금예금	700	1,600
매출채권	2,000	1,900
재고자산	3,000	3,400
토지	10,000	8,300
기계	9,300	9,800
감가상각누계액	(3,000)	(5,000)
자산합계	22,000	20,000
매입채무	3,200	3,000
차입금	9,500	5,000
자본금	8,000	10,000
이익잉여금	1,300	2,000
부채와 자본합계	22,000	20,000

손익계산서

2005년 1월 1일부터 2005년 12월 31일까지

과 목	금 액
매출액	23,500
영업비용	22,000
영업이익	1,500
토지처분이익	500
법인세전이익	2,000
법인세비용	800
순이익	1,200

〈참고자료〉

- 차입금 4,500을 상환하였음.
- 보통주발행하여 2,000을 조달하였음.
- 주주에 500의 현금배당을 지급하였음.
- 당기 중에 500에 해당하는 기계를 취득하였음.
- 감가상각비 2,000은 영업비용에 포함되어 있음.
- 장부가액 1,700인 토지를 2,200에 매각하였음.

3. 작성절차

현금흐름표가 담고 있는 기본적 내용과 그 구조를 보면 알 수 있듯이 현금흐름표를 작성하기 위해서는 우선 영업활동, 투자활동, 재무활동으로 인한 현금흐름을 산출해야 한다. 이에 대해서 차례대로 설명한다.

(1) 영업활동으로 인한 현금흐름

여기서는 기업의 현금흐름 중에서 영업활동으로 인한 금액을 찾아내는 것이다. 영업활동으로 인한 현금흐름을 구하는 방법은 다음과 같이 직접법과 간접법, 두 가지 방법이 있다.

① 직접법

직접법은 영업활동에서 발생하는 현금유입에서 영업활동에서 발생한 현금유출을 직접 차감하여 구하는 방법이다. 이 방법을 적용해서 현금흐름표를 작성하려면 별도로 현금기준의 손익계산서를 작성하고 관리해야 한다. 우리가 일반적으로 이용하는 손익계산서는 기업회계기준의 발생주의 손익계산서인데 이와는 별도로 현금기준의 손익계산서를 관리한다는 것은 사실 매우 번거로운 작업이 아닐 수 없다.

다음은 이러한 과정을 따라서 손익계산서를 현금주의로 전환시켜서 영업활동으로 인한 현금흐름을 나타낸 것이다.

손익계산서

과 목	발생주의	조 정	현금주의
매출액	23,500	100	23,600
영업비용	22,000	-1,400	20,600
영업이익	1,500		3,000
토지처분이익	500	-500	0
법인세전이익	2,000		3,000
법인세비용	800		800
순이익	1,200		2,200

〈조정내역〉

- 매출채권의 감소 100
- 감가상각비(−2,000)+재고자산증가(400)+매입채무감소(200)= −1,400
- 토지처분이익−500 (이는 투자활동관련항목이므로 영업현금흐름을 구하는 과정에서는 제외시키는 것임)

[표 6-4] 영업활동으로 인한 현금흐름(직접법)

② 간접법

간접법은 손익계산서상의 당기순이익에다가 현금유출이 없는 비용은 더해주고 현금유입이 없는 수익은 빼는 방법이다. 그리고 자산과 부채의 변동 중 영업활동에 의해 발생한 금액을 반영하여 영업활동으로 인한 현금흐름을 측정한다. 이 방법은 기업회계기준의 대차대조표나 손익계산서의 자료를 그대로 이용해서 현금흐름표를 작성할 수 있는 방법이기 때문에 직접법보다 더 많이 사용되고 있다.

다음은 간접법에 의해서 산출한 영업활동으로 인한 현금흐름의 내역을 표시한 것이다.

과 목	금 액	
1. 당기순이익		1,200
2. 현금유출이 없는 비용 가산		
감가상각비	2,000	2,000
3. 현금유입이 없는 수익 차감		
토지처분이익	-500	-500
4. 영업활동으로 인한 자산부채의 변동		
매출채권의 감소	100	
재고자산의 증가	-400	
매입채무의 감소	-200	-500
5. 영업활동으로 인한 현금흐름		2,200

[표 6-5] 영업활동으로 인한 현금흐름(간접법)

(2) 투자활동과 재무활동으로 인한 현금흐름

투자활동과 재무활동에 관련된 내용은 이미 앞서 설명하였다. 각 활동에 따른 현금유입액과 현금유출액을 나타내고 그 차액을 현금흐름표에 표시한다. 그리고 이를 영업활동으로 인한 현금흐름과 대응시켜서 당기 중 현금증가액(또는 감소액)으로 산출한다.

(3) 현금흐름표의 작성

이상의 절차를 따라서 산출된 결과를 앞서 설명한 구조에 맞추어서 현금흐름표를 작성하면 다음과 같다.

현금흐름표

2005년 1월 1일부터 2005년 12월 31일까지

과 목	금 액	
Ⅰ. 영업활동으로 인한 현금흐름		
1. 당기순이익	1,200	
2. 현금유출이 없는 비용 가산		
가. 감가상각비	2,000	
3. 현금유입이 없는 수익 차감		
가. 토지처분이익	500	
4. 영업활동으로 인한 자산부채의 변동		
가. 매출채권의 감소	100	
나. 재고자산의 증가	-400	
다. 매입채무의 감소	-200	2,200
Ⅱ. 투자활동으로 인한 현금흐름		
1. 토지의 처분	2,200	
2. 기계장치의 취득	-500	1,700
Ⅲ. 재무활동으로 인한 현금흐름		
1. 보통주의 발행	2,000	
2. 차입금의 상환	-4,500	
3. 배당금의 지급	-500	-3,000
Ⅳ. 현금의 증가(감소)		900
Ⅴ. 기초의 현금		700
Ⅵ. 기말의 현금		1,600

[표 6-6] 현금흐름표

제4절 현금흐름표를 이용한 재무분석

1. 현금흐름표분석

이번에는 사례로 제시된 현금흐름표를 보면서 이 회사의 자금흐름이 어떤 특징을 갖는지 살펴보자. 이를 위해서는 먼저 전체적인 현금흐름의 틀을 보면서 구체적인 내용을 파악하는 것이 좋다.

전기 말의 현금잔액이 700이었는데 당기 중에 현금이 900증가해서 당기 말에는 현금이 1,600으로 늘어났다. 그런데 당기에 증가한 현금흐름 총액 3,900(=2,200+1,700) 중 회사 본래의 영업활동으로 늘어난 금액이 2,200으로서 전체의 56% 정도를 차지하고 있다. 이러한 영업활동으로 인한 현금흐름이 차지하는 비중은 높을수록 바람직한 것이다.

투자활동으로 인한 현금흐름은 대체로 고정자산의 취득이나 매각에 따라서 발생하고 재무활동으로 인한 현금흐름은 주식발행, 차입금 조달 또는 상환 등으로 발생한다. 이러한 현금흐름은 불규칙적인 성격을 띠기 때문에 이러한 현금흐름보다는 안정적인 영업활동으로 인한 현금흐름이 더 중요한 것이다.

이 회사의 경우 투자활동으로 인한 현금흐름이 증가한 것은 토지처분금액이 기계취득금액보다 크기 때문이고 기계취득금액은 소액이어서 설비투자에 사용된 자금의 비중이 낮은 것으로 나타난다. 그리고 재무활동으로 인해서는 현금흐름이 감소한 것을 볼 수 있는데 이는 주로 차입금을 상환하는 데에 기인한 것임을 알 수 있다.

결론적으로 이 회사의 영업활동은 그런대로 괜찮은 편이지만 차입금 등 부채를 상환하느라고 토지를 매각하고 시설투자는 적게 할 수밖에 없었다. 이러한 시설투자의 감소는 앞으로의 영업활동을 위축시킬 가능성이 보인다. 즉, 현금잔액은 전년도에 비해서 증가하였지만 내용면에서는 그렇게 바람직하다고 보기 어렵다.

2. 현금흐름표와 관련된 재무비율

현금흐름표를 보면서 전체적인 변동에서 세세한 특징을 찾아서 이를 분석하기는 쉽지 않을 수 있다. 이러한 경우에는 현금흐름표를 통해서 산출할 수 있는 다음과 같은 여러 가지 재무비율들을 살펴보면서 구체적인 특징을 찾아낼 수 있다.

현금흐름표에서 특히 중요한 변수는 영업활동으로 인한 현금흐름(cash flow from operation : CFO)이기 때문에 현금흐름표와 관련된 다음의 재무비율들은 이를 통해서 산출된다.

(1) 현금흐름과 주식가치

주식가치와 관련된 재무비율로 현금흐름표에서 구할 수 있는 것들은 다음과 같다.

① 주당현금흐름

주당현금흐름(cash flow per share : CPS)이란 1주에 귀속되는 영업활동으로 인한 현금흐름의 크기를 말한다. 따라서 영업활동으로 인한 현금흐름(CFO)을 발행주식수(N)로 나누어 산출한다.

$$CPS = \frac{CFO}{N}$$

② 주가현금흐름비율

주가현금흐름비율(price to cash flow ratio : PCR)은 주가(P)가 1주당 현금흐름의 몇 배로 형성되어 있는가를 나타내는 비율이다. 따라서 주식가격을 주당현금흐름으로 나누어 산출한다.

$$PCR = \frac{P}{CPS}$$

③ 배당지급능력배수

이는 영업활동으로 인한 현금흐름이 배당의 몇 배 수준인가를 나타내는 비율이다. 그러므로 영업활동으로 인한 현금흐름을 배당금으로 나누어 산출한다. 구체적으로는 주당현금흐름(CPS)을 주당배당금(dividends per share : DPS)으로 나누면 된다.

$$\text{배당지급능력배수} = \frac{CPS}{DPS}$$

(2) 현금흐름과 지급능력

기업의 부채상환능력을 판단할 수 있는 재무비율로 현금흐름표에서 구할 수 있는 것들은 다음과 같다.

① 현금흐름과 유동부채의 비율

이는 기업의 단기적 지급능력을 판단할 수 있는 지표로 사용된다. 구체적으로는 영업활동으로 인한 현금흐름을 유동부채(또는 단기차입금)로 나누어 산출한다.

② 현금흐름과 총부채의 비율

이는 기업의 장기적 지급능력을 판단할 수 있는 지표로 사용된다. 구체적으로는 영업활동으로 인한 현금흐름을 총부채(또는 장기차입금과 단기차입금의 합계)로 나누어 산출한다.

(3) EBITDA

① 대략적인 현금흐름

굳이 현금흐름표를 작성하지 않더라도 손익계산서만을 이용해서 기업의 영업현금흐름을 파악하는 지표가 있다. EBITDA(earnings before interest, tax, depreciation and amortization)가 그것인데 이는 이자와 세금 차감전 순이익(earnings before interest, tax : EBIT)에 감가상각비(depreciation and amortization)를 더해서 산출한 값으로 다음과 같이 측정한다.

EBITDA = EBIT + 감가상각비

물론 이 값은 현금흐름표에서 측정하는 것처럼 정확한 현금흐름의 금액은 아니지만 산출하기 쉬워서 실무에서는 많이 이용된다.

② EV/EBITDA비율

이 비율의 분자, EV(enterprise value)는 발행주식수에 1주당 가격을 곱한 자기자본의 시가총액이다. 이를 EBITDA로 나누어 산출한 비율은 주식시장에서 이 기업의 주가가 EBITDA의 몇 배로 형성되어 있는가를 나타내는 것이다. 산출구조와 의미는 PCR과 비슷하다. 분모의 현금흐름이 EBITDA로 바뀌어 있다는 점이 다를 뿐이다.

연습문제

선택형

1. 현금흐름표에 나타나는 기업활동의 분류에 해당되지 않는 것은?

① 재무활동 ② 영업활동
③ 투자활동 ④ 경영활동

정답 ④

해설 현금흐름표의 기업활동은 영업활동, 투자활동, 재무활동, 세 가지이다.

2. 현금흐름표와 관련된 재무비율에서는 1주당 현금흐름(cash flow per share)이 중요한 변수가 된다. 여기서 말하는 현금흐름이란?

① 영업활동으로 인한 현금흐름
② 재무활동으로 인한 현금흐름
③ 투자활동으로 인한 현금흐름
④ 기업잉여현금흐름(Free Cash Flow to the Firm : FCFF)

정답 ①

해설 현금흐름표와 관련된 재무비율에서 현금흐름이란 영업활동으로 인한 현금흐름을 의미한다.

3. 다음의 현금흐름 중 직접법 또는 간접법으로 측정할 수 있는 것은?

① 재무활동으로 인한 현금흐름
② 영업활동으로 인한 현금흐름
③ 투자활동으로 인한 현금흐름
④ 경영활동으로 인한 현금흐름

정답 ②

4. 영업활동으로 인한 현금흐름은 100, 투자활동으로 인한 현금흐름은 900, 재무활동으로 인한 현금흐름은 −600인 기업이 있다. 이에 대한 대략적 분석결과로

가장 올바른 설명은?

① 당기순손실이 발생하였지만 큰 금액은 아니다.
② 신주발행으로 설비투자를 하였다.
③ 기말현금이 증가하여 바람직한 현금흐름양태를 보이고 있다.
④ 토지를 매각하여 부채를 상환하였다.

정답 ④

해설 두자활동으로 인한 현금흐름이 양(+)의 값을 가지면 고정자산의 매각을 의미하고 재무활동으로 인한 현금흐름이 음(−)의 값을 가지면 배당지급 또는 부채상환 등을 의미한다.

5. 다음은 EBITDA에 대한 설명이다. 잘못된 것은?

① 이자와 법인세 및 감가상각비를 차감하기 전의 이익이다.
② 대략적인 현금흐름을 측정할 때에 사용된다.
③ 현금흐름표의 영업활동으로 인한 현금흐름과는 다른 것이다.
④ 주가현금흐름비율(PCR)을 구할 때에 이용된다.

정답 ④

해설 PCR을 구할 때에 이용되는 현금흐름은 현금흐름표상의 영업활동으로 인한 현금흐름이다.

6. EBITDA와 EBIT의 차이에 해당하는 것은?

① 유형자산의 감가상각비
② 무형자산에 대한 상각비
③ 유형자산의 감가상각비와 무형자산에 대한 상각비
④ 유형자산의 감가상각비, 무형자산에 대한 상각비, 법인세

정답 ③

해설 EBITDA = EBIT + 유·무형자산의 상각비

7. 현금흐름표의 구조가 다음과 같은 기업들이 있다. 이 중 가장 바람직한 것은?

	영업활동	투자활동	재무활동
①	+1,000	−500	−200
②	−1,000	+1,000	+500
③	+200	+1,000	−300
④	−200	−500	+700

정답 ①

해설 영업활동으로 인한 현금흐름이 충분하여 설비투자도 하고 부채도 상환한 경우이다.

설명형

1. 현금흐름표의 영업활동으로 인한 현금흐름과 EBITDA를 비교해서 설명하시오.

2. 현금흐름표를 이용해서 파악할 수 있는 재무비율에는 어떤 것들이 있는지 열거하시오.

제 7 장 재무계획과 현금예산

현금흐름표를 이해하고 난 후에는 이를 관리적 차원에서 활용할 수 있어야 한다. 재무계획이란 기업의 자금조달과 운용실적을 분석하여 이를 통해서 자금계획을 수립하는 것을 말한다. 그리고 이러한 계획을 구체적인 숫자로 나타낸 것이 곧 예산이라고 할 수 있다. 제7장에서는 재무계획과 예산활동에 대해서 소개한 후 특히 재무적 관점에서 중요한 현금예산을 중점적으로 설명한다. 현금예산을 수립할 때에 중요하게 고려할 사항이나 이를 구체적으로 운용하는 방법을 설명할 것이다.

제1절 재무계획

1. 자금관리활동

(1) 네 단계로 구성

기업의 자금관리활동은 매우 복잡해보이기도 하지만 그 과정을 크게 분류하면 다음과 같이 네 가지 단계로 구분할 수 있다.

첫 번째 단계는 재무계획의 수립이다. 기업의 과거 재무자료로부터 그 동안의 자금조달과 운용실적에 대하여 분석하고 그 결과를 이용해서 재무예측을 수행하고 자금계획을 수립하는 것이다.

두 번째 단계는 자금조달이다. 자금조달단계에서는 기업의 지불능력과 자금시장의 상황을 고려해야 한다. 그리고 얼마의 자금을, 어떤 방법으로, 어느 시기에 조달할 것인가를 결정하는 것이다.

세 번째 단계는 자금운용이다. 즉, 둘째 단계에서 조달한 자금을 첫째 단계에서 수립한 재무계획에 따라서 원재료구입, 임금지급, 차입금상환이나 시설투자에 사용하는 것이다.

끝으로 네 번째 단계는 자금통제활동이다. 구체적으로는 자금조달과 운용이 계획대로 진행되고 있는가를 계속적으로 체크하여 문제점이 발생하면 즉시 이에 따라서 자금관리활동을 수정하는 것이다.

앞에서 설명한 자금관리활동의 네 가지 단계별 내용을 그림으로 나타내면 [그림 7-1]과 같다.

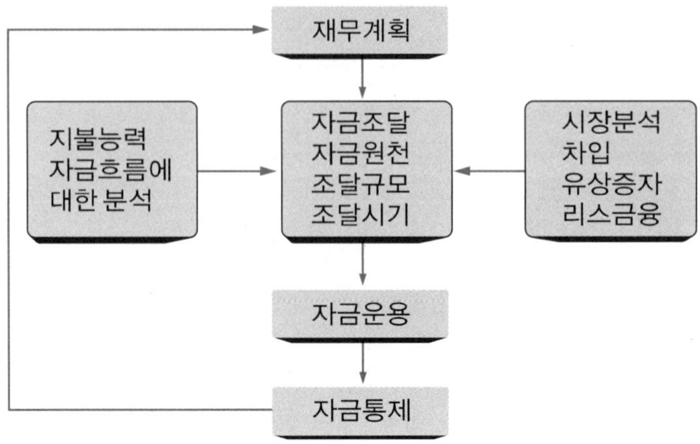

[그림 7-1] 자금관리활동의 흐름

2. 재무계획이란?

(1) 재무계획의 의의

앞서 살펴본 것과 같이 자금관리활동은 재무계획의 수립으로부터 시작된다. 그러면 재무계획이란 무엇인가? 재무계획은 넓은 의미로 보면 기업목표를 설정하고 이를 달성할 수 있는 매출액을 예측한 후 이에 따른 생산계획과 판매전략을 수립하는 것까지 포함한다. 그러나 구체적인 의미로는 예상매출액을 전제로 부서별 또는 활동별 현금예산을 수립하고 이에 따른 추정재무제표를 작성하는 절차를 말한다.

(2) 재무계획의 성격

재무계획은 자금관리활동의 첫 번째 단계이면서 자금관리활동 전체를 포괄하는 성격을 갖는다. 즉, 자금관리활동의 두 번째 단계 이후의 자금조달, 자금운용, 그리고 자금통제는 모두 첫 번째 단계의 재무계획을 실천하는 활동이라고 할 수 있다. 따라서 재무계획은 기업활동을 예측하고 통제하는 기능을 수행할 수 있는 것이다.

제2절 재무계획과 예산편성

1. 예산이란?

(1) 예산의 의의

예산(budget)이란 미래의 경영계획을 화폐단위로 표현한 것을 말한다. 따라서 경영자는 예산을 통해서 추상적인 경영계획을 보다 구체화시켜서 효과적인 경영활동을 수행할 수 있다.

(2) 예산단위

예산은 기업전체를 대상으로 수립할 수도 있지만 목적에 따라서는 부문별로 작성할 수도 있고 기간별로 구분해서 작성할 수도 있다. 이러한 신축적인 예산제도를 도입, 운용함으로써 조직전체의 계획수립은 물론이고 하부단위의 활동까지 조정, 통제할 수 있는 것이다.

2. 예산순환과정

(1) 예산순환과정이란?

예산의 수립과 집행은 한 번의 작업으로 끝나는 것이 아니다. 예산제도가 본래의 기능을 충분히 발휘하려면 몇 단계의 절차를 거치면서 연속적이고 동적인 과정을 밟아야 한다. 바로 이러한 연속적인 예산운용시스템을 예산순환과정이라고 하는데 [그림 7-2]와 같이 요약된다.

(2) 단계별 내용

목표설정단계는 경영자가 경영계획을 수립하는 것을 말한다. 그런데 대개 이러한 계획은 추상적인 용어로 표현되는 경우가 많다. 그래서 예산담당자는 이를 달성하기 위해서 이용 가능한 자원을 파악하고 주어진

여건을 고려하여 구체적인 수치로 경영계획을 수립해야 한다. 이렇게 구체적인 수치로 표현된 경영계획을 예산이라고 하는데 수립된 예산에 따라서 경영활동을 실행한다. 그리고 실제결과를 예산자료와 비교하면서 그 차이를 분석함으로써 성과를 평가한다. 평가결과를 통해서 문제점이 무엇인지 파악하고 필요한 경우에는 목표를 수정하거나 다음 예산에 반영한다.

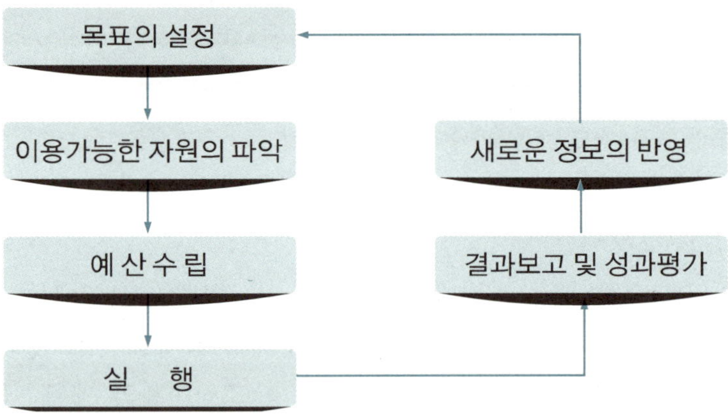

[그림 7-2] 예산순환과정

3. 종합예산의 구성

(1) 종합예산이란?

예산은 그 수립목적에 따라서 활동부문별로 작성할 수도 있고 월별, 분기별, 반기별, 연도별로 구분해서 작성할 수도 있다. 그러나 기업전체를 대상으로 수립한 1년 단위의 예산을 가장 중요하게 생각하는데 이를 종합예산이라고 한다.

종합예산은 수요예측에서부터 생산활동, 판매 및 관리활동까지 반영한 예산으로 편성되는데 좀더 구체적인 내용을 [그림 7-3]에서 살펴보자.

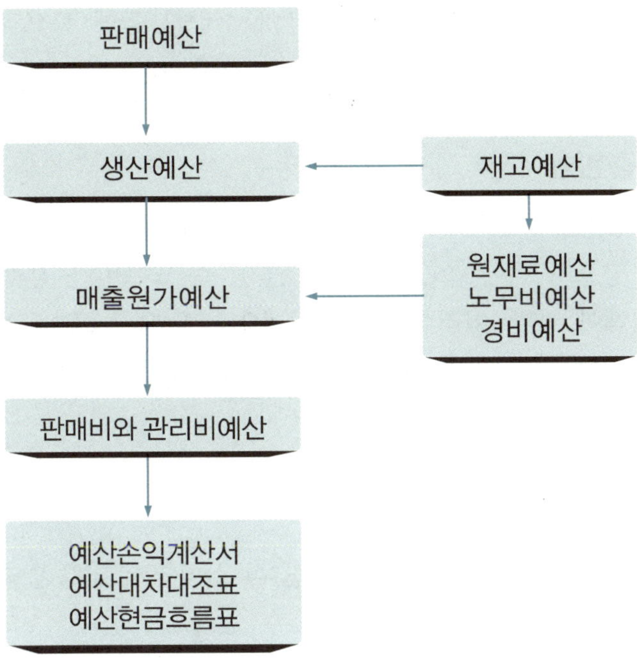

[그림 7-3] 종합예산의 수립과정

(2) 판매예산

판매예산은 소비자들의 수요예측을 전제로 판매예상량을 구하는 것이다. 수요예측에 의해서 기업의 생산규모가 결정되므로 판매예산은 종합예산의 첫 단계이면서 가장 중요한 과정이다.

미래수요에 대한 과대예상은 과잉시설투자를 가져올 수 있고 과소예상은 재고부족에 따른 기회손실을 가져올 수 있으므로 영업부서의 도움을 받아서 판매량에 영향을 줄 수 있는 변수들을 모두 고려하여 최대한 정확한 예산을 수립해야 할 것이다.

(3) 생산예산

생산예산은 판매예산에서 산출된 제품의 판매예상량을 현재보유량과 비교해서 당기에 생산해야 할 수량을 산출하는 것이다. 생산량이 확정되면 이번에는 생산에 필요한 원재료수량과 현재 보유하고 있는 원재료

수량을 비교하고 구입해야 할 원재료의 수량과 금액 등으로 표시한다. 이렇게 생산예산은 재고예산과 함께 연관성을 갖고 수립해야 한다.

(4) 매출원가예산

재고예산에서는 원재료예산이 만들어지는데 다음 단계에서는 원재료예산을 바탕으로 이에 추가되는 가공원가, 즉 노무비와 경비에 대한 예산을 수립해야 한다. 이러한 제조원가 3요소(원재료, 노무비, 경비)에 대해서 예산을 수립하고 난 후에는 재고예산 중 제품수량과의 관계에서 매출원가예산을 수립할 수 있다.

(5) 판매비와 관리비예산

판매수량과 생산수량 등이 결정되면 이에 따라서 발생할 것으로 예상되는 판매비와 일반관리비를 추정할 수 있다. 각 판매부서와 관리부서별로 구체적인 예산을 수립하도록 하고 수립된 예산의 타당성을 검토하여 기업전체의 판매비와 관리비를 확정시킨다.

(6) 예산재무제표

판매비와 관리비예산까지 반영하면 예산영업이익이 산출되기 때문에 여기까지의 예산은 영업예산이라고 한다. 그러나 경영활동은 영업활동뿐만 아니라 재무활동과 투자활동도 포함한다. 따라서 재무활동에서 발생하는 수입이자와 지급이자 등을 고려해서 예산손익계산서(budgeted income statement)를 작성한다. 그리고 투자활동에서 발생하는 자본예산항목까지 고려해서 예산대차대조표 및 예산현금흐름표를 작성하면 종합예산이 완성된다.

4. 추정재무제표

(1) 추정재무제표란?

앞서 예산수립의 최종단계에서 구한 예산대차대조표, 예산손익계산서,

예산현금흐름표 등을 추정재무제표(pro-forma financial statements)라고 한다. 이는 재무계획 수립의 핵심적인 결과로서 다음과 같은 유용성을 갖는다.

첫째, 추정재무제표를 통해서 미래의 현금흐름과 위험을 추정할 수 있어서 기업가치 또는 주식가치를 평가하는데 활용할 수 있다.

둘째, 미래 이익창출가능성과 부채상환능력을 평가할 수 있어서 기업의 신용평가에 활용할 수 있다.

셋째, 사업계획서의 핵심적 내용으로서 회사의 사업전망, 주요사업계획을 설명하는 IR(investor relation)에서 필수적으로 요구되는 사항이다.

(2) 추정재무제표의 작성

추정재무제표를 작성하는 순서는 앞서 설명한 종합예산의 수립과정과 유사하다. 구체적인 순서를 요약하면 다음과 같다.

① 미래의 일정기간에 대한 매출액을 추정한다.

② 매출액과 관련해서 매출원가, 판매비와 관리비 등의 영업비용을 추정하여 매출액에서 이를 차감해서 영업이익을 계산한다.

③ 미래의 일정시점을 기준으로 자산, 부채, 자본을 추정해서 추정대차대조표를 작성한다.

④ 추정대차대조표상의 부채에 대한 이자를 고려해서 이자비용 등 영업외항목을 계산하여 경상이익을 구한다. 이어서 특별항목과 법인세비용 등을 추정하여 당기순이익을 구하고 예상배당액을 차감해서 이익잉여금까지 구한다.

⑤ 이상의 자료를 통해서 추정현금흐름표를 만든다.

(3) 재무계획수립모형

이러한 예산수립이나 추정재무제표 등을 작성하는 과정에서는 여러 가지 요소를 고려해야 하고 이러한 요소가 변화하면 그 변화에 대해서 이미 수립된 예산을 수정해야 하는 등 반복적이고 계량적인 작업이 많이 필요하다.

이러한 경우 재무계획수립모형을 이용하면 편리하다. 최근 엑셀(Excel)

등 스프레드시트(spreadsheet)가 도입되면서 많은 기업들이 이를 이용한 재무계획수립모형을 활용하고 있다. 기업의 규모나 특성에 따라서 다양한 모형이 이용되고 있지만 기본적인 구조는 [그림 7-4]와 같다.

투입변수에는 현재의 재무제표와 미래매출액에 대한 예측과 가정 등이 포함되고 모형에는 여러 재무변수들 사이의 상호관계식이 포함된다. 최종적으로는 이러한 가정과 상호관계식을 통해서 추정재무제표가 만들어진다.

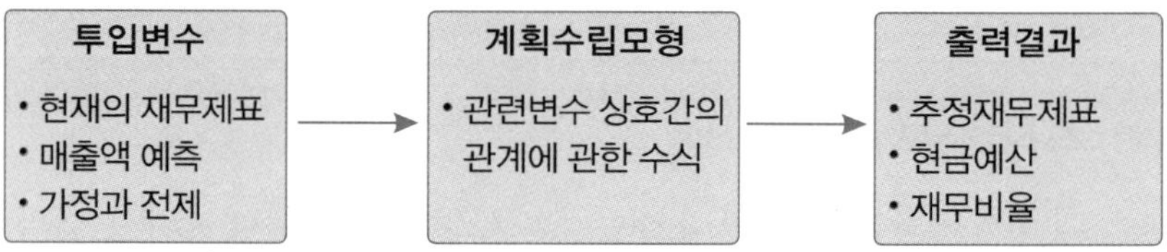

[그림 7-4] 재무계획수립모형

제3절 현금예산

1. 현금예산이란?

재무예측에서 제일 중요한 요소는 현금흐름이다. 모든 경영활동에서 직접적으로 필요한 것이 현금이기 때문이다. 따라서 재무예측의 최종결과는 현금예산으로 집약된다.

현금예산(cash budget)이란 재무예측의 일환으로 현금에 대한 예측과 계획을 수립하는 것을 말한다. 좀더 구체적으로 설명하면 현금의 수입과 지출항목을 예측하여 미래 일정기간 동안의 현금흐름을 파악하고 이에 따른 대책을 수립하는 것이 현금예산의 목적이다.

2. 현금예산수립의 원리

현금예산은 분석자금의 성격에 따라서 월별, 분기별, 연도별로 수립할 수 있지만 기본원리가 되는 등식은 다음과 같다.

기초현금 + 현금수입 - 현금지출 = 기말현금

① 기초현금

이는 전기 예산기간이 끝나면서 남은 현금으로서 당기 예산기간으로 이월되어 온 금액을 말한다.

② 현금수입

당기의 현금수입을 예측하려면 먼저 매출액을 예측하는 것이 필수적이다. 자금담당자는 영업부서의 도움을 받아 당기 매출액을 먼저 예측하고 이에 대한 현금회수조건에 따라서 당기의 현금수입을 추정한다.

이러한 영업활동외에 기계설비 등 고정자산의 처분, 투자자산의 매각, 차입금조달 및 주식발행 등에 따른 현금수입도 고려해야 한다.

③ 현금지출

매출액을 기초로 생산계획을 수립한 후 이에 소요되는 재료비, 노무비, 경비 등을 생산부서의 도움을 받아 예측한다. 이외에도 일반관리비 및 각종 부대비용의 발생도 함께 예측해야 하는데 이때에는 대금지급조건을 고려해서 당기의 현금지출을 추정해야 할 것이다.

이러한 영업활동외에 설비투자계획, 차입금의 상환, 배당금의 지급 등에 따른 현금지출도 고려해야 한다.

④ 기말현금

기말현금은 기초현금, 현금수입, 현금지출이 추정되면 위 등식에 의해서 자동적으로 산출되는 금액이다. 그런데 이때에 기말현금수준은 최저현금보유량(minimum cash balance) 이상이 되도록 유지해야 한다.

최저현금보유량은 만약에 발생할 수 있는 긴급사태에 대처할 수 있는 수준의 금액이기 때문에 이보다 높은 수준의 현금을 보유해야만 유동성 부족에 따른 위기상황을 피할 수 있다.

현금수입의 결정요인	현금지출의 결정요인	최저현금보유량의 결정요인
• 매출액 • 매출대금의 회수정책 • 고정자산의 처분 • 차입금의 조달	• 생산계획에 따른 비용 • 구매대금의 지급조건 • 시설투자 • 부채의 상환	• 은행과의 관계 • 자금조달경로 • 금융시장의 상황

[표 7-1] 현금수입과 지출의 결정요소

3. 소요자금의 예측

현금수입에 따라서 소요되는 자금을 구체적으로 산출할 수 있다면 현금예산을 수립할 때에 문제될 것이 없겠지만 그렇지 못하다면 다음과 같이 매출액을 기준으로 소요자금을 예측할 수 있다.

그러나 이때에도 매출액에 대한 예측은 최대한의 정확성을 기하고 만약 상황이 변경될 경우 신속한 수정이 뒤따라야 할 것이다.

(1) 매출액백분율법

이 방법은 매출액에서 현재의 자산과 부채를 구성하고 있는 재무제표상의 항목들이 차지하는 비율이 앞으로도 크게 변화하지 않는다고 가정하는 방법이다. 이 방법에 따르면 먼저 매출액을 기준으로 대차대조표의 각 항목을 매출액에 대한 백분율로 표시한다. 그리고 이 백분율을 기초로 매출액의 변화에 따른 각 항목의 변화를 추정해서 앞으로 필요한 자금을 예측하는 방법이다.

(2) 회귀식에 의한 방법

이 방법에 따르면 먼저 대차대조표의 각 항목이 매출액과 선형관계에 있다고 가정하여 이들 간의 회귀식을 구한다. 그리고 이 회귀식을 이용해서 매출액변화에 따른 필요자금을 예측하는 방법이다. 이 방법은 매출액백분율법에 비해서 보다 과학적이지만 좀 어려운 편이다. 그래서 단기적인 예측보다는 장기적인 예측에 이용되는 편이다.

4. 설비자금과 운전자금

자금담당자가 현금예산을 수립할 때에는 필요한 자금의 특징을 파악하고 그 특징을 고려해서 자금계획을 세워야 한다. 대체로 기업이 필요로 하는 자금은 설비자금과 운전자금으로 분류할 수 있는데 이들의 특징과 자금계획을 수립할 때에 고려해야 할 사항을 살펴본다.

(1) 설비자금계획

설비자금은 대체로 거액의 자금이 조달되고 설비가 취득되기까지 장기적인 건설(공사)기간이 소요되기 때문에 자금의 동결이 수반되는 특징이 있다.

그래서 이러한 설비자금은 반드시 장기적인 성격인 것으로 조달해야 한다. 예를 들어서 유보이익, 각종 적립금, 유상증자, 사채발행 및 장기차입금 등을 통해서 자금을 조달해야 한다. 뿐만 아니라 기존조달자금에서 발생하는 이자비용을 반드시 고려해야 기업의 도산을 막을 수 있다.

(2) 운전자금계획

운전자금의 변동은 대개 매출액변동과 비례관계에 있는 경우가 많다. 그리고 설비자금은 리스 등을 통해서 자금부담을 경감시킬 수 있지만 운전자금수요는 회피할 수 없는 성격의 자금이다. 그래서 운전자금은 기업의 유동성문제와 직결되어 있다.

이러한 운전자금계획을 수립할 때에는 유동성과 수익성의 상충관계를 고려해야 한다. 유동성을 유지하면서 동시에 수익성을 추구할 수 있도록 하는 것이 운전자금계획을 수립하는데 기본목표가 되어야 한다.

자산의 종류	자금의 종류	자금계획의 목표
유동자산	운전자금	수익성과 유동성의 조화
고정자산	설비자금	장기적 자금의 안정적 조달

[표 7-2] 운전자금과 설비자금

5. 현금예산의 운영방식

(1) 자산의 성격

자금담당자가 앞으로 소요될 자금을 예측하고 나면 이에 맞도록 자금을 조달해야 한다. 자금을 조달할 때에도 소요자금의 성격을 고려해야 한다.

운전자금과 설비자금에 대해 앞서 설명하였는데 대체로 운전자금은 유동자산을 취득하기 위한 것이고 설비자금은 고정자산을 취득하기 위한 것이다.

그런데 이 중 유동자산은 다시 불규칙적으로 변동하는 부분과 영구적인 성격을 띤 부분으로 구분할 수 있다. 그래서 자금관리의 측면에서 볼 때, 자산은 변동적 유동자산, 영구적 유동자산, 그리고 고정자산, 세 가지 성격으로 구분해야 한다.

(2) 운영방식의 분류

자산을 취득할 때에 어떤 자금을 조달하느냐에 따라서 현금예산의 운영방식은 다음과 같이 세 가지 방식으로 구분된다.

① 보수적 방식

변동적 유동자산, 영구적 유동자산, 고정자산 모두를 장기자금으로 조달하여 취득함으로써 파산가능성을 현저히 감소시키는 방식이다. 수익성보다는 유동성을 중시한다.

② 합리적 방식

변동적 유동자산은 단기자금으로 조달하고 영구적 유동자산과 고정자산을 장기자금으로 취득하는 방식이다. 적절한 유동성과 수익성을 유지할 수 있기 때문에 무난한 방식이라고 할 수 있다.

③ 공격적 방식

유동자산은 모두 단기자금으로 조달하고 고정자산만 장기자금으로 조달하여 취득하는 방식이다. 유동성보다는 수익성에 치중하는 방식이기 때문에 경기불황시 위험할 수 있다.

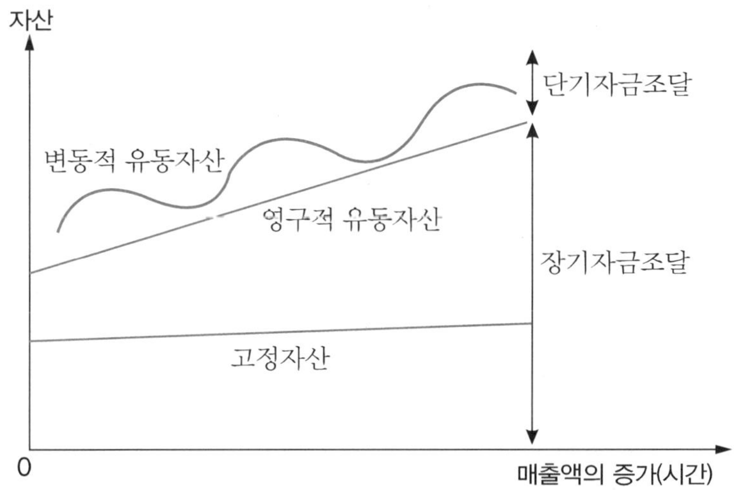

[그림 7-5] 현금예산의 합리적 운영방식

연습문제

진위형

1. 설비자금대출은 시설규모를 기준으로 판단하고 운전자금대출은 1회전 운전자본을 기준으로 판단하는 것이 좋다. ( )
2. 종합예산의 수립은 생산예산의 수립에서부터 시작된다. ( )
3. 다양한 자금조달경로를 갖고 있는 기업이라면 최저현금보유량의 수준은 다소 낮게 유지해도 된다. ( )

정답 1. ○ 2. × 3. ○

선택형

1. 기업의 자금관리활동을 순서대로 연결한 것은?
   ① 재무계획 → 현금예산 → 자금운용 → 자금조달
   ② 재무계획 → 자금조달 → 자금운용 → 자금통제
   ③ 현금예산 → 자금운용 → 자금조달 → 자금통제
   ④ 자금조달 → 재무계획 → 자금통제 → 자금운용

   정답 ②

2. 미래의 경영계획을 화폐단위로 측정한 것은?
   ① 예산 ② 현금흐름표
   ③ 손익계산서 ④ 자금수지표

   정답 ①

3. 사업계획서의 핵심적 내용인 회사의 사업전망, 주요사업계획 등을 투자자들을 대상으로 설명하는 것을 무엇이라고 하는가?
   ① PR ② CR ③ IR ④ IPO

정답 ③

해설 투자설명회(investor relation : IR)를 의미하는 것이다.

4. 예산은 그 수립목적에 따라서 활동부문별로 작성할 수도 있고 기간을 기준으로 월별예산, 분기별 예산 등으로도 나눌 수 있다. 기업전체를 대상으로 1년 기준으로 작성하는 예산을 무엇이라고 하는가?

① 종합예산 ② 재무예산 ③ 현금예산 ④ 활동예산

정답 ①

5. 종합예산의 수립과정에서 첫 번째 단계이면서 가장 중요한 절차는?

① 생산량 결정 ② 원가의 3요소 예측
③ 추정재무제표의 작성 ④ 판매예측

정답 ④

해설 예산을 포함한 모든 경영계획은 판매예측으로부터 시작된다.

6. 추정재무제표의 작성과정을 순서대로 연결한 것은?

① 매출액추정 → 영업이익산출 → 대차대조표작성 → 손익계산서완성
② 대차대조표작성 → 손익계산서완성 → 매출액추정 → 현금흐름표작성
③ 현금흐름표작성 → 손익계산서작성 → 대차대조표작성 → 이익잉여금산출
④ 매출액추정 → 손익계산서완성 → 대차대조표작성 → 현금흐름표

정답 ①

해설 영업이익을 산출한 후 대차대조표에서의 자본구조를 감안하여 영업외항목(이자)을 추정한 후 손익계산서를 완성할 수 있다.

7. 현금예산의 수립과정에서 최저현금보유량(minimum cash balance)을 결정하는 요인을 열거한 것이다. 이에 해당되지 않는 것은?

① 금융기관과의 관계 ② 자금조달경로
③ 금융시장의 상황 ④ 부채의 상환계획

정답 ④

해설 부채상환계획은 현금지출규모를 결정하는 요인이다.

8. 현금예산에서 소요자금을 구체적으로 산출할 수 없을 때에는 재무제표 중 어떤 항목을 기준으로 예측하는 것이 합리적인가?

① 자산총액 ② 부채총액 ③ 자본총액 ④ 매출액

정답 ④

해설 대개 자금소요액은 매출규모에 비례한다고 본다.

9. 설비자금과 운전자금에 대한 설명이다. 잘못 설명한 것은?

① 설비자금은 자금이 동결된다는 특징이 있다.
② 설비자금은 수익성과 유동성을 동시에 고려해서 운영한다.
③ 설비자금은 리스 등을 통해서 자금부담을 경감시킬 수 있다.
④ 운전자금은 대체로 매출액과 비례관계에 있다.

정답 ②

해설 설비자금은 유동성이 없다. 수익성과 유동성을 동시에 고려하는 것은 운전자금이다.

10. 현금예산의 운영방식 중에서 유동자산은 단기자금, 고정자산은 장기자금으로 조달하는 방식은 어떤 것인가?

① 보수적 방식 ② 합리적 방식
③ 공격적 방식 ④ 순환적 방식

정답 ③

해설 유동자산 중 영구적 부분까지 장기자금으로 조달하면 합리적 방식이고 모든 자산을 장기자금으로 조달하면 보수적 방식이다.

설명형

1. 현금예산을 수립할 때에는 적정수준의 최저현금보유량(minimum cash balance)을 유지해야 한다. 최저현금보유량을 결정하는 요인에는 어떤 것들이 있는지 열거하고 이들 요인과 최저현금보유량의 관계를 설명하시오.

제8장 현금흐름의 평가

현금흐름표와 현금예산을 통해서 현금흐름을 파악할 수 있다. 그러나 이러한 현금흐름은 평면적인 개념이어서 현재의 100만원과 미래의 100만원을 똑같은 단위로 표시한다. 그러나 엄밀하게 말하면 이 둘의 가치가 같다고 말할 수는 없다. 이 장에서는 화폐의 시간가치개념을 이해한 후 이러한 현금흐름에 대해서 좀더 정확한 평가를 시도할 것이다. 그리고 이러한 개념이 재무이론의 어떤 분야에서 어떻게 이용되는지도 설명할 것이다.

제1절 화폐의 시간가치

1. 화폐의 시간가치란?

지금의 100만원과 내년의 100만원 중 하나를 택해야 한다면 누구나 지금의 100만원을 택할 것이다. 그 이유는 지금의 100만원이 내년에 들어올 100만원보다 더 가치가 크다고 생각하기 때문이다. 이처럼 동일한 금액이라도 어느 시점에서 평가하느냐에 따라서 그 가치가 다르게 평가되는데 이를 화폐의 시간가치(Time Value of Money : TVM)라고 한다. 이러한 화폐의 시간가치에 대한 개념은 재무이론의 거의 모든 분야에서 적용되는 매우 중요한 개념이다.

2. 시간선호

합리적 투자자는 동일한 금액이라면 현재의 현금을 미래의 현금보다 선호하는데 이러한 성향을 시간선호(time preference)라고 한다. 이러한 성향을 갖게 되는 이유로는 대체로 다음과 같은 것들을 들 수 있다.

첫째, 현재의 현금은 유리한 투자기회에 투자할 경우 미래에는 더 큰 금액이 될 수 있기 때문이다.

둘째, 만약 물가가 상승하면 화폐가치가 떨어져서 미래의 현금은 현재의 현금보다 구매력이 떨어지게 되기 때문이다.

셋째, 현재의 현금은 확실한 금액이지만 미래에 유입될 현금은 앞으로 어떤 사건이 발생하느냐에 따라서 어떻게 될지 모를 불확실한 금액이기 때문이다.

제2절 미래가치

사람들이 현재의 100만원을 미래의 100만원보다 더 선호하기 때문에 현재의 100만원과 동일한 가치로 평가하는 내년의 금액은 항상 100만원보다 크게 된다. 예를 들어서 현재 100만원을 예금한다면 1년 후에 은행은 100만원보다 더 많은 금액을 지급해야 할 것이고 남에게 현재 100만원을 빌려준다면 나중에는 100만원보다 더 많은 금액을 받으려고 한다. 만약 이때의 금액을 110만원이라고 하면 현재 100만원의 1년 후 미래가치(future value)가 110만원이라고 말한다. 그리고 흔히 여기서의 10만원을 이자라고 하며 이자율(interest rate)은 10%(=10만원÷100만원)라고 한다. 특히 미래가치를 계산할 때에는 이자율을 수익률(rate of return)이라고도 한다.

구체적으로 미래가치를 계산하는 과정을 다음과 같이 일시불과 연금의 두 가지 경우로 나누어서 살펴본다.

1. 일시불

(1) 일시불의 미래가치

일시불(one payment)이란 현재의 일정금액을 말한다. 따라서 일시불의 경우 미래가치란 현재의 일정금액을 미래의 특정한 시점에서 평가하여 산출한 가치를 말한다.

공식을 도출하기에 앞서 먼저 현재의 P_0 원이 1년 후에는 얼마의 가치가 있는지 생각해 보자. 이자율을 R이라 하면 P_0을 1년 동안 저금하여 얻을 수 있는 금액 P_1은 다음과 같이 된다.

$$
\begin{aligned}
P_1 &= \text{원금} + \text{이자} \\
&= P_0 + P_0 \times R \\
&= P_0(1+R)
\end{aligned}
$$

따라서 현재 P_0원의 1년 후 미래가치는 $P_0(1+R)$원이 된다. 예를 들어 100원을 1년간 10%의 이자율로 예금하였다면 110원(=100×(1+0.1))이 될 것이므로 현재 100원의 1년 후 미래가치는 110원이 된다.

이번에는 P_0원의 2년 후 미래가치를 구하기 위해 P_0을 2년간 저금하는 경우를 생각해 보자. P_0원을 1년 간 저금하면 P_1원이 되므로 이를 다시 1년 더 저금한다고 생각하면 2년 후의 미래가치 P_2를 구할 수 있다.

$$\begin{aligned} P_2 &= \text{원금} + \text{이자} \\ &= P_1 + P_1 \times R \\ &= P_1(1+R) \\ &= P_0(1+R)^2 \end{aligned}$$

따라서 현재 P_0원의 2년 후 미래가치는 $P_0(1+R)^2$원이 된다. 예를 들어 이자율이 10%인 경우 현재의 100원은 1년 저금하면 110원이 되고 이를 다시 1년간 저금하면 121원이 되므로 현재 100원의 2년 후 미래가치는 121원이라 할 수 있다.

이러한 논리는 임의의 n시점까지 계속 반복될 수 있다. 이자율(R)이 일정하다고 가정하면 현재 P_0원의 n시점의 미래가치 P_n은 다음과 같은 식으로 계산된다.

$$P_n = P_0(1+R)^n \qquad \text{[식 8-1]}$$

[식 8-1]은 만기가 될 때까지 중간에 이자를 찾지 않고 재투자한다는 전제로 계산하는 것이기 때문에 이러한 계산과정을 복리계산(compounding)이라고 하고 이렇게 산출된 값을 복리가치(compound value)라고 한다.

그런데 여기서 $(1+R)^n$은 현재 1원의 미래 n시점에서의 가치를 나타내는데 이를 복리계수(compound value interest factor : CVIF)라고 하며 계산의 편의를 위해 이자율(R)과 기간(n)별로 구분해서 미리 산출해 놓은 복리표를 이용한다. 이러한 복리표는 부록2의 [표 1]에 제시되어 있다.

(2) 적용사례

이러한 일시불의 미래가치개념이 적용되는 대표적인 예는 현재시점에서 일정한 금액을 정기예금에 들고 만기에 가서 수령하게 되는 원리금을 계산하는 것과 같은 것이다.

예제

현재 연이자율은 10%이다. 현재금액 100만원의 1년 후 미래가치와 3년 후 미래가치는 각각 얼마가 되는가?

① 1년 후 미래가치는 다음과 같이 계산된다.

$$100만원 \times (1+0.1) = 110만원$$

② 그리고 3년 후 미래가치는 다음과 같이 계산된다.

$$100만원 \times (1+0.1)^3 = 133.1만원$$

이러한 내용을 그림으로 보이면 다음과 같이 나타낼 수 있다.

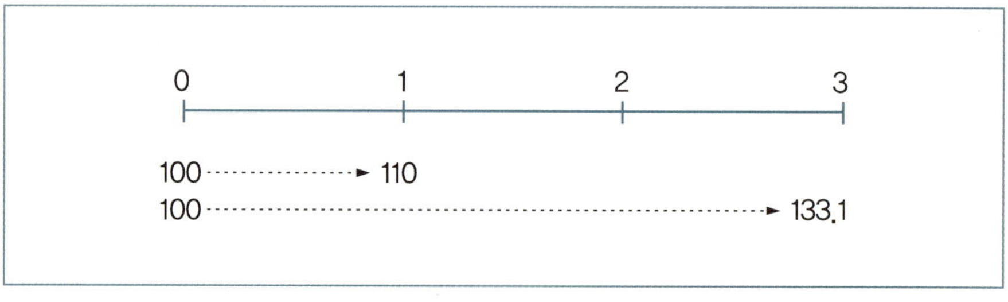

[그림 8-1] 일시불의 미래가치

2. 연금

(1) 연금의 미래가치

연금(annuity)이란 일정기간 동안 매기간 말에 동일한 금액을 수령하는 것을 말한다. 그리고 연금의 최종수령시점에서 이러한 현금흐름의 총가치를 계산한 값을 연금의 미래가치라 한다. 연금의 미래가치를 구하기 위해 매년 C원씩 n년간 지급하는 연금을 생각해 보자. 이자율은 매년 R로 일정하다고 가정한다.

1년 후 받는 현금 C는 n시점까지 n−1년간 저금할 수 있으므로 이것의 n시점의 미래가치는 $C(1+R)^{n-1}$이 된다. 또한 2년 후에 받게 되는 현금 C는 n시점까지 n-2년간 저금할 수 있으므로 n시점의 미래가치는 $C(1+R)^{n-2}$가 되며 이후의 연금의 가치도 같은 방법으로 구할 수 있다.

그런데 연금의 n시점에서의 미래가치 S_n은 매년 받게 되는 연금들의 n시점에서의 가치를 모두 더한 값이 되므로 다음과 같이 나타낼 수 있다.

$$S_n = C + C(1+R)^1 + C(1+R)^2 + \cdot \cdot \cdot + C(1+R)^{n-1}$$

$$= C\,[\frac{(1+R)^n - 1}{R}] \qquad \text{[식 8-2]}$$

[식 8-2]에서 $\frac{(1+R)^n - 1}{R}$은 매기 말에 1원씩 n년간 수령하는 연금을 n시점에서 계산한 총가치를 나타내는데 이를 연금의 복리계수(compound value interest factor for annuity : CVIFA)라고 한다. 이 계수도 역시 계산의 편의를 위해서 이자율과 기간별로 미리 산출해 놓은 연금복리표를 이용한다. 이러한 연금의 복리표는 부록2의 [표 2]에 제시되어 있다.

(2) 적용사례

이에 해당하는 대표적인 예를 들면 정기적금을 들고 만기의 원리금을 계산하는 것과 같은 것이다.

예제

현재 연이자율은 10%이다. 3년 동안 매년말에 100만원씩을 예금하면 3년 후 미래가치는 얼마가 되는가?

위의 식을 이용해서 계산하면 다음과 같다.

$$100\text{만원} \times \frac{(1+0.1)^3-1}{0.1} = 331\text{만원}$$

그리고 이 내용을 그림으로 나타내면 다음과 같다.

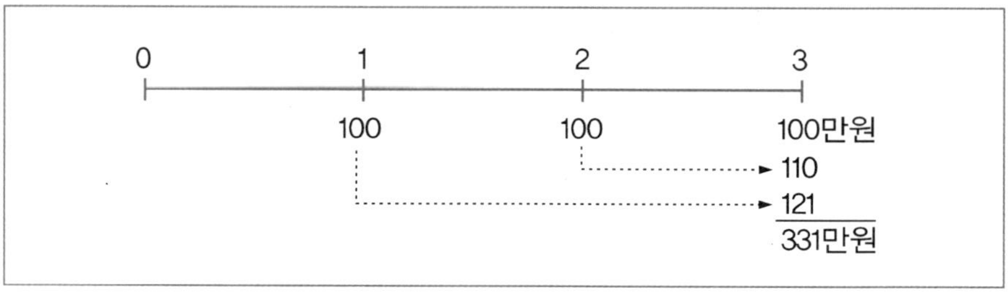

[그림 8-2] 연금의 미래가치

제3절 현재가치

지금까지는 미래가치에 대해서 설명했지만 사실 재무이론에서는 미래가치보다 이제부터 설명할 현재가치개념이 훨씬 중요하다. 미래가치를 설명할 때와 같이 일시불과 연금의 순서로 현재가치개념을 설명한다.

현재가치(present value)란 미래에 발생할 현금흐름을 현재시점에서 평가한 값을 말한다. 앞으로 공부하면서 알게 되겠지만 현재가치에 관한 개념은 재무관리에서 특히 중요한 개념이다. 그 이유는 어떤 투자안의 수행여부를 판단하거나 어떤 자산의 균형가격을 산출할 때, 그리고 기업의 가치를 결정할 때에도 모두 현재가치의 개념이 이용되기 때문이다.

현재가치의 구체적인 값을 구하려면 미래가치를 계산할 때와 마찬가지로 이자율(R)을 알아야 한다. 미래가치를 계산할 때에는 이자율을 수익률이라고도 한다고 하였는데 현재가치를 계산할 때에는 이자율을 흔히 할인율(discount rate)이라고 부른다.

현재가치가 적용되는 구체적인 내용을 살펴보기 전에 우선 현재가치를 계산하는 과정을 살펴보자.

1. 일시불

(1) 일시불의 현재가치

일시불의 현재가치란 미래 일정시점에서 발생할 현금흐름을 현재시점에서 평가한 값을 말하는데 현금흐름의 현재가치를 구하는 과정은 미래가치를 구하는 과정과 역관계에 있게 된다. 우선 1년 후 금액의 현재가치를 생각해 보자. 1년 후의 P_1은 현재가치(P_0)로 환산하면 다음과 같이 된다.[1)]

$$P_0 = \frac{P_1}{(1+R)}$$

이러한 이유는 $\frac{P_1}{(1+R)}$를 1년간 저금하면 다음과 같이 P_1이 되기 때문이다.

$$\frac{P_1}{(1+R)} \times (1+R) = P_1$$

이번에는 2년 후 금액의 현재가치를 생각해 보자. 2년 후의 P_2는 현재가치(P_0)로 환산하면 다음과 같이 된다.

$$P_0 = \frac{P_2}{(1+R)^2}$$

1) 미래가치를 나타내는 식에서 $P_1 = P_0(1+R)$이 되는데 양변을 $(1+R)$로 나누면 이 식이 도출된다. 이러한 이유에서 현재가치를 구하는 과정은 미래가치를 구하는 과정의 역과정이라 할 수 있는데 이러한 논의는 기간을 연장하는 경우에도 마찬가지로 성립한다.

이러한 이유 역시 현재의 $\frac{P_2}{(1+R)^2}$를 2년간 저금하면 다음과 같이 P_2가 되기 때문이다.

$$\frac{P_2}{(1+R)^2} \times (1+R)^2 = P_2$$

이러한 논의를 일반화하여 생각하게 되면 임의의 n시점 후의 금액 P_n의 현재가치 P_0는 다음의 [식 8-3]으로 계산된다.

$$P_0 = \frac{P_n}{(1+R)^n} \qquad \text{[식 8-3]}$$

이처럼 미래의 현금흐름에 대해서 현재가치를 구하는 과정을 할인(discount)한다고 한다. 그리고 이때에 $\frac{1}{(1+R)^n}$은 n시점에서 발생할 1원의 현재가치를 나타내는데 이를 현가계수(present value interest factor : PVIF)라고 한다. 현가계수도 역시 이자율과 기간별로 미리 계산해 놓은 현가표를 이용하는데 부록2의 [표 3]에 제시되어 있다. 그런데 현가계수는 앞서 미래가치를 계산할 때 설명한 복리계수와 역관계에 있기 때문에 이들 간에는 다음 식이 성립된다.

$$PVIF = \frac{1}{CVIF}$$

(2) 적용사례

이렇게 일시불의 현재가치를 계산하는 예를 들면 만기가 도래하기 이전에 어음을 할인해서 현금으로 수령하는 것과 같은 것이다. 또한 만기까지 지급되는 이자는 없다가 만기에 원금만 상환해 주는 할인채권의 경우에 중도에 매각할 때 받게 되는 금액을 산출하는 것도 이에 해당한다.

예제

> 만기가 1년 후에 도래되는 액면금액이 50만원인 채권을 갖고 있다. 이 채권은 만기에 가서 원금만 지급하고 중도에 지급되는 이자는 없는, 이른바 할인채권이다. 채권시장에서 연 10%로 할인한다면 현재 얼마의 현금을 받을 수 있는가? 만약 다른 조건은 똑같고 만기까지 남은 기간이 2년인 채권이 있다면 이를 할인할 경우에는 얼마의 현금을 받게 되는가?

① 1년 후 만기가 도래되는 할인채권의 경우는 다음과 같이 계산된다.

$$\frac{50\text{만원}}{(1+0.1)} = 45.5\text{만원}$$

② 그리고 2년 후 만기가 도래되는 할인채권은 다음과 같이 계산된다.

$$\frac{50\text{만원}}{(1+0.1)^2} = 41.3\text{만원}$$

이러한 내용을 그림으로 보이면 다음과 같이 나타낼 수 있다.

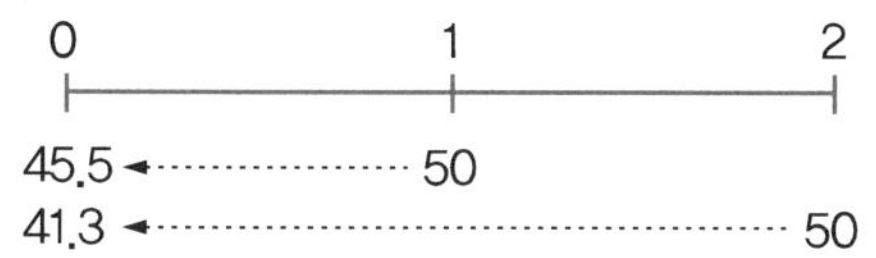

[그림 8-3] 일시불의 현재가치

2. 연금

(1) 연금의 현재가치

연금의 현재가치는 매기 말에 받게 되는 일정 금액들을 현재의 시점에서 평가한 가치로 매기 말 얻게 되는 금액을 현재가치로 환산하여 모두 더한 값이다. 매기 말에 C씩 n년간 지급받는 연금의 현재가치를 구해 보자.

1년 후 얻게 되는 C의 현재가치는 $\frac{C}{(1+R)}$가 되며, 2년 후 얻게 되는 C의 현재가치는 $\frac{C}{(1+R)^2}$가 된다. 이러한 논리를 반복하면 임의의 t년 후 받게 되는 C의 현재가치는 $\frac{C}{(1+R)^t}$가 되는데 연금의 현재가치 S_0는 이를 모두 합한 값이 되므로 다음과 같이 계산된다.

$$S_0 = \frac{C}{(1+R)^1} + \frac{C}{(1+R)^2} + \cdot\cdot\cdot + \frac{C}{(1+R)^n}$$

$$= C\left[\frac{(1+R)^n - 1}{R(1+R)^n}\right] \qquad \text{[식 8-4]}$$

이때에 $\left[\frac{(1+R)^n - 1}{R(1+R)^n}\right]$은 매기 말에 1원씩 n년간 지급되는 연금의 현재가치를 나타내는데 이를 연금의 현가계수(present value interest factor for annuity : PVIFA)라고 하며 연금현가표를 이용할 수 있다. 이 표는 부록2의 [표 4]에 제시되어 있다.

(2) 적용사례

이에 대한 예를 들면 원리금을 매기 일정한 금액으로 균등분할하여 상환하는 조건으로 조달하는 차입금이 이에 해당한다. 또한 일정한 기간 동안 매번 동일한 금액으로 받게 되는 연금을 일시에 받을 수도 있다면 일시에 받게 되는 금액이 바로 그 기간 동안 받게 될 미래 연금의 현재가치에 해당하는 것이다.

예제

앞으로 3년 동안 매년말에 100만원씩의 연금을 받게 되었다. 이를 현재시점에서 일시불로 받는다면 얼마를 받을 수 있는가? 단, 시장이자율은 연 10%이다.

위의 식을 이용해서 계산하면 다음과 같다.

$$100\text{만원} \times \left[\frac{(1+0.1)^3 - 1}{0.1(1+0.1)^3} \right] = 248.6\text{만원}$$

그리고 이 내용을 그림으로 나타내면 다음과 같다.

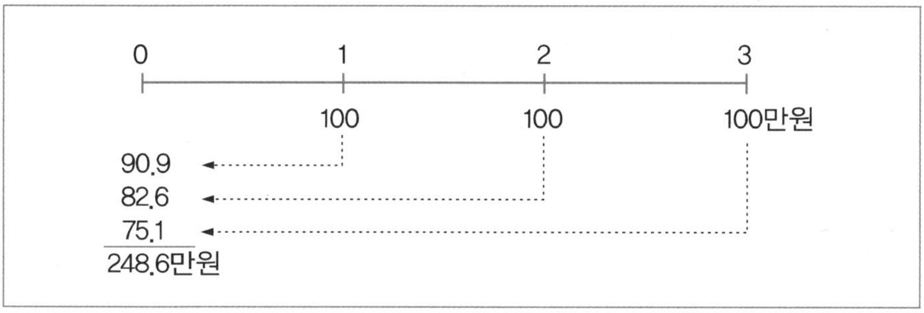

[그림 8-4] 연금의 현재가치

3. 영구연금

영구연금(perpetuity)이란 일정한 금액의 현금흐름이 영원히 계속되는 것을 말한다. 아직 우리나라에는 도입되지 않았지만 만기가 없고 무한히 이자만 수령하게 되는 영구채권(consol)의 경우가 이러한 현금흐름에 해당하는 예이다.

이러한 현금흐름의 현재가치는 연금의 현재가치를 나타내는 [식 8-4]에서 n이 무한대인 경우로 생각하면 된다. 이 경우 영구연금의 현재가치 S_0는 무한등비급수의 합계로 나타낼 수 있는데 이 값은 다음과 같은 식으로 정리된다.

$$S_0 = \frac{C}{R} \qquad \text{[식 8-5]}$$

예제

앞으로 매년도 말에 10만원씩의 이자가 무한히 지급되는 영구채권이 있다. 시장이자율이 8%라고 하면 이 채권의 가격은 얼마인가?

위의 [식 8-5]를 이용해서 계산하면 다음과 같다.

$$\frac{10\text{만원}}{0.08} = 125\text{만원}$$

이는 125만원을 예금하고 이 예금을 찾지 않는다면 매년 8%에 해당하는 이자 10만원을 영구히 받을 수 있다는 의미와 같은 것이다.

4. 불규칙한 현금흐름의 현재가치

시점별로 불규칙하게 발생하는 현금흐름의 현재가치를 구하려면 각 시점별로 현금흐름을 개별적으로 할인하여 현재가치를 산출해서 이들을 모두 합산하는 방법밖에 없다. 다만 앞서 공부한 몇 가지 유형의 현재가치 산출식을 주어진 상황에 맞게 적절하게 사용하면 그 불편을 덜도록 한다. 또한 부록의 현가표나 재무용 계산기 등을 이용해도 도움이 될 수 있을 것이다.

예 제

> 앞으로 현금유입이 1년 후에는 500만원, 2년 후에는 800만원, 3년 후에는 900만원이 예상되는 투자안이 있다. 할인율이 20%라고 할 때에 이 투자안의 현재가치는 얼마인가?

각 시점별로 유입되는 현금의 크기가 서로 다르므로 각 현금흐름을 개별적으로 현재가치로 계산하고 이들 값을 더해서 이 투자안의 현재가치를 구해야 한다. 이를 계산한 내역은 다음과 같다.

$$\frac{500}{(1+0.2)} + \frac{800}{(1+0.2)^2} + \frac{900}{(1+0.2)^3} = 1{,}493(\text{만원})$$

제4절 현재가치개념의 적용

현재가치개념이 적용되는 분야로 중요한 세 가지를 들면 첫째는 주식이나 채권과 같은 증권의 균형가격을 산출하는 것이고 둘째는 실물투자에 대해서 투자여부를 결정하는 것이다. 그리고 셋째는 기업가치를 평가하는 것인데 이제부터 이들 내용을 차례로 살펴보겠다.

1. 증권가격의 산출

(1) 주식가격

우리가 주식을 매입해서 이를 팔지 않고 계속 보유하게 되면 배당금을 받게 된다. 따라서 배당금의 현재가치를 구하면 이 값이 주식가격이 된다. 그런데 현실적으로 주식가격은 증권시장에서의 수요와 공급에 의해서 결정된다. 이렇게 수요와 공급에 의해서 결정된 값이 균형상태에서는 미래 배당금의 현재가치가 되는 것이다.

예 제

> 주주들에게 매년 말에 7,000원씩의 배당금을 지급하는 회사가 있다. 이 현금흐름에 대한 할인율이 연 10%라고 할 때에 이 회사의 주식가격은 얼마가 되는가?

이 회사는 계속기업이므로 이 주식을 갖고 있는 주주는 영원히 7,000원씩의 현금흐름을 받게 될 것이다. 따라서 이의 현재가치를 다음과 같이 계산한다.

$$\frac{7{,}000\text{원}}{10\%} = 70{,}000\text{원}$$

(2) 채권가격

이제 채권을 보유할 경우 얻게 되는 현금흐름을 생각해 보자. 채권을 갖고 있게 되면 일정기간 동안 이자를 받다가 만기에 원금을 받게 되므로 이자와 원금의 현재가치를 구하여 합하면 이 값이 채권가격이 된다.

채권가격도 현실적으로 채권시장에서 수요와 공급에 의해서 결정된다. 일반적으로 채권가격은 채권수익률로 표현하는 경우가 많은데 그 이유는 채권에서 기대되는 미래의 현금흐름(이자와 원금)을 할인하면 채권가격이 되기 때문이다.

예제

> 보유하고 있는 공채 중에서 액면금액은 100,000원이고 표면이자율이 5%이며 만기가 2년 남은 것을 매각하려고 한다. 시장의 채권수익률이 연 10%일 때 얼마의 현금을 받을 수 있을까?

먼저 채권의 이자금액 5,000원(=100,000 × 5%)의 현재가치를 구한다.

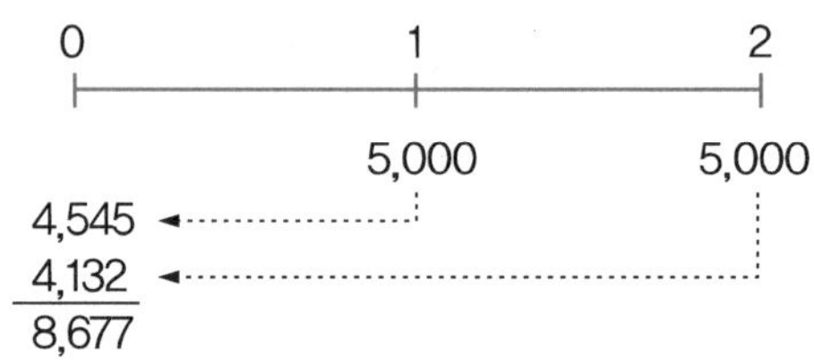

그리고 2년 후 만기에 받게 되는 원금 100,000원의 현재가치를 구한다.

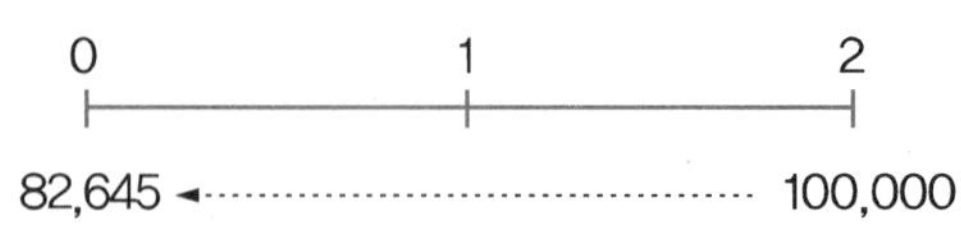

그래서 이 채권을 매각하면 91,322원(= 8,677 + 82,645)을 받게 된다.

(3) 이론가격과 시장가격

이제까지와 같이 미래에 예상되는 현금흐름을 현재가치로 산출한 값은 증권의 이론가격(또는 균형가격)이라고 한다. 이론가격은 이렇게 이론적 모형을 통해서 구한 가격을 말하는데 실제로 시장에서 수요와 공급의 관계에서 결정된 시장가격과는 다른 것이다.

시장가격은 일시적으로 이론가격과 다를 수 있지만 결국에는 이론가격과 같아진다고 보기 때문에 이로부터 증권투자의 원칙을 찾을 수 있다. 만약 시장가격이 이론가격보다 낮은 수준이면 곧 시장가격이 상승할 것으로 보아 증권을 매입하고 반대로 시장가격이 이론가격보다 높은 수준이면 곧 시장가격이 하락할 것이므로 증권을 매각하도록 한다.

2. 실물투자의 결정

(1) 자본예산

실물투자란 공장설립이나 기계설비구입과 같은 것을 말한다. 이러한 문제를 검토하고 투자결정여부를 판단하는 것을 자본예산(capital budgeting)이라고 한다. 자본예산에서 중요한 두 가지 작업은 첫째, 투자안으로부터의 현금흐름을 측정하고 둘째, 이러한 현금흐름을 평가해서 투자안의 채택여부를 결정하는 것이다. 특히 둘째 작업은 투자안의 경제성을 평가한다고 한다.

(2) 순현재가치

투자안의 경제성을 평가하려면 우선 투자안의 가치를 산출해야 한다. 투자안의 가치는 투자안으로부터 들어올 미래의 현금흐름을 현재가치로 계산한 값이다. 이 값이 투자비용보다 더 크면 경제성이 있다고 판단하여 투자안을 채택한다. 이때에 투자안의 가치에서 투자비용을 차감한 값을 순현재가치(net present value : NPV), 또는 간단히 줄여서 순현가라고 한다. 따라서 순현가가 0보다 크면 투자안을 채택하고 0보다 작으면 투자안을 기각한다.

순현가를 구하는 공식은 다음과 같다.

$$NPV = \sum_{t=1}^{n} \frac{C_t}{(1+R)^t} - C_0 \qquad [식 8-6]$$

단, C_t : t시점 현금흐름
C_0 : 투자비용
R : 할인율

특히 위의 식에서 $\sum_{t=1}^{n} \frac{C_t}{(1+R)^t}$가 바로 투자안의 (현재)가치에 해당하는 부분이다. 위 식이 다소 복잡해 보일 수도 있지만 그 의미를 고려해서 다음과 같이 표현하면 이해하기가 쉬울 것이다.

$$NPV = 투자안의\ 현재가치 - 투자비용$$

예 제

취득가액이 450만원인 설비를 구입하려고 한다. 이 설비를 구입하면 앞으로 3년 동안 매년 200만원씩의 순현금유입이 예상된다. 이러한 현금흐름의 현재가치를 산출하는데 적용할 할인율은 연 10%라고 하자.

(1) 이 투자안의 현재가치를 산출하라.
(2) 이 투자안의 순현가를 산출하여 투자여부를 판단하라.

① 이 투자안에 대한 현금흐름을 다음과 같이 시간선 상에 나타내 보자.

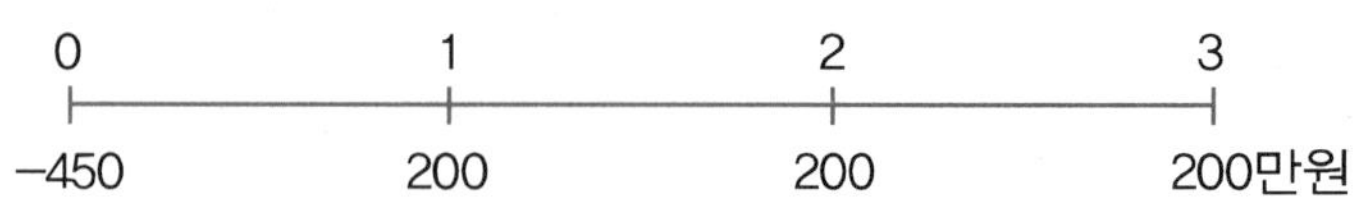

이 투자안의 현재가치는 곧 앞으로 3년 동안 유입될 현금흐름의 현재가치이므로 다음과 같이 산출할 수 있다.

$$\frac{200}{(1+0.1)} + \frac{200}{(1+0.1)^2} + \frac{200}{(1+0.1)^3} = 497.4(만원)$$

② 그런데 이러한 현금흐름을 가지려면 450만원을 주고 설비를 구입해야 하므로 투자안의 순현재가치는 다음과 같다.

$$NPV = 497.4 - 450 = 47.4(\text{만원})$$

여기서 순현재가치가 0보다 큰 값이므로 투자안을 채택한다.

(3) 내부수익률

재미있는 것은 앞에서 설명한 NPV가 0이 되는 할인율을 구하면 이는 곧 투자안의 수익률이 된다는 것이다. 이 수익률을 내부수익률(internal rate of return : IRR)이라고 하는데 다음 식에서 구할 수 있다.

$$\sum_{t=1}^{n} \frac{C_t}{(1+IRR)^t} - C_0 = 0, \quad \text{즉} \quad \sum_{t=1}^{n} \frac{C_t}{(1+IRR)^t} = C_0 \qquad [\text{식 } 8\text{-}7]$$

이때에 할인율로 사용한 IRR은 어떤 투자안을 수행하기 위해서 지출한 투자비용과 앞으로 벌어들이는 투자수익의 관계에서 적용되는 평균이익률이다. 그래서 투자안마다 각각 다른 값을 갖게 되며 그 투자안에서만 해당되는 이익률이기 때문에 내부수익률이라고 부르는 것이다.

그런데 투자수명이 긴 투자안의 경우에는 IRR을 구하는 것이 쉽지 않다. 이러한 경우 IRR을 구하는 것은 곧 고차방정식을 푸는 것이 되는데 그 해를 구하는 과정이 복잡하다. 물론 컴퓨터나 재무관리용 계산기를 이용하면 그 수고로움을 덜 수 있지만 그렇지 못한 경우에는 NPV값의 부호가 양(+)에서 음(−)으로 바뀌는 할인율의 구간에서 반복적으로 비슷한 값의 할인율을 적용해 보면서 NPV가 0이 되는 할인율을 찾아야 할 것이다. 이러한 방법을 시행착오법(trial and error method)이라고 한다.

그런데 투자안의 현금흐름에 따라서 내부수익률이 존재하지 않거나 여러 개가 존재하는 경우가 있는데 이는 모두 경제적 의미가 없는 것이 된다. 따라서 회폐의 시간가치를 고려해서 투자안을 평가할 때에는 순현재가치를 이용하는 것이 더 우수한 방법으로 인정되고 있다.

예 제

취득가액이 450만원인 설비를 구입하려고 한다. 이 설비를 구입하면 앞으로 3년 동안 매년 200만원씩의 순현금유입이 예상된다고 하자.

(1) 이 투자안의 내부수익률을 산출하라.

(2) 투자자금 450만원을 14%의 이자율로 조달해야 하는 경우 이 투자안을 채택할 것인가?

(1) 이 투자안의 경우 내부수익률을 산출하려면 다음과 같이 NPV가 0이 되는 식을 세울 수 있다.

$$\frac{200}{(1+IRR)}+\frac{200}{(1+IRR)^2}+\frac{200}{(1+IRR)^3}= 450$$

여기에서 IRR ≒ 16%를 구할 수 있다.

(2) 부담하게 되는 이자율은 14%이지만 이 투자안에서 얻게 되는 수익률은 이보다 더 높은 16%이므로 투자안을 채택한다. 그리고 14% 이자율수준에서 순현가를 구하면 0보다 큰 것을 확인할 수 있을 것이다.

3. 기업가치의 평가

계속기업(going concern)을 전제로 한다면 손익계산서상의 영업이익의 현재가치가 자산, 지급이자의 현재가치가 부채, 순이익의 현재가치가 자본이 된다.

여기서 기업은 특별한 사유가 없으면 계속적으로 존재할 것이므로 영업이익의 현재가치를 계산하거나, 지급이자의 현재가치를 계산하거나, 또는 순이익의 현재가치를 계산할 때에 모두 영구연금의 현재가치를 계산하는 방식을 이용해서 자산, 부채, 자본의 가치를 산출할 수 있다.

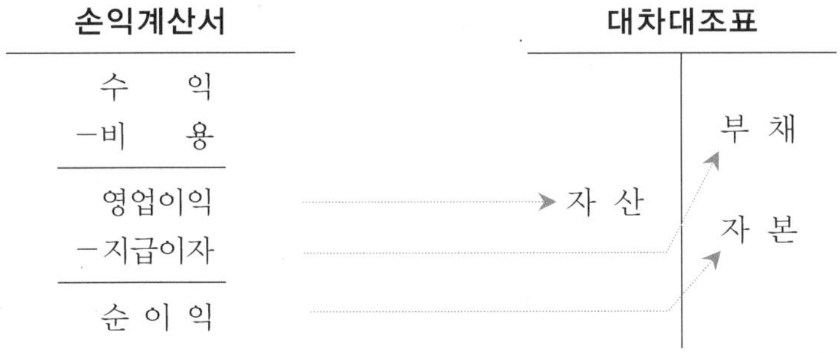

[그림 8-5] 현금흐름과 기업가치

그러나 이때의 손익계산서는 기업회계기준을 적용해서 작성된 것이 아니고 현금흐름을 기준으로 작성된 것이다. 그리고 대차대조표 역시 기업회계기준을 적용해서 작성된 것이 아니고 시장가치를 기준으로 작성된 것이다. 실제로 대차대조표에서 자본의 가치를 측정할 때에는 증권시장의 자료를 이용해서 현재 1주당 가격에 발행주식수를 곱하여 산출한다.

예제

> 어떤 기업이 매년 벌어들이는 영업이익은 4억원이다. 부채에 대한 이자는 매년 1억원을 지급하며 나머지 3억원은 주주에게 돌아가는 순이익이다. 지급이자에 대한 할인율은 10%이고 순이익의 할인율은 20%라고 하면 이 기업의 가치는 얼마인가?

기업가치는 부채와 자기자본의 가치를 합한 값이므로 먼저 이들 값부터 구한다. 부채가치는 매년 지급되는 1억원의 영구적 현금흐름의 현재가치이므로 다음과 같이 10억원이 된다.

$$\frac{1\text{억원}}{10\%} = 10\text{억원}$$

그리고 자기자본의 가치는 매년 유입되는 순이익 3억원의 영구적 현금흐름의 현재가치로서 다음과 같다.

$$\frac{3\text{억원}}{20\%} = 15\text{억원}$$

따라서 이 기업의 가치는 25억원(= 10억원 + 15억원)이 된다.

연습문제

선택형

1. 동일한 금액이라면 미래의 현금보다 현재의 현금을 선호한다. 그 이유에 해당되지 않는 것은?
   ① 현재의 현금에는 투자의 기회가 있기 때문이다.
   ② 불확실한 현실상황에서 투자원금의 손실이 발생할 수도 있기 때문이다.
   ③ 미래의 현금은 불확실하기 때문이다.
   ④ 앞으로 물가가 상승할 수 있기 때문이다.

   정답 ②

   해설 현재의 현금을 선호하는 시간선호(time preference)는 재투자기회, 미래의 불확실성, 물가상승가능성 때문에 존재한다.

2. 현재가치 개념이 적용되는 대표적인 분야를 열거하였다. 이에 해당되지 않는 것은?
   ① 현금예산의 편성 ② 실물투자의 결정
   ③ 증권가격의 산출 ④ 기업가치의 평가

   정답 ①

   해설 현금예산의 편성에서는 화폐의 시간적 가치를 반영하지는 않는다.

3. 매년 말 이자를 지급하는 채권을 갖고 있다. 만기는 3년 남은 상태에서 채권시장에 내다 팔려고 한다. 얼마를 받을 수 있는가를 평가할 때에 측정해야 할 화폐의 시간적 가치는 어떠한 것인가?
   ① 일시불의 미래가치 ② 연금과 일시불의 미래가치
   ③ 연금의 현재가치 ④ 일시불과 연금의 현재가치

   정답 ④

   해설 매번 받는 이자는 연금, 만기에 받는 원금은 일시불에 해당한다. 이들의 현재가치가 채권의 현재평가액이다.

4. 계속기업(going concern)을 가정하여 기업가치를 평가할 때에 사용하게 되는 화폐의 시간적 가치 개념은?

① 일시불의 현재가치　　② 연금의 현재가치
③ 일시불과 연금의 현재가치　　④ 영구연금의 현재가치

정답 ④

해설 계속기업의 가정은 기업은 반증이 없는 한 영원히 존재한다고 보는 것인데 이로부터 유입되는 현금흐름도 영원히 계속되는 것이므로 영구연금의 현재가치 개념이 이용되는 것이다.

5. 실물투자안을 평가할 때에 투자안의 현재가치에서 투자비용을 차감한 값을 무엇이라고 하는가?

① 순현재가치　　② 내부수익률
③ 화폐의 시간가치　　④ 복리계수

정답 ①

해설 순현재가치(NPV) = 투자안의 현재가치 − 투자비용

6. 다음은 대차대조표와 손익계산서 항목들의 관계를 화폐의 시간가치개념으로 설명한 것이다. 계속기업을 가정할 때에 다음 중 잘못된 설명은?

① 자산은 영업이익의 현재가치이다.
② 부채는 이자의 현재가치이다.
③ 자본은 순이익의 현재가치이다.
④ 위에는 답이 없다.

정답 ④

7. 화폐의 시간가치를 이용해서 실물투자안을 평가하는 과정을 설명한 것이다. 다음 중 잘못된 설명은?

① 자본예산(capital budgeting)이라고 한다.
② 순현재가치를 구해서 평가한다.
③ 내부수익률을 이용해서 평가한다.
④ 순현재가치보다는 내부수익률을 이용하는 것이 더 우수한 방법이다.

정답 ④

해설 내부수익률법보다 순현재가치법이 이론적으로 더 우수한 방법으로 평가되고 있다.

설명형

1. 화폐의 시간가치를 고려해서 이론가격과 시장가격의 관계를 설명하시오.
2. 실물투자의 경제성을 평가하는 기법으로 순현재가치법과 내부수익률법을 화폐의 시간가치의 관점에서 비교하시오.
3. 재무이론에서 현재가치개념이 이용되는 중요한 세 가지 분야를 열거하시오.

제4부
손익구조분석

Financial
재무분석이란 기업의 이해관계자들이 경제적 의사결정에 필요한 정보를 얻기 위해서 기업을 평가하는 것이다. 기업과 관련된 정보는 매우 다양한데 그 중 특히 재무적 정보를 분석하는 활동을 재무분석이라고 한다.

제9장 레버리지분석

위험이란 기업의 이익이 얼마나 변동하는가를 나타내는 개념이다. 이러한 위험은 기업의 손익구조에 의해서 영향을 받게 되므로 위험분석은 곧 손익구조분석과 동일한 의미가 된다. 그런데 여기서 특히 중요한 위험결정요인으로서 고정비가 갖는 지렛대효과를 분석하는 것을 레버리지분석이라고 한다. 제9장에서는 이러한 관계를 소개할 것이며 구체적으로 기업이 부담하고 있는 위험이 어느 정도인가를 측정할 수 있는 여러 가지 방법을 설명할 것이다.

제 1 절 위험이란?

1. 의 의

기업이 경영활동을 하면서 올리는 이익은 상황에 따라서 변동할 수 있는 것이다. 경기가 좋을 때는 이익이 많아서 직원들에게 보너스도 주고 주가도 많이 오른다. 그렇지만 경기가 나쁠 때는 손실을 입으면서 채권자에게 이자도 지급하지 못하여 부도가 나기도 한다. 이와 같은 이익의 변동성을 재무이론에서는 위험(risk)이라고 한다.

그런데 이익이란 수익에서 비용을 차감해서 산출한 값이므로 기업의 손익구조와 직결되는 개념이다. 따라서 위험분석이란 곧 손익구조를 분석하는 것과 같다고 할 수 있다.

2. 위험의 종류

(1) 경영위험과 영업위험

기업의 이익이 변동하게 되는 원인은 크게 두 가지로 구분할 수 있다. 첫 번째 원인은 업종 및 보유설비의 특성이다. 즉, 기업이 어떤 업종에 속해 있느냐와 기업이 보유하고 있는 생산설비로 인해서 어느 정도의 고정비를 부담하고 있는가에 따라서 이익변동성이 다른 기업과 다르게 나타난다는 것이다. 이러한 원인으로 나타나는 이익변동성을 경영위험(business risk) 또는 영업위험(operating risk)이라고 한다. 예를 들어 원양어업의 경우가 수퍼마켓의 경우보다 위험이 크다고 말할 때에 위험이란 곧 경영위험(영업위험)을 말하는 것이다.

(2) 재무위험

기업의 위험을 초래하는 두 번째 원인은 기업이 사용하고 있는 부채수준이다. 즉, 업종이나 생산설비가 동일하다고 해도 부채를 많이 사용하는 기업은 부채를 적게 사용하는 기업보다 이익변동성이 더 크게 나타난다. 부채를 많이 사용하는 기업의 위험이 크다고 할 때 여기서 말하는 위험이란 재무위험(financial risk)을 의미한다. 결국 재무위험은 자본조달방법(또는 자본구조)의 차이에서 발생하는 위험이라고 할 수 있다.

제2절 레버리지분석

1. 레버리지란?

레버(lever)란 지렛대를 말한다. 지렛대를 이용하면 작은 움직임으로도 큰 움직임을 만들 수 있는데 이러한 효과를 레버리지(leverage) 또는 레버리지효과(leverage effect)라고 한다.

이러한 효과는 손익구조를 분석하는데 매우 중요한 개념이다. 즉, 레버리지분석이란 레버리지효과를 고려해서 기업의 손익구조를 분석하는 것이라고 할 수 있다.

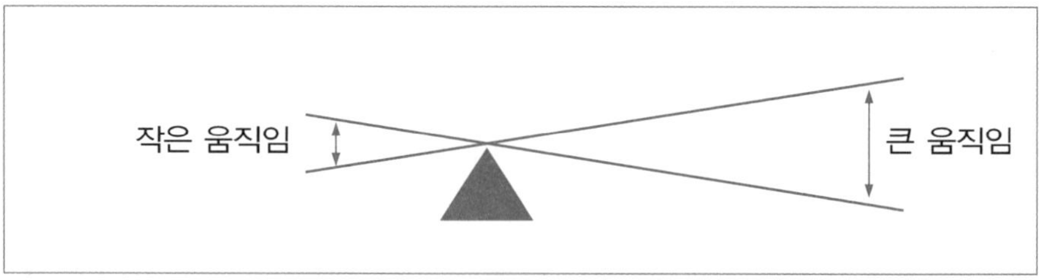

[그림 9-1] 레버리지효과

2. 손익계산서와 레버리지

기업의 손익구조를 나타내는 재무제표가 손익계산서이다. 간단한 형태의 손익계산서를 [그림 9-2]에 제시하였다. 이와 같은 손익계산서에서

레버리지를 설명해보자.

[그림 9-2] 손익계산서와 레버리지

(1) 영업레버리지

앞서 설명한 두 가지 위험, 즉 영업위험과 재무위험 중에서 영업위험과 관련된 레버리지는 영업레버리지(operating leverage)라고 한다. 손익계산서에서 영업레버리지를 어떻게 확인할까? 영업위험은 업종이나 생산설비의 특성에 의해서 나타나는 것이라고 하였다. 그러므로 이에 대응되는 영업레버리지는 매출액의 변화에 의해서 나타나는 영업이익의 변화로 측정한다. 왜냐하면 영업이익은 아직 자본조달의 차이가 반영되지 않은 것이기 때문이다.

(2) 재무레버리지

재무레버리지(financial leverage)는 앞서 설명한 두 가지 위험 중 재무위험으로 인해서 나타나는 것이다. 이는 자본조달의 차이, 즉 부채를 많이 사용하느냐 아니면 적게 사용하느냐에 따라서 달라진다. 그런데 이러한 자본조달의 차이는 손익계산서상에 지급이자로 나타난다. 그러므로 재무레버리지는 영업이익의 변화에 의해서 나타나는 순이익의 변화로 측정한다.

(3) 결합레버리지

영업레버리지는 매출액과 영업이익의 관계에서 파악되고 재무레버리지는 영업이익과 순이익의 관계에서 파악된다고 하였다. 그러면 매출액과 순이익의 관계는 무엇을 나타낼까? 이것은 영업레버리지와 재무레버리지를 함께 나타내는 것이 된다. 따라서 이를 결합레버리지(combined leverage)라고 부른다. 즉, 결합레버리지는 매출액의 변화에 의해서 나타나는 순이익의 변화로 측정한다.

3. 레버리지의 원인

손익계산서에서 영업레버리지효과와 재무레버리지효과를 확인해보자. 대부분의 경우 항상 매출액의 변화율보다 영업이익의 변화율이 더 크게 나타난다. 뿐만 아니라 영업이익의 변화율보다는 순이익의 변화율이 더 크게 나타난다. 왜 이러한 현상이 나타날까?

그 이유는 고정비(fixed cost) 때문이다. 영업비용(매출원가와 판매관리비) 중에는 매출액이 증가하면 이에 비례해서 함께 증가하는 변동영업비가 있고 매출액의 증가와는 무관하게 일정한 금액으로 발생하는 고정영업비가 있다. 그런데 이 중 고정영업비는 앞의 그림에서의 레버역할을 하여 매출액의 변화율(작은 움직임)보다 영업이익의 변화율(큰 움직임)을 더 크게 만드는 것이다. 여기서 영업비용 중에서 고정비가 크면 클수록 이러한 효과는 더 크게 나타나게 된다.

이제는 영업외비용인 이자비용에 대해서 생각해보자. 부채에 대한 지급이자는 매출액과는 무관하게 지급해야 하므로 이 역시 고정비성격을 갖는다. 따라서 지급이자도 레버역할을 하여 영업이익의 변화율(작은 움직임)보다 순이익의 변화율(큰 움직임)을 더 크게 만드는 것이다. 여기서도 지급이자가 클수록 이러한 효과가 더 크게 나타난다.

결국 고정비(고정영업비와 이자비용)가 손익구조(비용구조)를 결정하고 이에 따라서 기업의 순이익이 결정되기 때문에 이들의 관계를 다음과 같은 그림으로 나타낼 수 있다.

[그림 9-3] 위험의 결정과정

제3절 레버리지효과의 측정

1. 영업레버리지도

기업마다 업종과 생산설비의 특성이 다르고 사용하고 있는 부채규모도 다르다. 따라서 기업마다 레버리지효과가 다르게 나타난다. 뿐만 아니라 동일한 기업이라고 해도 매출액수준이 어느 정도인가에 따라서도 레버리지효과가 다르게 나타난다. 따라서 레버리지효과를 측정할 수 있는 구체적인 지표가 필요한데 이를 레버리지도(degree of leverage)라고 한다.

우선 영업레버리지효과를 나타내는 지표로 영업레버리지도(degree of operating leverage : DOL)를 설명하겠다. DOL은 매출액의 변화율에 대한 영업이익(EBIT)의 변화율로 산출한다. 그런데 매출단가(P)가 일정하다면 매출액의 변화율은 매출량(Q)의 변화율과 같으므로 DOL의 산출식은 다음과 같다.

$$DOL = \frac{\text{영업이익변화율}}{\text{매출액변화율}} = \frac{\frac{\triangle EBIT}{EBIT}}{\frac{\triangle Q}{Q}} \qquad [\text{식 } 9\text{-}1]$$

그런데 EBIT와 △EBIT는 다음과 같이 산출된다. 단, 여기서 TR(total revenue)은 매출액, VC는 변동비, FC는 고정비이다. 그리고 V는 제품단위당 변동비를 의미한다.

$$\begin{aligned} EBIT &= TR - VC - FC \\ &= P \cdot Q - V \cdot Q - FC \\ &= Q(P - V) - FC \end{aligned}$$

$$\Delta EBIT = \Delta Q(P - V)$$

이들을 [식 9-1]에 대입하면 DOL은 다음과 같이 정리된다.

$$\begin{aligned} DOL &= \frac{Q(P-V)}{Q(P-V)-FC} \\ &= \frac{TR-VC}{TR-VC-FC} \end{aligned} \qquad [식\ 9\text{-}1']$$

이 식의 분모는 영업이익(EBIT)을 나타낸다. 그리고 분자는 매출액에서 변동비만을 차감한 값을 의미하는데 이를 공헌이익(contribution margin : CM)이라고 한다. 따라서 DOL은 공헌이익을 영업이익으로 나눈 값이다. 그리고 이 식의 구조에서 알겠지만 고정영업비가 양의 값을 가지면 DOL은 항상 1보다 크게 된다.

이러한 개념을 이용해서 [식 9-1′]을 더 간단하게 다음과 같이 표현할 수 있다.

$$DOL = \frac{CM}{EBIT}$$

2. 재무레버리지도

이번에는 재무레버리지효과를 나타내는 지표로 재무레버리지도(degree of financial leverage : DFL)를 설명하겠다. DFL은 영업이익의 변화율에 대한 순이익의 변화율로 산출한다.

그런데 발행주식수(n)가 일정하다면 순이익의 변화율은 EPS의 변화율과 같으므로 DFL의 산출식은 다음과 같다.

$$DFL = \frac{\text{순이익변화율}}{\text{영업이익변화율}} = \frac{\frac{\triangle EPS}{EPS}}{\frac{\triangle EBIT}{EBIT}} \qquad \text{[식 9-2]}$$

여기서 이자비용을 I로 나타내고 법인세율을 t로 나타내면 EPS와 △EPS는 다음과 같이 표현할 수 있다.

$$EPS = \frac{(EBIT - I)(1-t)}{n}$$

$$\triangle EPS = \frac{\triangle EBIT(1-t)}{n}$$

이들을 [식 9-2]에 대입하면 DFL은 다음과 같이 정리된다.

$$DFL = \frac{EBIT}{EBIT - I} \qquad \text{[식 9-2']}$$

이 식을 자세히 보면 기업이 조금이라도 부채를 사용하여 이자비용이 존재한다면 DFL이 항상 1보다 크다는 것을 알 수 있다.

3. 결합레버리지도

결합레버리지는 앞서 밝혔듯이 매출액의 변화에 대한 순이익의 변화 사이의 관계에서 파악한다. 따라서 결합레버리지도(degree of combined leverage : DCL)는 매출액의 변화율에 대한 순이익의 변화율로 정의된다. 구체적으로는 다음과 같이 EPS의 변화율을 매출량(Q)의 변화율로 나누어 산출한다.

$$DCL = \frac{순이익변화율}{매출액변화율} = \frac{\frac{\triangle EPS}{EPS}}{\frac{\triangle Q}{Q}} \qquad [식 9\text{-}3]$$

이 식은 다음과 같이 나타낼 수 있다.

$$DCL = \frac{\frac{\triangle EPS}{EPS}}{\frac{\triangle Q}{Q}} = \frac{\frac{\triangle EBIT}{EBIT}}{\frac{\triangle Q}{Q}} \times \frac{\frac{\triangle EPS}{EPS}}{\frac{\triangle EBIT}{EBIT}}$$
$$= DOL \times DFL$$

여기서 보듯이 DCL은 DOL과 DFL을 곱한 값이 된다. 따라서 앞서 구한 DOL과 DFL의 산출식을 곱하면 DCL은 최종적으로 다음과 같이 정리된다.

$$DCL = \frac{CM}{EBIT - I}$$

여기서 CM은 앞서 밝힌 바와 같이 공헌이익을 말하는데 매출액에서 변동영업비를 차감한 값(= TR − VC)을 의미한다.

예제

가나기업의 손익계산서는 다음과 같다. 이 손익계산서를 근거로 다음 각 물음에 답하라.

손익계산서

과 목	금	액
Ⅰ. 매 출 액		200,000
Ⅱ. 영 업 비 용		
고정영업비	60,000	
변동영업비	100,000	160,000
Ⅲ. 영 업 이 익		40,000
Ⅳ. 지 급 이 자		20,000
Ⅴ. 납세전이익		20,000
Ⅵ. 법인세(40%)		8,000
Ⅶ. 당기순이익		12,000
(1주당 순이익 : 6,000원)		

(1) 영업레버리지도(DOL), 재무레버리지도(DFL), 결합레버리지도(DCL)를 구하고 그 의미를 설명하라.

(2) 그리고 실제로 매출액이 10% 증가한 경우와 10% 하락한 경우에 위에서 구한 레버리지도를 확인하라.

(1) ① 영업레버리지도(DOL)는 다음과 같다.

$$DOL = \frac{CM}{EBIT}$$

$$= \frac{TR - VC}{TR - VC - FC}$$

$$= \frac{200,000 - 100,000}{200,000 - 100,000 - 60,000}$$

$$= \frac{100,000}{40,000} = 2.5$$

이는 매출액이 1% 증가 또는 감소할 때에 영업이익은 2.5% 증가 또는 감소한다는 것을 의미한다.

② 재무레버리지도(DFL)는 다음과 같다.

$$DFL = \frac{EBIT}{EBIT - I}$$

$$= \frac{40,000}{40,000 - 20,000} = 2.0$$

이는 영업이익이 1% 증가 또는 감소할 때에 당기순이익(또는 주당순이익)은 2% 증가 또는 감소한다는 것을 의미한다.

③ 위의 결과를 이용해서 결합레버리지도(DCL)는 다음과 같이 구할 수 있다.

$$DCL = DOL \times DFL$$

$$= 2.5 \times 2.0 = 5.0$$

이는 매출액이 1% 증가 또는 감소할 때에 당기순이익(또는 주당순이익)은 5% 증가 또는 감소한다는 것을 의미한다.

(2) 현재의 손익계산서와 매출액이 10% 증가한 경우, 10% 감소한 경우의 손익계산서를 작성하여 함께 나타내면 다음과 같다.

손익계산서

과 목	매출10%감소	현재금액	매출10%증가
Ⅰ. 매 출 액	180,000	200,000	220,000
Ⅱ. 영 업 비 용			
고정영업비	60,000	60,000	60,000
변동영업비	90,000	100,000	110,000
Ⅲ. 영 업 이 익	30,000	40,000	50,000
Ⅳ. 지 급 이 자	20,000	20,000	20,000
Ⅴ. 납세전이익	10,000	20,000	30,000
Ⅵ. 법인세(40%)	4,000	8,000	12,000
Ⅶ. 당기순이익	6,000	12,000	18,000

여기서 보면 매출액이 10% 증가한 경우 영업이익은 25% 증가하고 당기순이익은 50% 증가한 것을 확인할 수 있다. 이는 영업이익이 매출액변화율의 2.5배(DOL)만큼 변화하고 당기순이익은 영업이익변화율의 2배(DFL)만큼 변화한 것이다. 따라서 당기순이익은 매출액변화율의 5배(DCL)만큼 변화한 것이다. 그리고 매출액이 10% 감소한 경우 영업이익은 25% 감소하고 당기순이익은 50% 감소한 것도 확인할 수 있다.

제4절 표준편차와 베타

1. 위험측정방법

지금까지 설명한 내용은 영업레버리지도, 재무레버리지도, 결합레버리지도 등을 산출해서 위험을 측정하는 방법이다. 자세히 보면 이들은 모두 매출액이 1% 변화할 때에 영업이익이나 순이익은 몇% 변화하는가를 나타내는 것들이다. 즉, 매출액변화를 기준으로 해서 이에 대한 민감도로 위험을 측정한 것이다.

그러나 위험을 측정하는 방법은 이 방법 이외에도 여러 가지가 있다. 통계적 기법을 이용하여 위험의 절대적 크기를 표준편차로 측정하는 방법이 있고 또 시장변동성을 기준으로 이에 대한 민감도로 베타를 산출해서 위험을 측정하는 방법도 있다. 이에 대한 본격적인 내용은 투자론에서 다루게 되지만 여기서는 이들 방법에 대해서 간단하게 살펴본다.

2. 표준편차

(1) 평균－분산모형

대개 투자자들이 투자대상을 고를 때에는 두 가지 요소를 고려하게 된다. 첫 번째 요소는 기대수익이고 두 번째 요소는 위험이다. 물론 합리적인 투자자라면 기대수익은 크고 위험은 작은 투자대상을 좋아할 것이다.

그런데 이때에 기대수익과 위험의 크기를 측정하는 통계적 방법은 다음과 같다. 우선 투자대상과 관련된 정보로부터 미래에 발생할 수 있는 상황을 확률분포로 만들고 이 확률분포에서 구한 평균값과 분산(또는 표준편차)을 구한다. 여기서 평균값이 기대수익이고 분산(또는 표준편차)이 위험이 되는 것이다. 그래서 이 두 가지 요소로 투자대상을 평가하는 것을 평균-분산모형(mean-variance model)이라고 한다.

(2) 지배원리

평균-분산모형에 따르면 여러 투자대상(주식이나 포트폴리오)들 사이의 선택원리를 파악할 수 있다. 만약 기대수익이 동일하다면 투자자들은 위험이 큰 주식보다 위험이 작은 주식을 선택할 것이다. 또 위험이 동일하다면 기대수익이 작은 주식보다 기대수익이 큰 주식을 선택할 것이다.

이처럼 평균이 같으면 분산이 작은 주식이 큰 주식을 지배하고 분산이 같으면 평균이 큰 주식이 작은 주식을 지배하는 것을 지배원리(dominance principle)라고 한다.

(3) 사례분석

간단한 사례를 통해서 평균-분산모형을 좀더 자세하게 설명하면 다음과 같다. 예를 들어 현재 100만원을 투자한다고 하자. 미래 경기가 불황이면 10만원의 투자이익을 얻게 되고 호황이면 20만원의 투자이익을 얻는다. 그런데 불황이 될 확률과 호황이 될 확률이 똑같이 0.5라고 하면 다음과 같은 확률분포를 만들 수 있다.

상 황	확 률	수익률
불황	0.5	10%
호황	0.5	20%

[표 9-1] 확률분포표

이 투자안의 기대수익은 확률분포의 평균값으로 구한다. 구체적으로는 각 상황의 수익률에 그 상황의 발생확률을 곱한 값을 모두 더해서 구하는데 산출식은 다음과 같다.

$$E(R_i) = \sum p_i \cdot R_i \qquad [식\ 9\text{-}4]$$

단, p_i : 발생확률

R_i : 수익률

위 확률분포의 자료를 이 식에 대입하면 다음과 같이 기대수익률(평균값)이 15%라는 것을 알 수 있다.

$$평균 = 0.5 \times 10 + 0.5 \times 20 = 15(\%)$$

그리고 위험이란 각 상황의 수익률이 기대수익으로부터 어느 정도 떨어져 있는가를 나타내는 것이다. 이 사례는 간단하므로 눈으로 쉽게 확인할 수 있다. 즉, 기대수익이 15%인데 불황수익은 10%이고 호황수익은 20%이므로 이들은 모두 평균값 15%로부터 5%씩 떨어져 있다. 이때의 5%를 표준편차라고 하는데 이 값이 클수록 위험이 크다고 한다. 표준편차는 다음과 같이 분산을 먼저 구하고 이로부터 산출한다. 분산을 구하는 식은 다음과 같다.

$$\sigma^2 = \sum p_i \cdot [R_i - E(R_i)]^2 \qquad [식\ 9\text{-}5]$$

이 식에 주어진 확률분포의 자료를 대입하면 분산과 표준편차를 다음과 같이 구할 수 있다.

$$분산(\sigma^2) = 0.5 \times (10 - 15)^2 + 0.5 \times (20 - 15)^2 = 25$$

$$표준편차(\sigma) = \sqrt{분산} = \sqrt{25} = 5(\%)$$

이와 같이 표준편차는 위험의 절대적 크기를 측정하는데 이용된다. 앞서 예를 들었듯이 원양어업의 경우가 수퍼마켓보다 위험이 크다고 할 때를 생각해보면 표준편차가 갖는 위험의 의미를 쉽게 이해할 수 있을 것이다.

3. 베타

(1) 시장민감도-베타

앞서 설명한 레버리지도는 매출액변화에 대한 민감도라고 하였다. 그런데 재무이론에서는 시장변화에 대한 민감도를 더 중요한 위험의 척도로 사용한다. 이때 시장변화에 대한 민감도를 베타(β)라고 부른다.

그러면 시장변화는 어떻게 측정할까? 시장변화를 대표적으로 나타내는 것이 증권시장이기 때문에 시장변화는 종합주가지수변동률로 측정한다. 따라서 종합주가지수가 1% 상승할 때에 어떤 주식가격이 3% 상승한다면 이 주식의 베타는 3이 된다. 이 주식은 물론 종합주가지수가 1% 하락할 때에는 3% 하락하게 된다. 시장변동에 민감하게 움직이는 주식일수록 베타는 큰 값을 갖게 되고 이는 위험이 큰 것이라고 한다.

(2) 자본자산가격결정모형

현대재무이론에서 가장 중요하다고 할 수 있는 모형이 있다. 자본자산가격결정모형(capital asset pricing model : CAPM)이 그것인데 이는 베타를 이용해서 주식가격을 산출하는 모형이다.

좀더 정확하게 말하자면 CAPM은 마코위츠(H.Markowitz)의 포트폴리오이론을 샤프(W.F.Sharpe), 린트너(J.Lintner), 모씬(J.Mossin) 등이 주식의 기대수익률을 산출하는 모형으로 발전시킨 것이다. 이 모형을 소개하면 다음과 같다.

$$E(R_i) = R_f + [E(R_m) - R_f] \cdot \beta_i \qquad [식 9\text{-}6]$$

위의 식은 비교적 복잡한 과정으로 도출된 것이지만 관련변수를 설명하면 이해가 쉬울 것이다. $E(R_i)$는 개별주식의 기대수익률로서 주식의 균형가격을 구하는데 필요한 할인율인데 이를 구하기 위해서 R_f, $E(R_m)$, β_i 등을 알아야 한다. 여기서 R_f는 정기예금이자율 또는 국공채수익률이고 $E(R_m)$은 주가지수의 예상변화율이다. 그리고 베타(β_i)는 주가지수변화율에 대한 개별주식수익률변화의 민감도를 의미하는데 대개 증권회사에서 배포하는 투자분석자료나 인터넷자료를 통해서 구할 수 있다.

(3) 사례분석

이제는 베타를 산출하고 이를 이용한 자본자산가격결정모형(CAPM)이 적용되는 사례를 다음 예제에서 살펴보자. 최종적인 목표는 특정주식의 균형가격을 산출하고 이를 시장가격과 비교해서 투자결정여부를 판단하는 것이다.

예 제

현재 종합주가지수는 1000포인트이지만 1년 후에는 1200포인트가 될 것으로 예상된다. 정기예금이자율은 연 8%이고 가나기업(주)의 베타는 1.5이다.

(1) 균형상태에서 가나기업(주)의 주식수익률은 얼마인가?
(2) 1년 후 이 기업의 주가가 25,200원으로 예상된다면 이 주식의 균형주가는 얼마인가?
(3) 만약 현재 시장가격이 21,000원이라고 한다면 이 주식을 매수해야 하는가? 아니면 매도해야 하는가?

(1) 먼저 주가지수의 예상변화율 $E(R_m)$을 다음과 같이 산출한다.

$$\frac{1,200-1,000}{1,000} = 20\%$$

그리고 관련 자료를 CAPM식에 대입해서 다음과 같이 가나기업(주)의 주식수익률을 구할 수 있다.

$$E(R_i) = R_f + [E(R_m) - R_f] \cdot \beta_i$$
$$= 8 + (20 - 8) \times 1.5 = 26(\%)$$

분석대상인 기업이 상장회사라면 베타값을 증권회사들의 투자분석자료에서 쉽게 구할 수 있다. 그러나 상장회사가 아닌 경우라면 현실적으로 베타값을 알기 어렵다. 이 때에는 사업내용과 부채비율이 가장 비슷한 상장회사의 베타를 사용하면 될 것이다.

(2) 베타를 CAPM식에 대입해서 구한 주식수익률은 이 주식의 균형가격을 구하기 위한 할인율이 된다. 만약 1년 후 이 주식을 처분한다면 25,200원의 현금유입이 예상되므로 이를 26%로 할인하여 현재가치를 구하면 다음과 같이 균형주가를 구할 수 있다.

$$P_0 = \frac{25,200}{1 + 0.26} = 20,000\text{원}$$

(3) 현재 시장가격 21,000원은 균형가격 20,000원보다 높다. 즉, 현재 이 주식은 과대평가된 상태이므로 곧 이 주식은 20,000원으로 하락할 것이다. 따라서 이 주식을 보유하고 있는 투자자라면 매도해야 한다.

2003년 12월 15일 중앙일보

올 상반기 中企 10곳 중 4곳

장사해 이자도 못 벌어

매출 늘어도 실속 없어

대기업과 중소기업 수익구조 (올 상반기 기준, 단위:%)

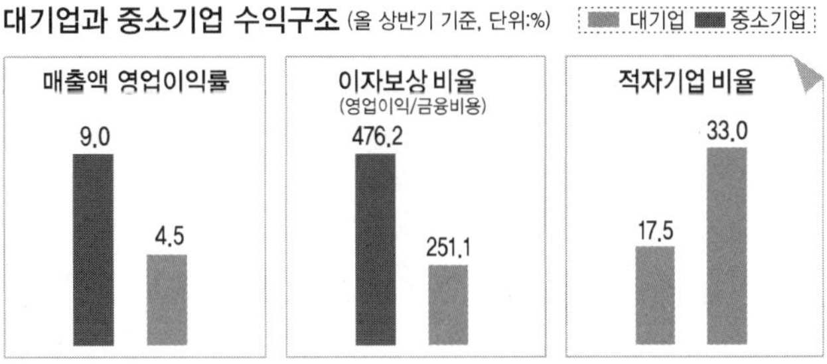

자료:한국은행

우리나라 중소기업 열곳 중 네곳이 장사를 해 벌어들인 돈으로 이자도 제대로 갚지 못하는 것으로 나타났다.

최근 경기 침체가 지속되면서 대기업보다는 중소기업의 수익성이 크게 악화되고 있기 때문이다.

◆깊어가는 양극화 현상=한국은행이 14일 발표한 '우리나라 대기업과 중소기업의 수익구조 변화'에 따르면 올 상반기 중 상장 중소업체(근로자 3백인 이하) 가운데 영업이익을 금융비용으로 나눈 이자보상 비율이 1백% 미만인 업체의 비중이 38.6%에 달했다.

이자보상 비율이 1백% 미만인 기업은 영업활동으로 벌어들인 이익이 갚아야 할 이자(금융비용)에도 못 미친다는 뜻이다.

1년 전(32.8%)보다 5.8%포인트가 늘어났고 대기업(21.4%)에 비해서도 17.2%포인트나 높은 것으로 최근 차입금 이자를 감당하지 못하는 한계 중소기업들이 많아지고 있음을 보여준다.

우량 대기업들이 돈을 많이 벌어들이는 반면 중소기업들의 영업은 계속 나빠지는 '부익부 빈익빈'현상도 더욱 깊어지고 있다. 평균 이자보상 비율의 경우 대기업은 지난해 상반기 3백59.7%에서 올 상반기에는 4백76.2%로 올라갔지만 중소기업은 3백.8%에서 2백51.1%로 되레 줄어들었다.

적자업체의 비율도 대기업이 전체의 17.5%인데 비해 중소기업은 33%에 달하는 것으로 나타났다.

◆수익성도 더욱 악화=올들어 수출호조 등으로 제조업체의 외형(매출액)은 전반적으로 늘어나고 있지만 유가 상승 등으로 경상이익은 줄어들어 실속없는 장사를 한 것으로 나타났다.

대기업과 중소기업의 매출액 경상이익률은 각각 7.7%와 2.9%로 1년 전의 9.7%와 5%에 비해 모두 줄어들었다. 1천원어치 상품을 팔았을 때 대기업은 77원 이익을 거둔 반면 중소기업은 29원 남기는데 그친 셈이다. 기업들의 수익구조가 전반적으로 악화되는 가운데 중소기업의 수익성이 더욱 나빠졌다는 얘기다.

중소기업의 경우 경기 침체로 영업이익률이 지난해 6.2%에서 4.5%로 떨어졌고, 대기업은 환차손으로 영업 외 수지가 악화된 것으로 한은은 분석했다.

매출액 대비 인건비 부담률도 중소기업이 10.4%, 대기업이 8.8%로 1년전보다 각각 0.3%포인트와 0.2%포인트 올라가 2001년 이후 꾸준히 상승세가 유지되고 있다.

연습문제

진위형

1. 영업레버리지도는 일반적으로 중화학기업이 서비스기업에 비해서 높은 편이다. (   )

2. 영업이익의 변화금액과 당기순이익(또는 주당순이익)의 변화금액을 알면 재무레버리지도(DFL)를 구할 수 있다. (   )

3. 레버리지효과란 고정비적 요소 때문에 나타나는 손익확대효과를 말한다. (   )

4. 경영위험과 영업위험은 같은 말이다. (   )

5. 레버리지분석은 비용을 고정비와 변동비로 구분할 수 있을 때에 적용할 수 있는 방법이다. (   )

정답 1. ○ 2. × 3. ○ 4. ○ 5. ○

선택형

1. 외환위기를 맞은 기업들 중 가장 성공적인 구조조정을 수행한 기업은?
   ① 부채조달로 설비투자를 많이 한 기업
   ② 주식발행으로 설비투자를 많이 한 기업
   ③ 설비매각으로 부채를 상환한 기업
   ④ 주식발행으로 부채를 상환한 기업

정답 ③

해설 설비매각은 영업레버리지를 낮추고 부채상환은 재무레버리지를 낮추기 때문에 불경기에 대한 대응력을 높이는 전략이다.

2. 다음 중 기업의 위험을 측정하는 지표로 적절하지 않은 것은?
   ① 레버리지도 ② 베타 ③ 표준편차 ④ MS비율

정답 ④

해설 안전한계(MS)비율은 현재매출액에서 안전한계가 차지하는 비율로서 높을수록 좋은 것이다.

3. 다음은 부채비율이 0인 경우에 해당하는 설명들이다. 잘못된 것은?

① 총자본이익률(ROI)과 자기자본이익률(ROE)이 동일하다.

② 영업레버리지도(DOL)와 결합레버리지도(DCL)가 동일하다.

③ 이자보상비율의 경제적 의미가 없다.

④ 고정비율이 100%의 값을 갖는다.

정답 ④

해설 유동자산이 존재하면 고정비율은 100%보다 낮은 값이 된다.

4. IMF관리체제에서 많은 직장의 고용구조가 정규직에서 계약직으로 변화되었다. 이러한 현상을 손익구조의 관점에서 설명한 것 중 맞는 것은?

① 재무레버리지가 낮아진다.

② 영업레버리지가 낮아진다.

③ 재무레버리지는 높아지고 영업레버리지는 낮아진다.

④ 재무레버리지는 낮아지고 영업레버리지는 높아진다.

정답 ②

해설 정규직의 급여는 고정비이지만 계약직의 경우에는 변동비적 성격을 갖는다. 따라서 영업레버리지가 낮아진다.

5. 레버리지도(degree of leverage)에 대한 다음 설명 중 바르게 기술된 것은?

① 매출액 단위당 변동에 따른 영업이익의 변화금액이 영업레버리지도 (degree of operating leverage)이다.

② 영업이익 단위당 변동에 따른 순이익의 변화금액이 재무레버리지도 (degree of financial leverage)이다.

③ 레버리지도는 동일한 기업이라도 매출수준에 따라서 달라진다.

④ 결합레버리지도는 영업레버리지도와 재무레버리지도의 합으로 구할 수 있다.

정답 ③

해설 레버리지도는 변화율에 관한 지표이고 동일한 기업이라고 해도 매출수준이 달라지면 레버리지도도 달라진다.

6. 다음은 손익구조분석에 대한 설명이다. 그 내용이 잘못 서술된 것은?

① 영업레버리지도는 일반적으로 중화학기업이 서비스기업에 비해서 높은 편이다.

② 경기가 호황이면 부채를 사용하는 것이 주주에게는 유리하게 된다.

③ 영업이익의 변화율에 대한 순이익의 변화율이 크면 매출액의 변화율에 대한 순이익의 변화율도 크게 된다.

④ 일반적으로 고정비가 높으면 제품 단위당 변동비가 낮은 편이다.

정답 ③

해설 영업이익의 변화율에 대한 순이익의 변화율과 매출액의 변화율에 대한 순이익의 변화율은 서로 관련성이 없다.

7. 영업레버리지, 재무레버리지를 이용한 재무전략으로 순이익의 관점에서 가장 바람직한 방법은?

① 불황이 예상될 때 설비를 처분하여 감자를 한다.

② 호황이 예상될 때 은행차입으로 설비투자를 한다.

③ 불황이 예상될 때 회사채를 발행하여 정규직 사원의 명예퇴직을 유도한다.

④ 호황이 예상될 때 유상증자로 계약직 사원의 채용을 늘린다.

정답 ②

해설 은행차입으로 설비투자를 하면 재무레버리지, 영업레버리지가 동시에 증가하여 매출증가율에 대한 순이익증가율이 크게 된다.

8. 가나기업의 현재 매출액은 20억원, 공헌이익률 50%, 고정영업비용은 6억원이며 지급이자는 2억원이다. 법인세율은 40%라고 하자. 매출액변화에 따른 영업이익과 순이익의 변화에 대해서 바르게 설명한 것은?

① 영업이익변화율은 순이익변화율의 2배이다.

② 순이익변화율은 영업이익변화율의 2배이다.

③ 매출액변화율은 영업이익변화율의 2.5배이다.

④ 순이익변화율은 매출액변화율의 2.5배이다.

정답 ②

해설 $DOL = \frac{\text{공헌이익}}{\text{영업이익}} = \frac{10}{10-6} = 2.5$, $DFL = \frac{\text{영업이익}}{\text{영업이익} - \text{이자}} = \frac{4}{4-2} = 2$

9. 다음은 재무비율과 그에 관련된 레버리지를 연결한 것이다. 잘못 연결한 것은?

① 유형자산구성비율－영업레버리지

② 부채비율－재무레버리지

③ 유동비율－영업레버리지

④ 자기자본비율－재무레버리지

정답 ③

해설 유동비율은 유동자산과 유동부채와의 관계이므로 영업레버리지와는 무관하다.

10. 결합레버리지도(DCL), 영업레버리지도(DOL), 재무레버리지도(DFL)의 관계를 바르게 나타낸 것은?

① DCL × DOL = DFL

② DCL ÷ DOL = DFL

③ DCL + DOL = DFL

④ DCL − DOL = DFL

정답 ②

해설 DCL ÷ DOL=DFL → DCL=DOL × DFL

11. 레버리지관점에서 다음의 기업 중에서 위험이 가장 큰 기업은?

	유형자산구성비율	자기자본비율
①	높음	높음
②	높음	낮음
③	낮음	높음
④	낮음	낮음

정답 ②

해설 유형자산이 차지하는 비율이 높을수록 영업레버리지가 크고 자기자본비율이 낮을수록 재무레버리지가 크다.

12. 다음은 레버리지효과에 대한 설명이다. 잘못 기술한 것은?

① 지렛대효과라고 하며 손익확대효과를 의미한다.
② 고정설비투자가 늘어나면서 나타나는 효과이다.
③ 부채의존도가 증가하면서 나타나는 효과이다.
④ 매출액의 변화금액보다 영업이익의 변화금액이 더 크게 되는 현상이다.

정답 ④

해설 레버리지효과는 변화금액에 대한 분석이 아니고 변화율에 대한 분석이다.

13. 다음 중 레버리지효과를 가져오는 요인들만 묶은 것은 어느 것인가?

① 감가상각비, 재고자산　　② 감가상각비, 이자비용
③ 재고자산, 이자비용　　④ 세금, 고정영업비

정답 ②

해설 감가상각비는 영업고정비, 이자비용은 재무고정비이므로 레버리지효과를 초래하는 요인들이다.

14. 영업이익(EBIT)이 20억원이고 이자비용이 15억원인 기업의 경우 영업이익이 1% 증가하면 순이익은 어떻게 변화할까?

① 4% 증가한다　　② 4% 감소한다
③ 1.33% 증가한다　　④ 1.33% 감소한다

정답 ①

해설 $DFL = \frac{\text{영업이익}}{\text{영업이익} - \text{이자}} = \frac{20}{20-15} = 4$ 따라서 영업이익의 변화율은 같은 방향으로 순이익의 변화율을 4배로 변화시킨다.

15. 미래 경기를 밝게 보지 않기 때문에 재무비율이나 경영행태에 이러한 전망이 반영되어 나타나고 있다. 다음 중 이에 해당되지 않는 것은?

① 부채비율이 낮다　　② 현금비율이 높다.

③ 성과급제를 실시한다　　　　④ 유동자산구성비율이 낮다.

정답 ④

해설 나머지는 모두 불경기에 대비하여 레버리지를 낮추고 있는 것이다.

16. 앞으로 경기가 좋아질 것이라고 예측된다. 이러한 상황이 전개될 때 다음 중 어떤 기업의 주주가 가장 높은 수익률을 누릴 수 있을까? 손익확대효과를 고려해서 답하라.
① 시설투자를 적게 하지만 부채를 사용하지 않는 기업
② 시설투자를 적게 하면서 부채를 사용하는 기업
③ 시설투자를 많이 하면서 주식발행으로 자금을 조달하는 기업
④ 시설투자를 많이 하면서 부채를 사용하는 기업

정답 ④

해설 영업레버리지, 재무레버리지가 모두 높은 상태이다.

17. 현재 우리나라 노동계에서는 비정규직의 문제가 심각하다. 이들을 정규직으로 전환하지 못하는 기업의 입장을 재무분석적 관점에서 가장 바르게 설명한 것은?
① 영업레버리지를 높이지 않기 위해서이다.
② 재무레버리지를 높이지 않기 위해서이다.
③ 결합레버리지를 높이지 않기 위해서이다.
④ 노동생산성을 높이기 위해서이다.

정답 ①

해설 정규직의 증가는 고정인건비를 증가시킨다. 따라서 영업레버리지도가 증가되어 불경기가 되면 큰 부담이 될 수 있다.

18. 다음의 관계식 중 올바른 식은?
① 공헌이익률－변동비율＝1　　　② 1－공헌이익률＝변동비율
③ 공헌이익률×변동비율＝1　　　④ 공헌이익률÷변동비율＝1

정답 ②

해설 $\frac{\text{변동비}+\text{공헌이익}}{\text{매출액}}=\text{변동비율}+\text{공헌이익률}=1$

계산형

1. 서울기업의 매출액은 800,000원이다. 변동비율은 75%이고 고정비는 100,000원이다. 현재 사용하고 있는 차입금은 750,000원인데 이자율은 10%이다. 법인세율은 40%라고 하자.

(1) 서울기업의 손익계산서를 작성하시오.
(2) 서울기업의 영업레버리지도(DOL)를 구하고 그 의미를 설명하시오.
(3) 서울기업의 재무레버리지도(DFL)를 구하고 그 의미를 설명하시오.
(4) (2)와 (3)의 결과로 서울기업의 결합레버리지도(DCL)를 구하고 그 의미를 설명하시오.

정답과 **해설**

(1)

손익계산서	
매출액	800,000
변동비	600,000
고정비	100,000
영업이익	100,000
지급이자	75,000
세전익	25,000
법인세	10,000
당기순이익	15,000

(2) $DOL=\frac{\text{공헌이익}}{\text{영업이익}}=\frac{800,000-600,000}{100,000}=2$

이는 매출액 1% 증감에 따라서 영업이익은 2% 증감한다는 의미이다.

(3) $DFL=\frac{\text{영업이익}}{\text{영업이익}-\text{이자}}=\frac{100,000}{100,000-75,000}=4$

이는 영업이익 1% 증감에 따라서 당기순이익은 4% 증감한다는 의미이다.

2. 우리나라 기업의 레버리지도를 측정한 과거자료가 다음과 같다.

연도	영업레버리지도	재무레버리지도
1996년	6.4	6.5
1999	6.4	3.9
2004	4.8	1.0

(1) 각 측정년도별로 결합레버리지도를 산출하시오.

(2) 각 측정년도의 레버리지도를 이용해서 당시의 경제상황에 적합한 설명을 해보시오.

정답과 **해설**

(1) 결합레버리지도(DCL)는 영업레버리지도(DOL)와 재무레버리지도(DFL)의 곱으로 구한다. 따라서 각 측정년도별로 구한 결합레버리지도는 다음과 같다.

1996년 DCL $= 6.4 \times 6.5 = 41.6$

1999년 DCL $= 6.4 \times 3.9 = 24.96$

2004년 DCL $= 4.8 \times 1.0 = 4.8$

(2) 각 측정년도의 경제상황을 레버리지도와 연관해서 설명하면 다음과 같다.

① 1996년

이 당시에는 미래경기를 좋게 예상하고 기업들이 경쟁적으로 과잉투자를 하던 시기였다. 투자자금도 부채에 크게 의존하였기 때문에 영업레버리지도와 재무레버리지도가 둘 다 높았다.

② 1999년

1997년 외환위기로 경기가 크게 침체되고 많은 기업들이 도산하였다. 당시 정부는 강력하게 부채비율을 200%이하로 낮추도록 유도하였는데 그 결과 1999년의 재무레버리지도는 1996년에 비해 크게 낮아졌다.

③ 2004년

외환위기 이후 불경기 속에서 미래의 경기도 불투명하다고 판단한 기업들은 현금을 쌓아두면서도 시설투자에 적극적으로 나서지 않았다. 따라서 영업레버리지도가 크게 감소하였고 여유자금이 생기면 부채를 상환하여 재무레버리지도도 크게 낮아졌다.

제 10 장 손익분기점분석

손익분기점분석이란 수익과 비용, 그리고 이익의 관계를 분석하는 것이다. 손익분기점은 수익과 비용이 같아서 이익이 0이 되는 매출수준을 의미한다. 비록 단순한 개념이지만 이를 이용하면 기업의 손익구조를 한눈에 볼 수 있고 이를 통해서 효과적인 이익계획을 수립할 수 있다. 그리고 이 개념을 좀더 확장하면 재무적 관점에서의 자본조달분기점으로 발전시켜서 보다 유리한 자본조달방법을 모색할 수 있다.

제 1 절 이익계획

1. 이익계획이란?

이익계획이란 영업수익(매출액)과 영업비용, 그리고 이의 결과로 나타나는 이익의 관계를 분석하는 것을 말한다. 그리고 이러한 관계를 이용해서 각종 계획을 수립하고 이를 경영활동 전반에 걸친 관리기법으로 활용하는 것까지 포함하는 개념이다. 따라서 이익계획을 이익관리와 동일한 개념으로 사용하기도 한다. 이익계획은 이익수준을 안정적으로 유지하고 더 나아가서 이를 확대하고자 함에 그 목적이 있으며 구체적인 분석기법으로 손익분기점분석이 이용된다. 그러므로 이 장에서는 손익분기점분석을 중점적으로 다루게 된다.

2. 이익계획의 활용

효과적인 이익계획을 통해서 다음과 같은 관리적 의사결정문제의 해결에 필요한 정보를 얻을 수 있다.

- 특별주문의 수락여부결정
- 제품생산에 필요한 부품의 자가제조 또는 외부구입여부결정
- 특정부문의 확장 또는 폐지여부결정
- 신제품생산라인의 추가결정여부
- 중점적으로 관리해야 할 부문의 선택

제2절 손익분기점분석의 이해

1. 손익분기점이란?

(1) 손익분기점의 의의

손익분기점(break-even point : BEP)이란 일정기간 동안의 매출액과 총영업비용이 일치하여 이익도 없고 손실도 없게 되는 매출수준을 말한다. 따라서 매출액이 손익분기점을 넘어서면 영업이익이 발생하고 매출액이 손익분기점에 미달하면 영업손실이 발생한다.

그런데 매출수준은 금액 또는 수량으로 나타낼 수 있으므로 손익분기점도 매출금액으로 나타낼 수도 있고 매출수량(조업도)으로 나타낼 수도 있다.

(2) 이용분야

손익분기점분석이란 손익분기점에 내포되어 있는 경제적 의미를 이해하고 이를 이용해서 이익을 관리하는 기법을 말한다. 이때에 주된 분석내용이 원가－조업도－이익(cost-volume-profit)의 관계이기 때문에 손익분기점분석을 CVP분석이라고도 한다.

손익분기점분석은 기업이 생산 및 판매계획을 수립하는데 매우 유용하며 구체적으로는 다음과 같은 물음에 대한 답을 구하는데 특히 효과적이다.

① 수익과 비용을 일치시키려면 몇 개의 제품을 생산, 판매해야 하는가?
② 판매량을 지금보다 특정량만큼 증가시키면 이익은 얼마나 증가하는가?
③ 특정수준의 이익을 획득하려면 몇 단위의 제품을 생산, 판매해야 하는가?

2. 손익분기점의 산출

(1) 손익분기점 산출식

손익분기점을 산출하려면 우선적으로 고정비와 변동비의 구분이 선행되어야 한다. 고정비(fixed cost)란 앞서 원가의 분류를 설명하면서 밝혔듯이 제품생산량과 관계없이 일정한 금액으로 발생하는 비용이다. 그리고 변동비(variable cost)란 제품생산량과 비례해서 발생하는 비용이다. 특히 제품 한 개를 추가로 생산하는데 발생하는 변동비를 단위당 변동비라고 하며 이들 자료를 이용해서 다음과 같은 방법으로 손익분기점을 산출할 수 있다.

우선 손익분기점은 다음과 같이 구한다. 즉, 영업수익(total revenue : TR)과 영업비용(total costs : TC)이 일치하는 매출수량을 Q라고 표시하면 다음 식이 성립한다.

$$P \times Q = FC + V \times Q$$

단, P : 단위당 판매가격
V : 단위당 변동비
FC : 고정비

위 식에서 좌변은 영업수익이고 우변은 영업비용이므로 이때의 수량 Q는 손익분기점에 해당하는 매출수량이 된다. 위 식을 Q에 대해서 정리하면 다음과 같이 되는데 이를 손익분기점 산출식이라고 한다.

$$\text{손익분기점(수량)} = \frac{\text{고정비}(FC)}{\text{판매단가}(P) - \text{단위당 변동비}(V)}$$

이때에 분모에 해당하는 값, 즉 판매단가에서 단위당 변동비를 차감한 값을 공헌이익(contribution margin)이라고 하는데 이는 고정비를 커버하는데 공헌하는 이익이라는 뜻이다. 그래서 위 식을 다음과 같이 나타내기도 한다.

$$\text{손익분기점(수량)} = \frac{\text{고정비}}{\text{단위당 공헌이익}}$$

이렇게 구한 손익분기점은 수량으로 표현된 것이므로 매출금액으로 구하려면 여기에 단위당 판매단가를 곱하면 될 것이다.

(2) 그림으로 본 손익분기점

매출, 고정비, 변동비, 이익 등의 관계를 통해서 파악되는 손익분기점의 내용을 그림으로 분석하면 다음과 같이 나타낼 수 있다.

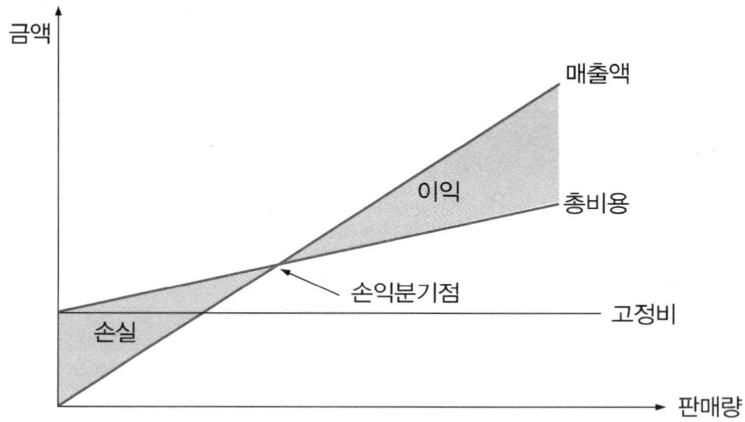

[그림 10-1] 손익분기점

예 제

> 가나기업이 판매하고 있는 제품의 판매단가는 10만원이다. 이 제품의 단위당 변동비는 6만원이며 지급임차료, 감가상각비 등 연간 고정비는 3,500만원이라고 하여 다음 물음에 답하라.
> (1) 손실을 보지 않기 위해서 이 기업은 1년 동안 최소한 몇 개 이상의 제품을 판매해야 할까?
> (2) 판매원이 5명 있다고 가정할 때에 한 사람당 얼마 이상의 매출액을 올려야 할까?

(1) 제품 단위당 공헌이익은 10만원−6만원=4만원이므로 손익분기점(수량)은 다음과 같다.

$$손익분기점 = \frac{3,500만원}{4만원} = 875개$$

(2) 손익분기점에 해당하는 매출수준을 매출금액으로 표현하면 875개 × 10만원 = 8,750만원이므로 이를 5명의 판매원으로 나누면 1인당 1,750만원(= 8,750 ÷ 5)의 매출액을 올려야 한다.

3. 다종품목의 손익분기점

지금까지는 단일제품을 생산해서 판매하는 기업의 손익분기점에 대해서 분석하였다. 그러나 대부분의 기업은 여러 종류의 제품을 동시에 취급한다. 여러 종류의 제품을 생산, 판매하는 경우에는 각 제품별로 손익분기점을 분석하는 것이 바람직하지만 전체고정비를 제품별로 배분하는 것이 매우 어려운 일이다. 이러한 경우에는 다음과 같은 절차를 따라서 손익분기점분석을 수행한다.

① 제품별 공헌이익률

각 제품별로 공헌이익률을 구한다. 공헌이익률이란 제품 단위당 공헌이익을 매출단가로 나눈 값을 말한다.

② 가중평균공헌이익률

1단계에서 구한 각 제품의 공헌이익률을 기초로 가중평균공헌이익률을 구한다. 여기서 가중치는 전체매출액에서 각 제품의 매출액이 차지하는 비율을 사용한다.

③ 기업전체의 BEP

기업전체의 고정비를 2단계에서 구한 가중평균공헌이익률로 나누어 손익분기점에 해당하는 매출액을 구한다. 여기서 구한 매출액은 기업전체의 BEP에 해당된다.

④ 제품별 BEP

3단계에서 구한 기업전체의 BEP에 해당하는 매출액에 각 제품이 전체매출액에서 차지하는 비율을 곱하여 각 제품별 BEP에 해당하는 매출액을 구한다. 이를 판매단가로 나누면 제품별 BEP에 해당하는 매출수량을 구할 수 있다.

예 제

가나기업은 A, B, C 세 종류의 제품을 생산하고 있으며 각 제품의 판매단가와 단위당 변동비, 매출비중은 다음과 같다.

	A	B	C
판매단가	25,000원	20,000원	40,000원
개당 변동비	15,000	16,000	28,000
매출비중	20%	20%	60%

가나기업의 전체고정비는 30억원이라고 할 때 각 제품을 몇 개씩 매출해야 손익분기점이 될까?

먼저 다음과 같이 제품별 공헌이익률을 구한다.

	A	B	C
변동비율	$\frac{15,000}{25,000} = 0.6$	$\frac{16,000}{20,000} = 0.8$	$\frac{28,000}{40,000} = 0.7$
공헌이익률 (=1−변동비율)	0.4	0.2	0.3

그리고 전체매출액에서 차지하는 비율을 가중치로 사용해서 가중평균 공헌이익률을 구하면 다음과 같다.

$$0.4 \times 20\% + 0.2 \times 20\% + 0.3 \times 60\% = 0.3$$

기업전체의 손익분기점(매출액)은 다음과 같이 산출한다.

$$\frac{30}{0.3} = 100(\text{억원})$$

제품별 매출액과 매출수량을 구하면 다음과 같다.

A : 100억원 × 20% = 20억원 ⟶ 20억원 / 25,000원 = 80,000개
B : 100억원 × 20% = 20억원 ⟶ 20억원 / 20,000원 = 100,000개
C : 100억원 × 60% = 60억원 ⟶ 60억원 / 40,000원 = 150,000개

제3절
손익분기점분석의 활용

1. 수익구조의 진단

(1) BEP비율의 이용

손익분기점은 이익과 손실의 갈림길이 된다. 즉, 손익분기점을 초과하여 매출액을 올리면 올릴수록 이익은 늘어난다. 따라서 현재매출수준이 손익분기점을 어느 정도 초과하는지의 수익구조를 파악할 필요가 있다. 이를 표시하는 지표로 손익분기점비율(BEP비율)을 이용하는데 다음과 같이 산출한다.

$$손익분기점비율(\%) = \frac{손익분기점}{현재매출수준} \times 100$$

손익분기점비율로 수익구조를 진단할 때에는 다음과 같은 표를 이용해서 판정한다. 여기서 BEP비율이 75%라 함은 매출수준이 현재의 수준보다 25% 내려가도 적자는 아니라는 의미가 된다. 따라서 수익구조는 낮게 유지하는 것이 바람직하다.

BEP비율 (%)	판 정
95% 초과	위험한 상황
85 ~ 95 %	주의가 요망
75 ~ 85 %	대체로 무난
75 % 미만	건전한 상황

[표 10-1] 수익구조의 진단

(2) 안전한계

BEP비율과 같이 수익구조를 파악하는데 안전한계라는 개념도 자주 이용된다. 안전한계(margin of safety : MS)는 현재매출액이 손익분기점의 매출액을 초과하는 금액을 말한다. 그리고 안전한계를 현재매출액으로 나누어 산출한 비율을 안전한계율(MS비율)이라고 하는데 이 값이 클수록 기업의 수익구조를 건전하다고 볼 수 있는 것이다.

안전한계율은 BEP비율과 역관계에 있기 때문에 BEP비율이 낮을수록 안전한계율은 높고 수익구조는 건전하다고 판단하는 것이다. 이 두 가지 비율의 관계는 다음과 같다.

$$\text{안전한계율} + \text{BEP비율} = 1$$

예 제

> 판매단가가 10만원인 제품이 있다. 단위당 변동비는 6만원이며 이 기업의 고정비는 3,500만원이라고 하자. 다음 물음에 답하라.
> (1) 올해 1,000개의 제품을 판매하였다. 이 기업의 BEP비율은 얼마인가?
> (2) 그리고 안전한계와 안전한계율을 산출하라.

(1) 손익분기점비율은 다음과 같이 산출된다.

$$\text{BEP비율} = \frac{875}{1{,}000} \times 100 = 87.5(\%)$$

(2) 안전한계는 현재 매출액이 1,000개×10만원=1억원이므로 여기서 손익분기점에 해당하는 매출액 8,750만원을 차감하여 1,250만원을 구할 수 있다. 그리고 안전한계율은 다음과 같이 산출된다.

$$\text{안전한계율} = \frac{1{,}250\text{만원}}{1\text{억원}} \times 100 = 12.5(\%)$$

이렇게 구한 손익분기점비율과 안전한계율을 더하면 1임을 확인할 수 있다.

2. 목표이익과 현금분기점

(1) 목표이익과 손익분기점

손익분기점은 손실 또는 이익이 0이 되는 매출액 또는 판매량을 의미한다. 이렇게 손익분기점을 산출하는 원리는 특정수준의 목표이익(target profit : TP)을 달성하는데 필요한 매출액 또는 판매량을 파악하는 분제에도 적용할 수 있다. 구체적으로는 나음과 같은 방빕으로 목표이익을 달성하는데 필요한 매출수량을 구할 수 있다.

우선 영업수익(total revenue : TR)에서 영업비용(total costs : TC)을 차감한 목표이익이 되어야 하므로 이때의 수량을 Q라고 표시하면 다음 식이 성립한다.

$$P \times Q = FC + V \times Q + TP$$

단, TP : 목표이익

위 식을 Q에 대해서 정리하면 다음과 같은 산식을 얻을 수 있다.

$$\text{손익분기점(수량)} = \frac{\text{고정비} + \text{목표이익}}{\text{판매단가} - \text{단위당변동비}}$$

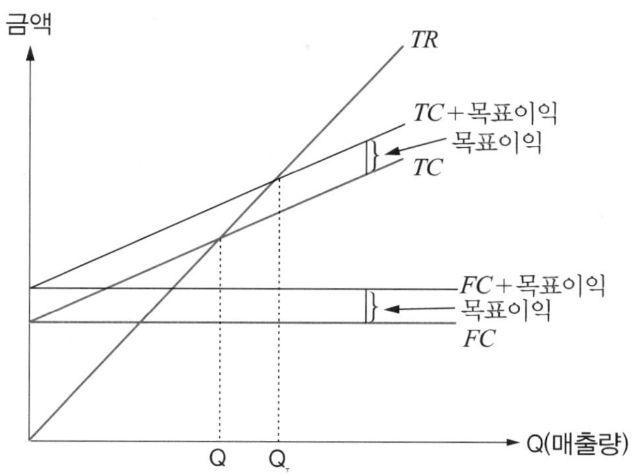

[그림 10-2] 목표이익과 손익분기점

그리고 이러한 관계를 앞서 살펴 본 손익분기점과 그림으로 나타내면 [그림 10-2]와 같다. 이 그림에서 Q 는 원래의 손익분기점이고 Q_T가 목표이익을 달성하기 위한 매출수준이 된다.

그런데 이렇게 산출한 값은 목표이익을 달성하기 위한 매출수준이므로 손익분기점이라고 말하는 것이 적합하지 않다고 생각된다.

예제

> (1) 제품의 판매단가는 10만원, 단위당 변동비는 6만원이며 고정비가 3,500만원인 기업이 올해 1,000만원의 이익을 달성하려고 한다. 몇 개의 제품을 판매해야 목표를 달성할 수 있을까?
>
> (2) 매출금액으로는 판매원 1인당 얼마의 매출수준을 올려야 1,000만원의 이익을 달성할 수 있는가? 단, 판매원은 모두 5명이다.

(1) 목표이익 1,000만원을 달성하기 위한 매출수준을 수량으로 산출하면 다음과 같다.

$$\text{손익분기점} = \frac{3{,}500\text{만원} + 1{,}000\text{만원}}{4\text{만원}} = 1{,}125\text{개}$$

(2) 손익분기점에 해당하는 수량에 판매단가를 곱하면 된다. 즉, 1,125개 × 10만원 = 1억 1,250만원이다. 이때에 판매원 1인당 매출액은 2,250만원(= 11,250 ÷ 5)의 매출액을 올려야 하므로 1인당 500만원씩의 매출액을 늘려야 한다.

(2) 현금분기점

손익분기점은 비용을 모두 회수할 수 있는 매출수준을 말한다. 그런데 여기서의 비용을 현금기준으로 인식해서 현금지출액을 모두 회수할 수 있는 매출수준을 현금분기점(cash break-even point)이라고 한다. 현금분기점분석은 비용 중에서 현금지출이 수반되지 않는 감가상각비 등은 회수되지 않는다고 해도 현금기준으로는 적자가 아니라는 점을 고려하고 있다.

따라서 목표이익을 고려할 경우에는 손익분기점 산출식에서 분모의 고정비에 목표이익을 더하지만 현금분기점에서는 분모의 고정비에서 감가상각비 등 현금지출이 없는 비용을 차감해서 다음과 같이 구한다.

$$\text{손익분기점(수량)} = \frac{\text{고정비} - \text{감가상각비}}{\text{판매단가} - \text{단위당변동비}}$$

이러한 관계를 그림으로 나타내면 다음과 같다.

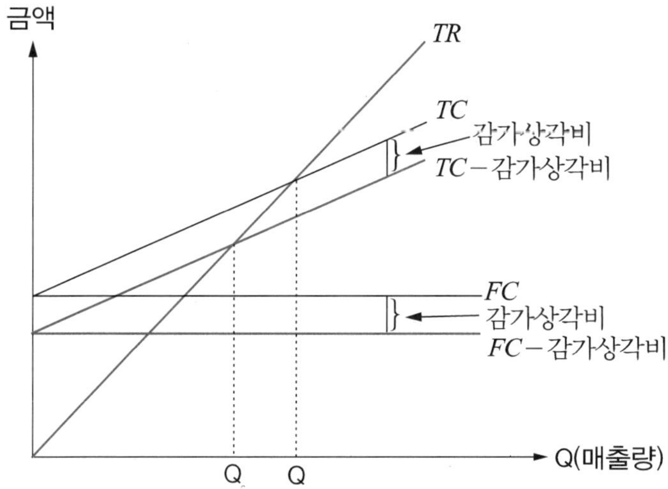

[그림 10-3] 현금분기점

위 그림에서 Q는 원래의 손익분기점이고 Q_c가 현금기준의 손익분기점이 된다.

예 제

매출액이 50억원이고 변동비는 25억원이며 고정비는 20억원이다. 고정비 중에 3억원은 감가상각비로서 현금지출이 없는 비용이다.

(1) 손익분기점을 구하라.

(2) 현금분기짐을 구하고 (1)의 금액과의 치이기 갖는 의미를 설명하라.

(1) 주어진 자료가 금액자료만 있으므로 공헌이익률을 구하여 손익분기점을 다음 식으로 구할 수 있다.

$$\text{공헌이익률} = 1 - \frac{25\text{억원}}{50\text{억원}} = 50\%$$

$$\text{손익분기점} = \frac{20\text{억원}}{50\%} = 40\text{억원}$$

(2) 현금분기점은 고정비에서 감가상각비를 차감한 값을 공헌이익률로 나누어 산출할 수 있다.

$$\text{현금분기점} = \frac{20\text{억원} - 3\text{억원}}{50\%} = 34\text{억원}$$

34억원은 (1)에서 구한 40억원에 비해서 6억원이 적은 금액이다. 즉, 영업비용을 회수하는데 필요한 매출액이 감가상각비를 제외한 영업비용을 회수하는데 필요한 매출액보다 6억원만큼 더 필요하다는 의미이다.

3. 비선형손익분기점

(1) 가정의 현실화

지금까지의 손익분기점분석은 몇 가지 비현실적인 가정을 전제로 하고 있다. 그 중에서도 가장 중요한 것은 수익과 비용의 선형성이다. 이는 매출 또는 생산수량이 증가하더라도 판매가격과 단위당 변동비가 변하지 않는다는 것이다. 과연 그럴까? 얼핏 생각해도 그렇지 않을 것 같다. 이에 대해 좀더 검토해보자.

(2) 판매단가와 단위당 변동비

먼저 수익의 관점에서 판매단가를 생각해보자. 대개의 경우 판매수량이 늘어나면 판매단가가 낮아지는 것이 일반적이다. 그렇다면 수익곡선은 앞에서 분석한 것처럼 직선으로 나타나지 않고 [그림 10-4]에서와 같은 곡선 TR로 나타날 것이다.

이번에는 비용의 관점에서 단위당 변동비를 생각해보자. 단위당 변동비도 생산수량이 늘어나면서 점점 낮아진다. 그런데 일정한 수준을 초과하면서는 더 이상 낮아지지 않고 오히려 다시 증가하는 현상을 보이는 것이 일반적이다. 따라서 변동비와 고정비를 합친 비용곡선도 앞에서 분석한 것처럼 직선으로 나타나지 않고 [그림 10-4]와 같이 곡선 TC로 나타나게 된다.

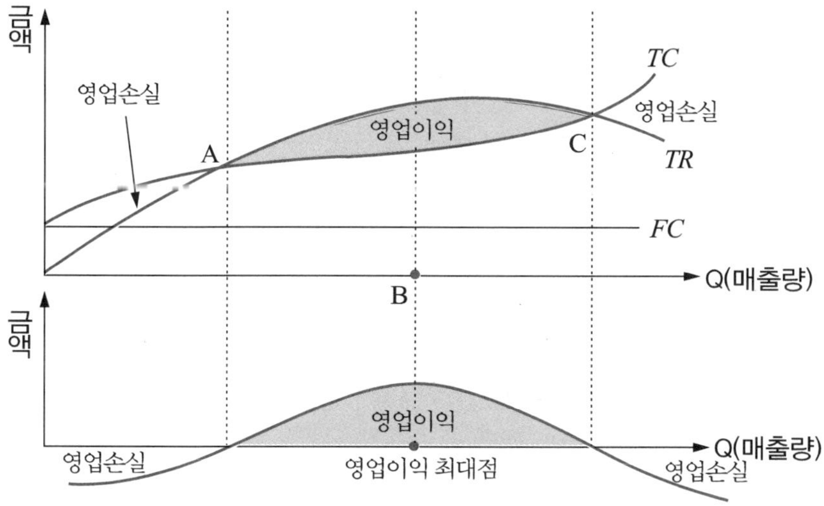

[그림 10-4] 비선형손익분기점

(3) 경제적 의미

이 그림에서 보듯이 수익과 비용이 모두 곡선으로 나타나는 경우에는 손익분기점이 A와 C점 두 군데에서 나타난다. 따라서 A점보다 매출수량이 적은 경우에는 영업손실이 발생하고 A점부터 C점 사이에서는 영업이익이 생겼다가 C점이상의 매출수량에서는 다시 영업손실이 발생한다.

이러한 구조에서 영업이익을 극대화하기 위해서는 총수익과 총비용의 차이가 가장 큰 B점에 해당하는 수량을 생산, 판매해야 할 것이다. 이점에서는 수익곡선과 비용곡선의 접선기울기가 일치하게 되는데 이는 경제학에서 말하는 한계수익과 한계비용이 일치하는 점이 되는 것이다.

4. 비용분석

(1) 비용분석의 필요성

손익분기점분석이 효과적으로 운용되려면 무엇보다도 비용구조가 정확하게 파악되어야 한다. 지금까지의 설명은 모든 비용이 고정비와 변동비로 구분될 수 있다는 가정을 전제로 하고 있다. 그러나 현실적으로 이러한 구분이 쉬운 일이 아니다. 고정비와 변동비를 구분하는 방법으로 다음과 같은 방법들이 이용된다.

(2) 계정분류법

이는 계정의 특성을 파악해서 생산량과 비례적으로 발생하는 계정금액은 변동비, 생산량과 무관하게 일정한 금액으로 발생하는 계정금액은 고정비로 분류하는 방법이다.

(3) 고저점법

계정분류법에 따라서 계정의 특성을 파악하다보면 변동비와 고정비의 구분이 불분명한 계정들이 있을 수 있다. 이러한 경우에는 생산량이 가장 많은 때의 비용과 가장 적은 때의 비용을 직선으로 연결하여 비용구조를 파악할 수 있는데 이 방법을 고저점법(high-low method)이라고 한다. 따라서 이 방법을 이용하기 위해서는 최소한 두 기간에 대한 비용자료가 필요하다.

(4) 회귀분석의 이용

앞서 설명한 계정분류법이나 고저점법보다 좀더 과학적인 방법으로 비용구조를 분석하여 표준원가를 설정하거나 예산을 수립할 수 있다. 그 중 한 가지 방법이 회귀분석을 이용하는 것이다.

회귀분석은 여러 분야에서 가장 많이 이용되는 통계적 분석방법이다. 독립변수(설명변수 : 여기서는 생산량)와 종속변수(피설명변수 : 여기서는 총비용)와의 관계식을 구하여 이를 원가방정식으로 이용하는 것이다.

예제

어떤 회사의 생산량과 발생비용에 대한 자료를 수집한 결과 다음과 같다. 고저점법을 이용해서 답하라.

	생산량	총발생비용
5월	6,000개	78,000원
6월	6,500	84,000
7월	8,000	102,000
8월	7,000	91,000

(1) 생산량 단위당 변동비는 얼마인가?
(2) 월별 고정비는 얼마인가?
(3) 이 회사의 비용구조를 식으로 나타내라.
(4) 9월 생산예정량이 7,200개라면 9월에 발생할 것으로 예상되는 비용은 얼마인가?

(1) 가장 적게 생산한 5월의 생산량과 비용, 가장 많이 생산한 7월의 생산량과 비용의 관계에서 다음과 같이 단위당 변동비를 구한다.

$$\text{단위당 변동비} = \frac{102{,}000 - 78{,}000}{8{,}000 - 6{,}000} = 12(\text{원/개})$$

(2) 월별 고정비는 다음과 같이 구한다.

$$78{,}000 - (12 \times 6{,}000) = 6{,}000(\text{원})$$

(3) 비용구조를 나타내는 식을 원가방정식이라고 하는데 이 회사의 경우 다음과 같이 표현된다.

$Y = 6{,}000 + 12X$ (단, Y : 총비용, X : 생산량)

(4) 9월의 발생비용은 원가방정식에 생산예정량을 대입해서 다음과

같이 예상할 수 있다.

$$6,000 + 12 \times 7,200 = 92,400(\text{원})$$

5. 손익분기점분석의 유용성과 문제점

(1) 유용성

손익분기점분석은 기업이 이익계획을 수립하는데 매우 유용하게 이용된다. 특히 수익-비용-이익의 손익구조를 한 눈에 파악할 수 있다. 따라서 회계와 재무에 관련된 약간의 지식만으로도 손익분기점분석이 갖는 유용성을 충분히 누릴 수 있다.

손익분기점분석이 전제로 하고 있는 가정이나 문제점은 손익분기점분석이 의미가 없다는 것을 말하는 것이 아니다. 다만 손익분기점분석을 활용할 때에 이를 유의하게 고려하여 현실성을 반영할 수 있다는 뜻이다.

(2) 문제점

손익분기점분석이 갖는 문제점은 대체로 다음과 같은 것들이 있다. 첫째, 비용구분이 쉽지 않다는 것이다. 기본적으로 비용을 고정비와 변동비로 구분하지만 고정비 중에도 변동비적인 성격인 비용이 있고 반대로 변동비 중에도 고정비적인 성격을 갖는 비용도 있기 때문이다. 둘째, 판매단가와 비용구조가 시간이 경과하면서 변화할 수 있다는 점이다. 그러나 손익분기점분석은 정태적 분석이어서 단기적 이익계획에 적합한 모형이다. 따라서 시간경과에 따른 손익구조의 변화를 반영하기 위해서는 주기적으로 판매단가와 비용구조를 업데이트시켜야 한다. 셋째, 시간경과뿐만 아니라 생산 및 판매수량에 따라서도 손익구조가 달라질 수 있다. 따라서 손익분기점분석은 이러한 가능성을 고려해서 일정한 범위 내에서의 이익계획으로 활용해야 한다. 이러한 범위를 관련범위(relevant range)라고 하는데 이를 벗어나는 경우에는 손익구조분석을 다시 수행해야 한다. 넷째, 서로 다른 성격을 갖는 많은 종류의 제품을 취급하는 경우에는 손익분기점의 정확성이 크게 떨어지게 된다는 점이다. 이러한 경우에는 사업부별로 또는 제품군별로 손익분기점분석을 수행해야 할 것이다.

제4절 손익분기점분석과 레버리지

1. 영업레버리지

(1) 시설투자와 손익구조

같은 종류의 제품을 생산하는 두 기업을 비교해 보자. 한 기업은 시설투자를 많이 해서 거의 모든 공정이 자동화된 생산설비를 갖추고 있는 공장을 갖고 있는데 비해서 다른 한 기업은 시설투자가 별로 없어서 주로 수작업으로 제품을 생산한다고 가정하자.

우선 이렇게 시설투자가 서로 다른 두 기업의 비용구조는 다음과 같은 특징을 갖는다. 즉, 자동화공장은 고정비부담이 크지만 제품을 추가로 한 단위 생산하는데 드는 변동비는 작을 것이다. 그러나 반대로 수작업공장은 시설투자가 없으므로 고정비부담은 작지만 제품 한 단위를 추가로 생산할 때마다 발생하는 변동비는 클 것이다.

그러므로 시설투자규모의 차이에 따라서 비용구조의 특징을 요약하면 [표 10-2]와 같이 표현할 수 있다.

기업의 유형	전체 고정비	단위당 변동비
시설투자가 많은 기업	크다	작다
시설투자가 적은 기업	작다	크다

[표 10-2] 시설투지와 비용구조

(2) 그림으로 본 영업레버리지

이제는 예로 든 자동화공장과 수작업공장의 비용구조를 고려해서 고정비와 변동비, 그리고 총비용 및 매출액과의 관계를 그림으로 나타낸다. 그리고 이 두 기업의 손익구조를 비교하기 위해서 각 매출수준에서 산출된 이익수준을 [그림 10-5]와 같이 보인다.

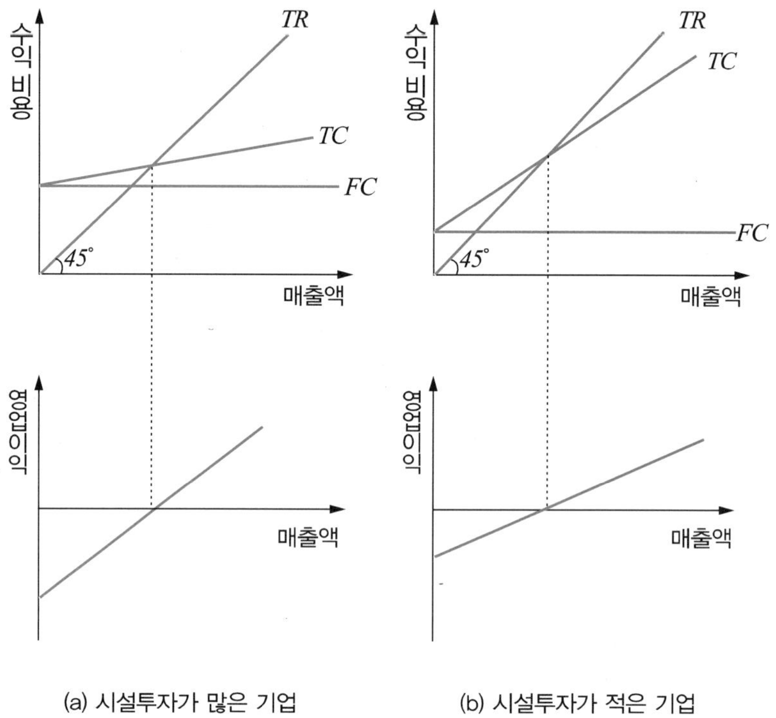

[그림 10-5] 영업레버리지

그림에서 보듯이 고정비부담이 큰 자동화공장의 경우는 수작업공장에 비해서 매출액변화에 대해서 이익변화가 훨씬 큰 폭으로 움직인다는 것을 알 수 있다. 이러한 효과를 영업레버리지(operating leverage)라고 한다고 하였다. 그러므로 시설투자가 많은 자동화공장은 영업레버리지가 크다고 하고 시설투자가 적은 수작업공장은 영업레버리지가 작다고 할 수 있다.

(3) 경기변동과 영업레버리지

경기가 호황이면 기업의 매출은 증가한다. 이렇게 매출이 증가할 때에는 시설투자를 많이 한 기업이 시설투자를 적게 한 기업보다 이익이 훨씬 빠르게 증가한다. 그림에서 보듯이 영업레버리지가 더 크기 때문이다. 그러나 경기가 불황이 되면 기업 매출은 감소하게 되는데 이때에는 시설투자를 많이 한 기업의 손실폭이 훨씬 더 크게 된다.

우리나라의 경우, 1997년 후반 IMF관리체제가 시작되면서 급격하게 경기가 위축되었다. 이때에 파산한 기업들을 보면 시설투자를 많이 하여 고정비부담이 커서 영업레버리지가 높았던 기업들이다. 그 당시 많은 기업들이 구조조정을 하였는데 그 내용을 보면 대개 고정비부담을 줄이려는 것이었다. 대표적인 예로 설비를 매각하거나 고용체계와 급여체계를 변화시킨 것들을 들 수 있다. 좀더 자세히 설명하면 설비매각으로 고정비를 줄이고 고용체계에서는 정규직원을 줄이고 계약직 인턴을 늘렸고, 급여체계에서는 고정급을 연봉제로 전환함으로써 고정비부담을 변동비로 전환시키려고 하였던 것이다.

2. 재무레버리지

(1) 이자비용과 손익구조

기업이 소요자금을 조달하는 방법은 크게 두 가지로 구분할 수 있다. 하나는 주식발행을 통해서 자기자본을 조달하는 방법과 다른 하나는 은행차입이나 회사채발행을 통해서 타인자본을 조달하는 방법이다.

그런데 여기서 자기자본을 조달하면 불황으로 이익이 없을 때는 배당을 하지 않아도 되지만 타인자본을 조달하게 되면 이자비용은 경기와 상관없이 매번 반드시 지급해야 한다. 따라서 타인자본에 대한 이자비용은 고정비성격을 갖는다고 하는 것이다.

이자비용은 고정비와 같은 성격을 갖기 때문에 부채를 많이 사용하는 기업은 부채를 적게 사용하는 기업에 비해서 매출액 또는 영업이익이 변화할 때 순이익이 더 크게 변동하게 된다. 이러한 원리는 앞서의 영업레버리지효과와 동일한 것이다. 이렇게 부채에 대한 이자비용 때문에 경기변동에 따라 손익확대효과가 나타나는 것을 재무레버리지(financial leverage)라고 한다고 하였다.

(2) 경기변동과 재무레버리지

부채를 많이 사용하면 나쁜 기업이고 부채를 전혀 사용하지 않은 기업이 좋은 기업일까? 반드시 그렇지는 않다. 재무레버리지효과를 생각해보면 그 이유를 쉽게 알 수 있다. 경기가 좋아서 매출이 크게 증가할 때에는 부채를 사용함으로써 순이익을 더 크게 할 수 있다. 그러나 경기가 불황일 때에는 반대로 부채를 많이 사용하면 손실이 급격히 커져서 기업파산으로 이어질 수 있다.

IMF관리체제가 시작될 당시의 상황을 다시 생각해 보자. 많은 기업들이 미래경기를 낙관하여 과잉시설투자를 하였다. 더구나 그 중 상당 기업들이 시설투자자금을 거의 은행차입과 같은 부채에 의존하였다. 결과적으로 영업레버리지와 재무레버리지를 모두 증대시켜놓은 상태였다. 이러한 상태에서 외환위기가 닥치고 급속한 불경기를 맞게 되었다. 소비위축에 따른 매출감소로 기업들의 손실은 급속하게 확대되고 많은 기업들이 파산하였다.

그래서 이때에 살아남은 기업들의 구조조정내용을 보면 사업부문의 매각으로 조달된 자금을 부채상환에 사용하는 것이었다. 이는 고정비부담을 줄여서 영업레버리지를 감소시키고 동시에 부채상환을 통해서 재무레버리지도 함께 줄일 수 있는 방법이었다.

제5절 자본조달분기점분석

1. 주당순이익

주주가 관심을 갖는 이익은 이자비용은 물론 법인세까지 납부한 후에 실제로 자신의 수중에 들어오는 납세후순이익이다. 그러나 자본규모가 크게 다른 기업들을 비교하거나 동일한 기업이라도 자본규모가 변경되는 상황이라면 기업전체의 납세후순이익이 그다지 중요한 의미가 없을 수도 있다. 이러한 경우에는 납세후순이익을 발행주식수로 나누어 산출한 주당순이익(EPS)이 의사결정의 중요한 기준이 된다.

2. 자본조달분기점

(1) 자본조달분기점이란?

영업이익의 변화가 주당순이익에 어떻게 영향을 주는지를 분석하는 것이 재무레버리지분석이라고 하였다. 그런데 어떤 투자안에 소요되는 자금을 조달하는 방법은 매우 많을 수 있다. 이때에 비교대상이 되는 조달방법이 두 가지가 있다고 가정하자. 그러면 이들 자본조달방법의 차이에도 불구하고 주당순이익이 똑같게 되는 영업이익수준이 존재하는데 이를 자본조달분기점(financial break-even point)이라고 한다.

여기서는 자본조달분기점을 이용하여 미래의 영업환경을 예측해서 어떤 방법으로 자금을 조달하는 것이 유리한가를 분석한다. 이러한 분석을 자본조달분기점분석이라고 한다.

(2) 분석사례

가나기업의 예를 들어서 자본조달분기점분석을 설명해보자. 이 기업은 100억원의 자금을 조달해야 하는데 다음과 같은 두 가지 조달방법을 비교검

토하고 있다.

제1안 : 100억원을 모두 주식발행으로 조달
제2안 : 50억원은 주식발행, 나머지 50억원은 사채발행으로 조달

이 기업의 영업이익은 5억원, 15억원, 30억원 중 하나가 될 것이다. 1주당 발행가격은 5,000원이고 사채이자율은 10%, 법인세율은 40%라고 할 때 자본조달분기점을 구하고 그 의미를 살펴보자.

우선 서로 다른 영업이익수준에서의 주당순이익을 각 조달방법에 따라서 산출해서 표를 작성하면 다음과 같다. 여기서 발행주식수는 200만주(=100억원/5천원)가 되고 순이익을 발행주식수로 나누어 주당순이익을 산출한 것이다.

먼저 제1안에 따른 주당순이익을 산출하여 표로 작성한 것이 다음과 같이 제시되어 있다.

제1안

영업이익	5억원	15억원	30억원
지급이자	0	0	0
세전이익	5	15	30
법인세(40%)	2	6	12
순이익	3	9	18
주당순이익	150원	450원	900원

이제 제2안에 따른 주당순이익을 산출해보자. 이때 발행주식수는 100만주(= 50억원 / 5천원)가 되고 순이익을 발행주식수로 나누어 주당순이익을 산출한 것이다.

제2안

영업이익	5억원	15억원	30억원
지급이자	5	5	5
세전이익	0	10	25
법인세(40%)	0	4	10
순이익	0	6	15
주당순이익	0원	6,000원	15,000원

위 두 개의 표를 비교해보면 부채를 사용하는 제2안의 주당순이익이 부채를 사용하지 않는 제1안의 주당순이익보다 더 큰 폭으로 변화하는 것을 확인할 수 있다.

이러한 내용을 그림으로 나타내보면 다음과 같다.

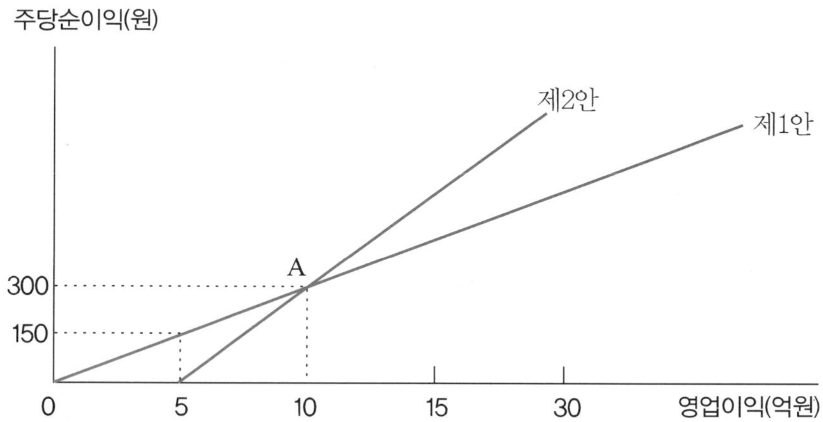

[그림 10-6] 자본조달분기점

이 그림에서 보면 제1안과 제2안의 주당순이익이 똑같게 되는 점A를 확인할 수 있다. 즉, A점에 해당하는 영업이익의 수준에서는 주당순이익이 똑같다는 것이다. A점에 해당하는 영업이익을 구해보자.

$$\frac{(A-I_1)(1-t)}{N_1} = \frac{(A-I_2)(1-t)}{N_2} \text{ 에서}$$

$$A = \frac{N_1 I_2 - N_2 I_1}{N_1 - N_2}$$

단, A : 영업이익
t : 법인세율
I_1, I_2 : 제1안과 제2안의 지급이자
N_1, N_2 : 제1안과 제2안의 발행주식수

그러면 가나기업의 예에서 자본조달분기점을 구하면 다음과 같이 10억원이 된다. 단, 주식 단위는 만주, 영업이익 단위는 억원이다.

$$A = \frac{200 \times 5 - 100 \times 0}{200 - 100} = 10(\text{억원})$$

즉, 10억원의 영업이익이라면 두 가지 자본조달방법이 동일한 주당순이익을 가져다준다는 것이다. 그러면 이러한 자본조달분기점이 갖고 있는 경제적 의미는 무엇인가? 이는 영업이익이 자본조달분기점보다 낮으면 부채를 사용하지 않는 것이 주당순이익을 크게 하는 방법이고 영업이익이 자본조달분기점보다 높으면 부채를 사용하는 것이 주당순이익을 크게 하는 방법이라는 것이다.

결론적으로 미래의 영업환경이 좋지 않아서 낮은 영업이익이 예상되면 가급적 자기자본으로 자금을 조달하고 미래의 영업환경이 좋아서 높은 영업이익이 예상되면 타인자본을 사용하는 것이 더 유리할 수 있다는 뜻이다.

연습문제

진위형

1. 현금기준의 손익분기점은 일반적인 손익분기점보다 낮은 수준이다. (　)
2. 시설투자가 많은 기업의 경우에는 제품단위딩 변동비가 작아지는 경향이 있다. (　)
3. 비용이 고정비와 변동비로 구분되지 않으면 손익분기점분석을 수행할 수 없다. (　)

정답　1. ○　2. ○　3. ○

선택형

1. 단위당 변동비는 6만원, 판매단가는 10만원인 제품이 있다. 고정비는 3,500만원인데 1,000개의 제품을 판매하였다. 이 기업의 BEP(금액)와 안전한계율을 바르게 구한 것은?

① 1,250만원, 12.5%　　② 1,250만원, 87.5%
③ 8,750만원, 12.5%　　④ 8,750만원, 87.5%

정답 ③

해설 $BEP = \frac{\text{고정비}}{\text{단위당공헌이익}} = \frac{3,500}{10-6} = 875\text{개}$, $BEP\text{율} = \frac{875}{1,000} = 87.5\%$
$MS\text{율} = 1 - 87.5\% = 12.5\%$

2. 2005년도 판매량은 6,000개이고 총비용은 78,000천원, 2006년도에는 8,000개에 102,000천원이다. 이 회사의 2005년도 변동비는 얼마인가? 비용분해를 위해서 고저점법(또는 비례율법)을 이용할 것.

① 60,000천원　② 72,000천원　③ 86,000천원　④ 96,000천원

정답 ②

해설 단위당변동비 $= \dfrac{102,000-78,000}{8,000-6,000} = 12$천원, $6,000 \times 12 = 72,000$천원

3. 손익분기점, 목표이익이 반영된 손익분기점, 현금분기점에 해당하는 매출수량의 크기비교를 바르게 한 것은?
   ① 현금분기점<목표이익이 반영된 손익분기점<손익분기점
   ② 목표이익이 반영된 손익분기점<손익분기점<현금분기점
   ③ 현금분기점<손익분기점<목표이익이 반영된 손익분기점
   ④ 손익분기점<현금분기점<목표이익이 반영된 손익분기점

정답 ③

해설 분모값은 단위당 공헌이익으로 동일한데 분자값이 현금분기점<손익분기점<목표이익이 반영된 손익분기점이므로 ③이 맞다.

4. 가나기업의 매출액은 40억원, 변동비율은 60%, 고정비는 16억원(감가상각비 2억원 포함)이다. 목표이익은 4억원이라고 할 때 BEP, 현금기준BEP, 목표이익달성을 위한 BEP를 차례로 구한 것은?
   ① 23.33억원, 26.67억원, 33.33억원
   ② 26.67억원, 23.33억원, 33.33억원
   ③ 35억원, 40억원, 50억원
   ④ 40억원, 35억원, 50억원

정답 ④

해설 $\dfrac{16}{0.4} = 40$억원, $\dfrac{16-2}{0.4} = 35$억원, $\dfrac{16+4}{0.4} = 50$억원

5. 손익분기점분석(BEP분석)에 대한 설명으로서 바르지 못한 것은?
   ① 비용을 고정비와 변동비로 구분할 수 있어야만 사용할 수 있는 분석기법이다.
   ② 영업레버리지와 재무레버리지를 동시에 분석할 수 있는 기법이다.
   ③ 현금분기점이나 목표이익이 반영된 손익분기점도 구할 수 있다.
   ④ 비용－매출액－이익분석(CVP분석)과 같은 것이다.

정답 ②

해설 손익분기점분석은 영업레버리지에 대한 분석기법이다.

6. 매출액이 증가함에 따라서 BEP비율, MS비율은 어떻게 변화하는가?
① BEP비율과 MS비율 모두 증가한다.
② BEP비율과 MS비율 모두 감소한다.
③ BEP비율은 증가하고 MS비율은 감소한다.
④ BEP비율은 감소하고 MS비율은 증가한다.

정답 ④

해설 BEP비율과 MS비율은 BEP와 MS를 매출액으로 나눈 값이다. 그리고 BEP는 일정한 금액이고 나머지가 MS이므로 매출액이 증가할수록 매출액 중 차지하는 BEP비율은 작아지고 MS비율은 증가한다.

7. 손익분기점분석에 대한 설명이다. 잘못된 것은?
① 고정비가 클수록 손익분기점은 높아진다.
② 단위당 변동비가 클수록 손익분기점은 높아진다.
③ 공헌이익률이 클수록 손익분기점은 높아진다.
④ 매출액이 늘어날수록 손익분기점율은 낮아진다.

정답 ③

해설 손익분기점은 고정비를 공헌이익률로 나누어 구하므로 주어진 고정비에서 공헌이익률이 클수록 손익분기점은 낮아진다.

8. 다음은 손익분기점분석에 대한 설명이다. 잘못 설명하고 있는 것은?
① 이익계획의 기법으로 가장 널리 사용되고 있다.
② 손익계산서를 그대로 이용할 수 있어 편리하다.
③ 판매제품의 종류가 많으면 정확성이 떨어진다.
④ 시간이 경과되면 정확성이 떨어진다.

정답 ②

해설 손익분기점분석은 비용이 고정비와 변동비로 구분되어야만 적용할 수 있는 것이다. 그런데 손익계산서는 계정과목별로 되어 있으므로 그대로 이용할 수는 없다.

9. 손익분기점분석에서 손익분기점(BEP)비율과 안전한계(MS)비율의 관계를 바르게 나타낸 것은?

① BEP비율이 높은 기업은 위험이 적다고 본다.
② 고정비가 많은 기업은 MS비율이 낮다.
③ BEP비율이 MS비율보다 적용범위가 넓다.
④ 변동비가 많은 기업은 BEP비율이 낮다.

정답 ②

해설 고정비가 많으면 손익분기점이 높아져서 동일한 매출수준에서 MS비율은 낮게 된다.

10. 가나기업의 재무자료는 다음과 같다. 손익분기점분석의 결과가 잘못된 것은?

판매단가 5,000원 단위당 변동비 3,000원 고정비 1,000만원 100% 조업시 생산량 8,000개, 현재 매출수량 7,000개

① 공헌이익률은 40%이다.
② 손익분기점은 62.5%의 조업도에 해당된다.
③ 안전한계율은 20%가 안된다.
④ 200만원의 이익을 얻기 위한 매출수량은 6,000개이다.

정답 ③

해설 $BEP = \frac{1{,}000\text{만원}}{2{,}000} = 5\text{천개}$, $MS\text{비율} = \frac{\text{안전한계}}{\text{현재매출}} = \frac{7{,}000-5{,}000}{7{,}000} = 28.5\%$

11. 다음의 분석방법 중 비용을 고정비와 변동비로 구분하는 방법으로서 가장 정확도가 떨어지는 방법은 어느 것인가?

① 계정분류법 ② 고저점법
③ 회귀분석법 ④ 매출액백분율법

정답 ②

해설 고저점법은 두 기간의 자료만 이용하기 때문에 이상치(outlier)로 인해서 분석결과가 왜곡될 수 있다.

12. 2005년도 판매량은 6,000개이고 총발생비용은 78,000천원, 2004년도에는 8,000개에 102,000천원이다. 판매단가가 20,000원이라면 공헌이익률은 얼마인가? 비용분해를 위해서 고저점법(또는 비례율법)을 이용할 것.

① 10% ② 20% ③ 30% ④ 40%

정답 ④

해설 단위당변동비 $= \dfrac{102,000 - 78,000}{8,000 - 6,000} = 12$천원, 공헌이익률 $= \dfrac{20,000 - 12,000}{20,000} = 40\%$

13. 자본조달분기점은 주어진 상황에서 두 가지 자본조달방법의 (   )이 같아지는 (   )의 수준을 말한다. 괄호 안에 들어 갈 이익이 순서대로 바르게 열거된 것은?

① 주당순이익, 영업이익 ② 경상이익, 영업이익
③ 당기순이익, 경상이익 ④ 영업이익, 매출총이익

정답 ①

계산형

1. 가나기업이 올해 500,000개의 제품을 매출하였다. 제품의 판매단가는 2만원이다. 이 기업의 변동비는 60억원이고 고정비는 32억원이라고 할 때에 다음 각 물음에 답하라.

(1) 이 회사가 손익분기점(BEP)에 도달하려면 몇 개의 제품을 판매해야 하는가?
(2) BEP도표를 그리고 BEP와 현재매출수준을 나타내시오.
(3) BEP비율과 MS비율을 구하시오.

정답과 해설

(1) $BEP = \dfrac{\text{고정비}}{\text{단위당공헌이익}} = \dfrac{32\text{억원}}{20,000 - 60\text{억원} \div 500,000\text{개}} = 400,000\text{개}$

(2) 생략

(3) $BEP\text{비율} = \dfrac{BEP\text{수량}}{\text{현재매출수량}} = \dfrac{40\text{만개}}{50\text{만개}} = 80\%$,

$MS\text{비율} = 1 - BEP\text{비율} = 1 - 0.8 = 0.2(20\%)$

제5부

재무분석의 추가과제

제11장 질적 분석

지금까지의 재무분석은 주로 계량적 정보를 이용한 분석이었다. 그러나 현실적으로는 계량적 정보보다 질적인 정보가 더 중요할 경우가 많다. 질적 정보란 수치화할 수 없는 정보이지만 기업을 둘러싸고 있는 경제환경이나 산업환경을 포함해서 기업의 경영진 등을 평가하는 개념으로 기업분석에서 빠뜨릴 수 없는 것이다. 크게는 경제분석, 산업분석, 그리고 기업분석의 순서로 어떠한 내용을 분석해야 하는데 제11장에서는 이러한 내용을 구체적으로 설명한다.

제 1 절 질적 분석이란?

1. 두 가지 유형의 정보

지금까지 살펴 본 재무분석의 내용은 거의 모든 정보가 계량화시킬 수 있는 것들이었다. 즉, 재무제표나 증권시장, 그리고 기타 기업관련정보는 모두 숫자로 표시되어 있으며 이를 가공하여 계량화된 지표를 만들고 기업을 판단할 수 있는 정보로 활용하였다. 이러한 정보를 양적 정보라고 하고 이러한 분석과정을 양적 분석이라고 한다.

그러나 현실적으로 많은 정보들은 숫자로 표시할 수 없는 경우가 더 많다. 예를 들어 어떤 기업의 사업전망, 기업평판도, 경영자의 자질 등은 매우 중요한 정보이지만 계량화시킬 수 없는 정보이다. 이러한 정보를 질적 정보라고 하고 이를 분석하는 과정을 질적 분석이라고 한다.

재무분석	
양적 분석	**질적 분석**
• 재무제표분석 • 주가관련분석 • 시장자료분석 • 손익구조분석 등	• 경제 및 산업 현황 • 회사의 연혁 • 경영진의 자질 • 사업내용과 전망 등

[표 11-1] 양적 분석과 질적 분석

2. 질적 분석의 개요

(1) 의 의

정보의 유형을 설명하면서 이미 밝혔듯이 질적 분석은 재무분석의 한 형태이다. 즉, 질적 분석이란 기업관련자료 중 계량화시키기가 어려운

자료를 분석하는 것이다. 분석대상은 대체로 재무제표에 나타나지 않는 것들로서 기업의 수익력, 안전성, 사업전망, 업계에서의 평판도, 경영자의 자질 등이 된다.

(2) 특 징

양적 분석은 계량화된 수치를 분석하는 것이어서 객관적인 성격이 강한데 비해서 질적 분석은 상당히 주관적인 판단을 필요로 하기 때문에 분석자마다 서로 다른 결론을 내릴 수 있다. 그리고 양적 정보는 대개 재무제표와 증권시장자료를 이용하는데 비해서 질적 분석은 정보의 원천이 매우 다양하며 광범위하다고 할 수 있다.

제2절 질적 분석의 내용

질적 분석의 대상이 되는 정보는 그 원천이 매우 다양하고 광범위하다고 하였다. 여기서는 크게 경제분석, 산업분석, 그리고 개별기업에 대한 질적 분석이라는 세 가지 단계의 내용을 설명한다. 그러나 이는 분석방법의 편리성을 위한 분류일 뿐, 실제의 분석방법은 이와 다르게 이용될 수 있다.

1. 경제분석

(1) 경기순환

기업에 영향을 줄 수 있는 환경은 경제적 환경, 정치적 환경, 사회적 환경 등 매우 다양하지만 그 중에서 가장 중요하고 예측가능한 것은 경제적 환경이라고 할 수 있다. 특히 경제는 호황과 불황을 반복하면서 성장하는 것이 일반적이어서 이러한 순환과정을 경기순환(business cycle)

이라고 한다.

구체적으로 경기는 회복기와 활황기로 구성된 호황국면을 거쳐서 한계에 도달하면 후퇴기에 들어가고 마침내 침체기, 즉 불황국면에 들어가는 4개의 국면을 갖는다. 정부는 회복기에서 경기를 부양하기 위해 통화긴축을 완화하고 고용을 증진시키고 이에 따라 서서히 소비가 늘어난다. 활황기에서는 경기회복에 힘입어 생산 및 소비가 증가하며 자금의 초과수요가 발생하여 물가와 이자율이 상승하고 이를 억제하기 위해서 긴축금융정책이 시행된다. 그리고 후퇴기에서는 소비의 위축으로 생산량이 감소하여 실업과 기업도산이 발생한다. 침체기에서는 신규투자가 크게 위축되고 실업률, 재고율, 부도율이 최고조에 달하게 된다.

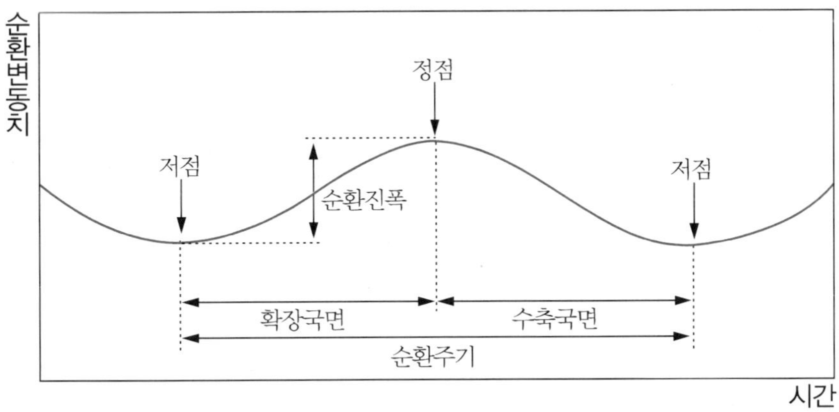

[그림 11-1] 경기순환

(2) 경기예측

경제분석에서는 현재의 경기상태를 파악하고 미래의 경기전망을 정확하게 예측하는 것이 중요하다. 이러한 예측에 경기지표를 유용하게 이용할 수 있는데 대표적인 경기지표로는 기업실사지수(business survey index : BSI)가 있다. BSI는 경기전망과 설비투자계획에 대한 설문조사를 통해서 산출한 경기판단지표라고 할 수 있는데 다음과 같은 산식으로 구한다.

$$BSI = \frac{N_G - N_B}{N} \times 100 + 100$$

단, N_G : 경기호황을 예상한 기업체 수
N_B : 경기불황을 예상한 기업체 수
N : 설문에 응답한 전체기업체 수

이 식의 구조에서 알 수 있듯이 BSI는 0부터 200사이의 값을 갖는데 100미만이면 경기가 수축국면에 있다고 판단하고 100이상이면 확장국면에 있다고 판단할 수 있다.

예 제

200개 기업을 대상으로 미래 경기상황에 대한 설문조사를 수행하였다. 경기가 나아질 것이라고 대답한 기업의 수는 110개, 경기가 나빠질 것이라고 대답한 기업의 수는 90개로 나타났다. 이러한 결과를 이용해서 기업실사지수(BSI)를 산출하면 얼마가 되는가?

기업실사지수를 산출하는 공식에 설문조사결과를 대입하면 다음과 같이 BSI가 110이 나온다.

$$BSI = \frac{N_G - N_B}{N} \times 100 + 100$$
$$= \frac{110 - 90}{200} \times 100 + 100 = 110$$

(3) 거시경제변수

경기순환이외에 경제분석단계에서 중요하게 분석해야 할 대상으로는 통화량, 금리, 환율, 원자재가격 등 거시경제변수들이다.

① 통화량과 금리

먼저 통화량과 금리는 매우 밀접한 관계를 갖는다. 통화량이 증가하면 금리는 하락하고 금리하락은 기업에게 수익성 있는 투자기회를 많이 제공한다. 기업의 투자는 실업감소와 소득 및 소비의 증대로 이어져서 경제가 활발해진다. 이러한 연관성을 이용해서 정부는 경기침체기에 이를 회복시키고자 통화량 증대 또는 금리하락의 정책을 펴는 경우가 많다.

② 환율

환율은 두 국가 간의 화폐교환비율을 말한다. 환율은 두 국가의 물가상승률, 금리수준 등에 의해서 결정된다. 환율의 변화가 경제에 미치는 효과는 일률적으로 말하기 어렵다. 적정한 환율상승은 해외시장에서 우리나라 제품의 가격경쟁력을 높이기 때문에 수출증대효과를 가져다준다. 그러나 지나친 환율상승은 수입의존도가 높은 원자재 또는 부품가격을 높이기 때문에 원가상승에 부담이 되어 국가경쟁력을 떨어뜨리기도 한다.

③ 원자재가격

원자재가격은 환율뿐만 아니라 원자재시장의 수급상황에 의해서도 직접적인 영향을 받는다. 최근에는 중국경제가 급성장하면서 건설경기의 호황에 따른 철강재수요가 증가하여 우리나라를 비롯한 일본 등 주변국가의 철강재확보에 비상이 걸리기도 하였다. 또한 중동정치상황이나 예상되는 겨울날씨에 따라서 원유가격이 크게 변동하기도 한다.

2. 산업분석

(1) 경기순환에 따른 산업분류

산업분석은 경기순환과 관련해서 산업분류를 하는 것에서부터 시작하는 것이 필요하다. 경기변동이 특정산업에 어떤 영향을 미치는가에 따라서 성장산업, 순환적 산업, 방어적 산업으로 분류할 수 있다.

성장산업이란 경제구조의 변화나 기술혁신 등으로 향후 장기간 매출과 이익이 높게 성장할 것으로 예상되는 산업이다. 우리나라의 경우 1970년대의 철강, 석유화학, 1980년대의 전자, 항공, 생명공학 등을 들 수 있다. 이러한 산업들은 장기적 관점에서 수익을 올릴 수 있는 것으로 보아야 한다.

순환적 산업이란 호경기에는 실적이 크게 신장되는 반면에 불경기에는 실적감소 또는 적자가 발생하는 산업을 말한다. 자동차, 에어컨 등과 같은 고가의 내구소비재산업이나 건설업 등이 이에 해당한다. 이러한 산업은 특히 경기변동의 변화를 예측하는 것이 중요하다.

방어적 산업이란 경기침체에 큰 영향을 받지 않는 산업을 말한다. 생활필수품과 같은 소비재산업이나 전기가스 등과 같은 기간산업이 이에 해당한다. 이러한 산업은 안정적이지만 높은 수익을 기대하기는 어려운 특징을 갖고 있다.

산업분류	특징	해당산업
성장산업	장기적 성장이 기대되는 산업	생명공학, 전자산업, 통신산업 등
순환산업	경기변동에 민감한 산업	자동차산업, 고가가전산업, 건설업 등
방어산업	경기변동에 둔감한 산업	생필품산업, 전기산업, 가스산업 등

[표 11-2] 경기순환에 따른 산업분류

(2) 산업의 구조분석

산업의 구조분석이란 특정산업이 갖고 있는 구조적 특성을 파악하는 것이다. 산업구조의 특성을 결정하는 요인은 무수히 많겠지만 주된 분석대상이 되는 것은 산업간 대체관계, 산업 내 경쟁관계, 공급자 또는 구매자와의 관계 등이다.

산업간 대체관계란 소득증가나 기술혁신 등으로 기존산업이 새로운 산업으로 대체되는 관계를 말한다. 화학섬유와 천연섬유산업의 관계나 신소재의 개발에 따른 목재 및 철강수요의 상대적 감소현상들이 이에 해당하는 예이다. 이러한 산업간 대체성을 고려해서 특정산업의 현재 위치를 정확히 파악하는 것이 중요하다.

산업 내 경쟁관계도 기업실적을 결정하는 중요한 요인이다. 이러한 경쟁관계는 경쟁업체의 수, 시장점유율, 제품차별화의 정도 등으로 파악할 수 있다. 만약 기존기업들이 제품차별화의 이점이나 절대비용의 이점, 또는 규모의 경제에 따른 이점을 누리고 있다면 신규기업이 그 산업에 진입하기가 어려운데 이런 경우 기존기업들은 독점적 위치에서 안정적인 기업실적을 누릴 수 있다.

그리고 공급자와의 관계란 특정산업의 투입요소인 원사재 및 부품, 그리고 노동력의 공급구조를 말한다. 같은 논리로 구매자와의 관계란 특정산업의 산출물에 대한 소비자와의 관계를 일컫는다.

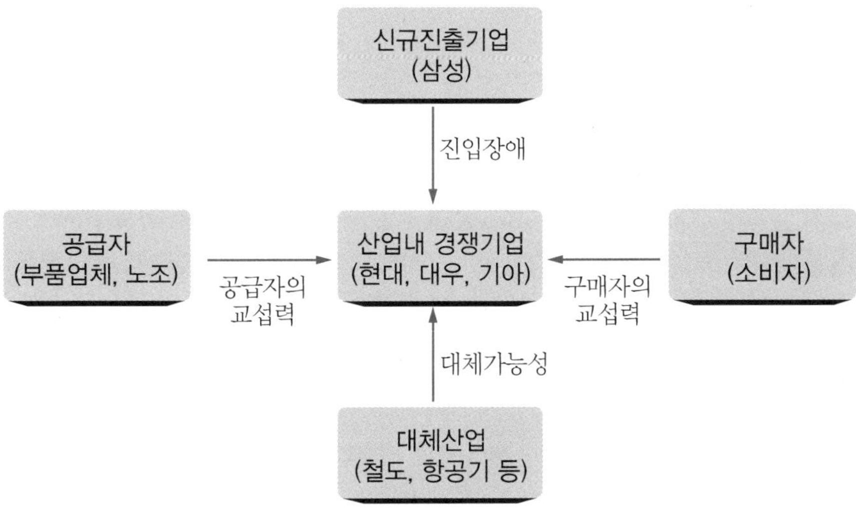

[그림 11-2] 산업구조분석의 예(자동차 산업의 경우)

(3) 산업의 라이프사이클

일반적으로 기업이 생산하는 제품은 도입기, 성장기, 성숙기, 쇠퇴기라는 4단계를 거치게 된다. 각 주기에 따라서 매출액, 수익성 등이 다르게 나타나기 때문에 중요한 분석대상이 되는데 이러한 주기를 제품의 라이프사이클(product life cycle : PLC)이라고 한다.

산업분석에서도 이러한 개념을 그대로 적용할 수 있다. 즉, 산업의 수명을 시간의 흐름에 따라서 도입기, 성장기, 성숙기, 쇠퇴기로 나눌 수 있다. 각 단계별 특징을 고려해서 분석대상이 되는 기업이 속한 산업의 현실과 미래를 예측할 수 있어야 한다.

① 도입기

도입기에 있는 산업의 특징은 그 산업의 제품에 대한 수요가 급속한 속도로 증가하지만 계속적인 자본투하가 요구되는 단계이다. 따라서 경쟁이 치열하고 산업내의 각 기업의 위치도 가변적이다. 즉, 높은 수익성을 낼 수 있는 반면에 위험도 높다. 많은 기업들이 도입기에서 탈락하는 경우가 허다하다.

② 성장기

도입기의 치열한 경쟁을 뚫고 자리잡은 기업들은 다음 단계로 성장기를 맞게 된다. 성장기의 산업을 구성하고 있는 기업들은 시장점유율과 수익성이 큰 폭으로 증가하고 이에 따라서 재무구조적 측면에서도 안정성을 갖게 된다.

③ 성숙기

성장기를 거쳐서 성숙기에 들어서면 수요가 포화상태에 달하기 때문에 매출증가폭이 종전에 비해서 감소하기 시작한다. 어떤 경우에는 증가속도가 경제전체의 평균에 비해서 낮은 비율로 이루어지기도 한다. 이때에는 가격인하를 통한 경쟁이 이루어지기 때문에 경쟁력이 약한 기업들은 도태된다. 이러한 과정에서 살아남는 기업도 종전에 비해서 높은 수익성을 누리지 못한다.

그러나 성숙기는 안정적인 이익창출시기가 되기 때문에 최대한 성숙기를 길게 가져가야 한다. 대부분의 성공기업들은 성숙기가 길다는 특징을 갖는다.

④ 쇠퇴기

성숙기를 거치고 나면 수요패턴의 변화, 기술혁신 등으로 매출액이 감소하기 시작하고 인건비의 상승 등으로 수익성은 크게 떨어지게 된다. 뿐만 아니라 소비자의 선호가 바뀌면서 기존제품은 시대에 뒤떨어진 품목으로 전락하게 된다. 따라서 계속적인 변화를 통해서 쇠퇴기를 맞지 않도록 노력해야 한다.

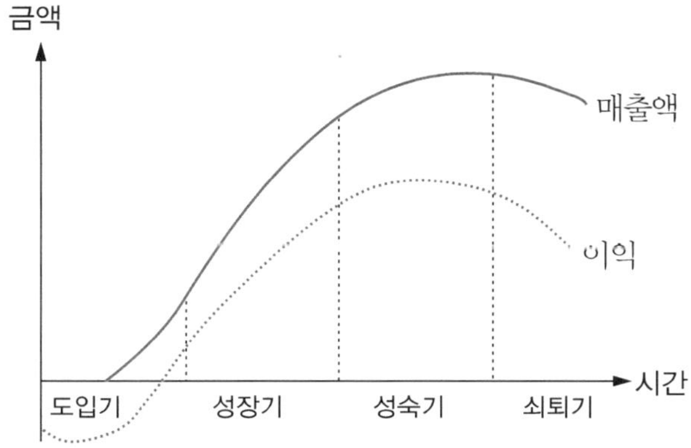

[그림 11-3] 산업의 라이프사이클

(4) 산업연관분석

어떤 산업이든지 하나의 경제 안에서 다른 산업에 영향을 미치기도 하고 다른 산업으로부터 영향을 받기도 한다. 예를 들어서 건설업이 활기를 띠면 건설업과 관련이 깊은 시멘트산업, 철강 및 목재산업 등도 파급효과에 따라서 활기를 띠게 되는 것이다.

산업연관분석이란 이러한 산업간 상호보완성을 고려해서 하나의 산업이 다른 산업에 미치는 순환과정을 분석하는 것이다. 좀더 구체적으로는 재화와 용역의 흐름을 원재료에서 출발하여 생산과정과 중간과정을 거쳐서 최종소비재로 완성되기까지의 전체과정으로 분해하여 관찰하는 것이다. 이러한 분석을 통해서 산업의 성장과 쇠퇴 및 추세의 변화를 파악하고 예측하는 것이다.

산업연관분석은 구체적으로 산업연관표를 이용해서 이루어진다. 산업연관표란 산업부문간의 상호 연관관계를 행렬형식을 사용해서 체계적으로 기록한 종합적인 통계표로서 우리나라에서는 한국은행에서 매년 작성하여 보고하고 있다.

산업연관표의 세로방향으로는 각 산업의 구입을 나타내는 투입구조를 보여주고 있으며 가로방향으로는 각 산업의 산출을 나타내는 배분구조를 보여줌으로써 한 국가의 경제구조를 한눈에 파악할 수 있는 국민경제해부도라고 할 수 있다.

3. 기업분석

기업분석의 단계에서 양적 분석은 재무제표자료와 증권시장자료를 이용해서 수행하는 비율분석이 대표적인 것이다. 이러한 내용은 제2부 비율분석에서 자세하게 다루었다. 여기서는 질적 분석으로 회사연혁, 경영진의 질, 업계에서의 지위, 연구개발 등에 대해서 살펴본다.

(1) 회사연혁

회사의 현재상태를 파악하고 앞으로의 전망을 예측하기 위해서는 회사의 과거를 살펴볼 필요가 있다. 즉, 언제 설립되었고 설립 후 어떤 과정을 거쳐서 현재에 이르렀는지를 분석해야 한다. 대개 설립된 지 오래된 회사들은 여러 차례의 경기순환과정을 겪었기 때문에 갓 설립된 기업에 비해서 경기대응력이 높아서 안정성이 있다고 판단한다. 2000년대 초 우리나라 증권거래소시장의 오랜 역사를 갖는 제조업체들에 비해서 코스닥시장의 많은 신생 벤처기업들이 상당수 퇴출된 것이 좋은 예라고 할 수 있겠다.

회사연혁을 분석하는 데에는 단순히 회사의 역사뿐만 아니라 사업목적, 자본금, 경영진의 변천과정 등이 포함되어야 한다.

(2) 경영진의 질

어느 국가나 조직도 지도자의 역량이 절대적 요소라고 한다. 기업도 마찬

가지로 어떤 경영자가 기업을 이끌고 있는가가 매우 중요한 분석대상이 아닐 수 없다.

최근과 같이 기업을 둘러싼 환경에 불확실성이 높고 급격한 변화가 계속되는 상황에서는 매순간 경영의사결정을 내려야 하기 때문에 경영진의 질(quality of management)은 필수적 고려요소이다. 대개 경영자의 경영철학, 경영자의 경영능력, 경영자의 건강, 후계자 양성문제, 경영진의 구성, 경영자의 대외관계 등이 중요한 검토사항이 된다. 특히 경영자의 경영능력을 판단하기 위해서는 임기 중의 성과, 노동조합과의 관계, 정부와의 관계 등 구체적 지표를 활용하는 것이 바람직하다.

(3) 업계에서의 지위

어느 산업이든지 여러 개별기업들이 경쟁하는 것이 일반적이다. 이러한 상황에서 기업의 자본력, 우월한 기술, 소비자들로부터의 신용이 만들어준 업계에서의 지위는 기업에 대한 질적 분석에서 매우 중요한 요소이다.

업계에서의 지위를 측정하는 요소로는 시장점유율(market share), 기술적 리더십, 생산성, 재무구조 등 네 가지 요소를 이용한다. 특히 시장점유율이 높은 기업이 그렇지 않은 기업보다 수익률이 높다는 연구결과도 있다.

구체적으로 업계에서의 지위를 평가하기 위해서는 이러한 네 가지 요소들을 산업전체의 평균값과 비교하는 과정이 필수적이다.

(4) 연구개발

최근과 같은 기술개발시대에서 기업의 성장원천은 기술이라고 할 수 있다. 끊임없는 신제품과 생산기술의 개발이 절실히 요구되는 상황에서 기업의 연구개발비지출은 기업의 질적분석에서 중요한 과제가 되고 있다.

기업의 연구개발력을 평가할 수 있는 지표로는 매출액에 대한 연구개발비의 비율, 연구개발활동에 종사하는 연구원의 수 등이 자주 이용된다. 여기에 연구원의 자질분석, 경영자의 연구개발에 대한 철학, 신제품에 대한 시장반응 등을 추가하면 좀더 충실한 분석을 할 수 있을 것이다.

(5) 사회공헌

기업이 사회에 미치는 영향력이 증대되면서 기업의 사회적 책임에 대한 요구도 높아지게 되었다. 이윤추구, 고용창출 등을 통한 경제발전뿐만 아니라 사회공헌까지 기업의 역할에 포함되는 추세이다. 초기에 기업들은 사회적 압력에 의해서 수동적으로 사회공헌활동을 수행하였다. 그러나 최근에는 기업과 사회의 상생이라는 측면에서 기업들은 사회공헌활동을 전략적인 차원으로 발전시키고 있다. 이러한 활동은 종업원의 사기를 높이고 지역사회나 소비자로부터 좋은 평판을 받아 기업의 장기비전이나 목표를 달성하는데 도움이 된다. 따라서 기업이 수행하고 있는 사회공헌 프로그램이나 그 실적은 해당 기업을 분석하는 데에 중요한 평가요소가 된다.

2004년 8월 13일 금요일 중앙일보

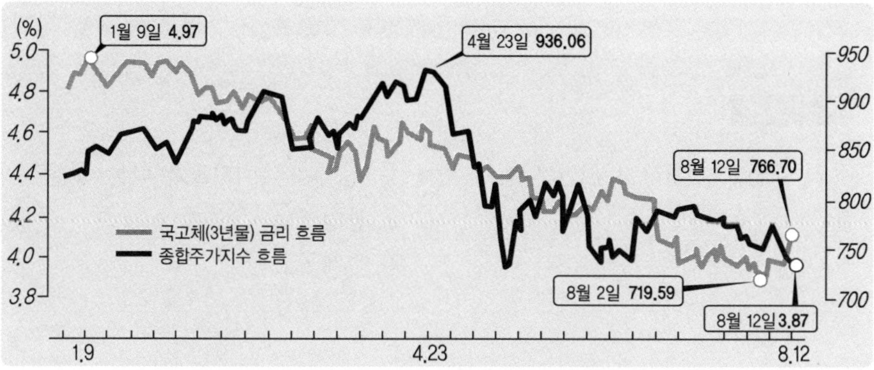

"반갑구나, 금리 인하"

금융시장 반색… 추가 인하 전망도

금융시장에서는 한은의 콜금리 인하 조치를 일단 긍정적으로 받아들이고 있다.

소비 부진의 여파로 투자처를 찾지 못한 자금들이 채권시장으로 쏠리면서 시중 실세금리가 계속 하락 압력을 받아온 만큼 금리 인하는 시장원리에도 부합한다는 반응이다.

실제로 12일 채권시장에서는 콜금리가 인하되자 3년 만기 국고채 금리가 전날보다 0.23%포인트 낮은 3.87%로 떨어졌다. 이는 지난해 6월(3.95%) 이후 14개월 만에 사상 최저치를 경신한 것이다. 경기부양 차원에서도 긍정적인 효과가 기대되고 있다.

한국투신운용 정원석 채권운용본부장은 "중산층 이하는 이자 비용이 줄고, 고소득층은 금리가 낮아지면 저축보다 소비 욕구가 늘 것"이라고 말했다.

기업도 마찬가지다. 우량 기업들은 현금을 대량 쌓아두고 있는데 금리가 3.5% 수준까지 내려온 상황에서는 쌓아둘수록 손해를 보는 현금을 보유하기보다는 뭔가 투자에 나설 수밖에 없을 것이라는 전망이다. 자본의 해외 이탈 가능성은 크게 문제되지 않을 것이란 전망이 지배적이다.

정 본부장은 "미국과의 금리 격차가 좁혀졌지만 국내 채권시장은 연기금의 수요가 채권의 공급을 만성적으로 초과하고 있고 외국인의 국내 채권시장 비중이 2%에 불과해 자본 이탈의 가능성이 작다"고 말했다. LG경제연구원 신민영 연구위원은 "수출기조를 유지하기 위해 정부가 애써 환율 하락을 막고 있다는 의심을 받는 상황에서 외화가 일부 나간다면 오히려 환율 운용에 도움이 될 것"이라고 말했다.

금리가 내리자 주식시장도 강세를 나타냈다. 종합주가지수는 전날보다 13.64포인트 올랐고, 코스닥지수도 반등에 성공했다.

한편 금융시장에서는 추가로 금리가 떨어질 가능성도 큰 것으로 보고 있다. 대우증권 김범중 연구원은 "콜금리 인하가 내년 상반기까지 염두에 둔 선제적 조치라는 점에서 효과가 예상대로 크지 않으면 추가 인하도 가능할 것으로 예상된다"고 밝혔다.

김동호 기자 dongho@joongang.co.kr

연습문제

선택형

1. 기업을 평가하기 위한 다음의 정보 중 성격이 나머지들과 다른 것은?

① 주가정보　② 산업전망
③ 경영진의 경영능력　④ 경제동향

정답 ①
해설 주가정보만 양적 정보이고 나머지는 모두 질적 정보이다.

2. 1,000개 표본기업들을 대상으로 설문조사를 한 결과 기업실사지수(BSI)가 120으로 산출되었다. 1,000개 표본기업들 중에서 미래경기를 좋게 보는 기업이 나쁘게 보는 기업보다 얼마나 많은 것인가?

① 200개　② 400개　③ 600개　④ 800개

정답 ①
해설 $BSI = \frac{N_G - N_B}{N} \times 100 + 100 = \frac{N_G - (1{,}000 - N_G)}{1{,}000} \times 100 + 100 = 120$
여기에서 $N_G = 600$, $N_B = 400$ 따라서 200개가 더 많다.

3. 다음 중 경기변동과의 관계에서 순환산업에 해당하는 것은?

① 조선업　② 건설업
③ 전기 및 가스업　④ 생명공학

정답 ②
해설 건설업은 경기변동과 함께 움직이는 대표적 순환산업이다.

4. 동일한 산업이라고 해도 국가별로 산업의 라이프사이클에서는 다른 단계에 놓이게 된다. 조선업의 경우 우리나라와 중국에서는 어떤 단계에 해당할까?

① 우리나라－쇠퇴기, 중국－성장기
② 우리나라－성장기, 중국－도입기

③ 우리나라－도입기, 중국－성숙기
④ 우리나라－성숙기, 중국－성장기

정답 ④

5. 산업부문간의 상호관계를 행렬형식을 사용해서 체계적으로 기록한 종합적인 통계표를 무엇이라고 하는가?

① 산업분석표 ② 산업대체표
③ 산업연관표 ④ 산업구조표

정답 ③

6. 다음의 산업 중 다른 산업에 미치는 파급효과가 가장 큰 것은?

① 조선업 ② 건설업
③ 전기 및 가스업 ④ 생명공학

정답 ②
해설 건설업의 파급효과가 크기 때문에 정부는 경기부양책으로 건설공사를 지원하게 된다.

설명형

1. 경기변동과 연관해서 산업을 분류하는 방법이 있다. 이 방법에 따라서 산업을 분류하고 해당되는 산업을 예로 들어보라.
2. 소매유통업을 대상으로 산업구조의 분석을 수행해보라.

제12장 기업부실의 개요

기업의 수익성이 악화되는 것을 기업부실이라고 한다. 기업부실은 기업의 도산으로 이어질 수 있기 때문에 그 원인을 파악하는 것은 재무분석의 매우 중요한 과제가 된다. 기업부실의 원인이 여러 가지가 있는 만큼 그로 인해서 나타날 수 있는 유형도 다양하다. 무엇보다도 기업부실의 징후를 찾아내는 것은 그만큼 일찍 조치를 취해서 더 이상 악화되는 것을 막을 수 있어서 중요하다. 그러한 징후는 재무제표에서 계량적 정보를 통해서도 파악할 수 있고 기업실태분석을 통해서 질적 정보를 수집함으로써도 파악할 수 있다.

제1절 기업부실이란?

현대사회에 와서는 기업들 사이의 경쟁이 더욱 더 심해지고 있다. 따라서 최근에는 기업의 제1차적 목표가 기업의 존속이 되고 있는 실정이다. 그러므로 기업이 도산하지 않고 생존하기 위한 전략이 절실히 필요하게 되었으며 이러한 필요성 때문에 기업부실을 예측하고 이를 예방하는 기법이 더욱 발전하게 되었다.

기업부실의 원인을 파악하고 이를 예측하는 기법을 살펴보기 전에 먼저 기업부실에 대한 개념을 소개한다. 기업부실은 여러 가지 의미로 정의할 수 있지만 대체로 경제적 실패, 지급불능, 파산의 세 단계로 보는 것이 일반적이다.

1. 경제적 실패

경제적 실패(economic failure)란 기업의 수익성이 떨어지는 것을 말한다. 그러나 수익성이 떨어진다는 표현은 다소 추상적이어서 이를 구체적으로 정의하기 위해서 대체로 다음과 같은 경우를 일컫는다.

① 기업의 총수익이 총비용에 미달하는 경우
② 기업의 투자수익률이 자금코스트보다 낮은 경우
③ 기업의 투자수익률이 동종 업종의 평균수익률보다 낮은 경우

2. 지급불능

수익성저하에서 경제적 부실이 더 진행되면 기업이 자금부족으로 매입채무나 차입금을 상환하지 못하게 되는 경우가 발생하게 된다. 이를 지급불능(insolvency)이라고 말한다. 지급불능에는 그 성격상 다음과 같이 두 가지 경우가 포함된다.

(1) 기술적 지급불능

기술적 지급불능(technical insolvency)이란 일시적인 자금부족으로 인해서 만기가 도래된 채무를 상환할 수 없는 경우를 말하는데 그래도 이때에는 자산이 부채를 초과한 상태를 유지하고 있다. 특히 흑자도산이란 회계상으로는 이익이 발생하면서도 유동성부족으로 파산하는 경우를 말한다. 이는 기술적 지급불능의 심각성을 부각시키는 예로서 회계상 이익보다 현금흐름이 더 중요하다는 것을 알 수 있다.

(2) 실질적 지급불능

실질적 지급불능(real insolvency)도 만기가 도래된 채무를 상환하지 못하는 경우를 말한다. 이러한 면에서는 기술적 지급불능과 같지만 기술적 지급불능과 다른 점은 만성적인 결손누적으로 부채가 자산을 초과한 상태라는 점이다. 즉, 순자산가치가 (−)상태이면서 채무상환을 못하는 경우를 말한다.

3. 파산

파산(bankruptcy)이란 법원의 파산선고를 거쳐서 법률적인 도산을 맞게 되는 경우를 말한다. 우리나라에서는 지급불능상태가 되면 법정관리를 신청하는 경우가 많다. 법정관리제도는 회사가 갱생할 수 있다고 판단되는 경우 법원이 채권자와의 이해를 조정해서 회사를 다시 살리는 제도이다. 그러나 법정관리신청이 기각되면 즉각 파산절차에 들어가서 보유자산을 청산하게 된다.

[그림 12-1] 기업의 부실화과정

제2절 기업부실의 원인과 유형

1. 기업부실의 원인

대한상공회의소에서는 한국의 실패기업에 대한 사례분석을 통해서 주요 실패요인과 이들 요인의 중요성을 평가한 연구결과를 1996년에 발표한 바 있다. 그 연구결과의 내용은 [표 12-1]과 같이 요약된다.

이에 따르면 무리한 사업확장, 방만한 자금관리가 매우 중요한 실패요인으로 지적되고 있다. 이러한 요인들은 1997년 IMF관리체제가 시작되면서 파산한 많은 기업들의 사례에서도 그대로 나타나고 있다.

이러한 분석결과를 토대로 해서 말하면 기업을 계속 유지하는 데에는 적정한 수준의 투자활동과 이를 뒷받침할 수 있는 자금관리가 가장 중요한 변수임을 알 수 있다.

실 패 요 인	비율(%)
① 과시욕에 따른 무리한 사업확장	18.5 %
② 방만한 자금관리	17.7
③ 최고경영자의 독단적인 기업경영	12.2
④ 경영자의 사업경험부족	10.2
⑤ 족벌경영의 심화	8.7
⑥ 경영환경 변화에 대한 대응부족	8.5
⑦ 기술개발노력의 부족	6.7
⑧ 경영자의 비윤리성	6.6
⑨ 정부와의 관계악화	6.1
⑩ 배타적이고 무분별한 유통망 관리	4.7
합 계	100.0 %

[표 12-1] 한국기업의 실패요인

2. 기업부실의 유형

[표 12-1]과 같이 정리한 기업부실의 원인에 따라서 기업부실의 유형도 다르게 나타난다. 이러한 기업부실의 유형은 대체로 다음과 같은 네 가지 유형으로 구분한다.

(1) 확장붕괴형

확장붕괴형은 무리한 시설투자와 타기업의 인수, 합병 등을 통해서 기업을 계속 확장해 나가면서 내실을 다지지 않아서 결국 경영상태가 부실해지고 스스로 붕괴하는 유형을 말한다. 대개 경영자의 지나친 욕심이 그 원인이라고 할 수 있는데 우리나라의 많은 대기업의 부실이 이러한 유형에 해당된다고 하겠다. 특히 1997년도 IMF사태를 맞아 붕괴된 대기업들은 대표적인 예라고 할 수 있겠다.

(2) 자본부족형

회사의 규모에 비해서 지나치게 적은 자본으로 회사를 설립하여 처음부터 절대적으로 자기자본이 부족한 유형을 자본부족형이라고 할 수 있다. 사업활동을 하면서 계속 은행이나 사채 등에 의한 자금조달에 급급하면서 만성적인 자금부족을 겪다가 도산하게 된다. 좋은 기술을 갖고도 도산한 많은 벤처기업들이 이에 해당하는 예라고 할 수 있겠다.

(3) 방만경영형

경영자의 무능력이나 경험부족으로 계획적이고 체계적인 경영이 이루어지지 못하고 비합리적인 경영이 이루어져 도산의 직접적 원인이 되는 유형이다. 회사를 방만하게 운영하기 때문에 불필요한 경비지출이 많고 비효율적 생산과 판매부진, 재고과다에 따른 덤핑 등이 특징이다. 정통적이고 합리적인 경영활동보다는 정치적 관계를 과시하고 이를 이용하려는 경영자들이 이러한 유형의 도산을 맞게 되는 경우가 많다.

(4) 연쇄도산형

우리나라에서 가장 특징적으로 나타나는 유형이다. 즉, 재벌 및 계열기업이 많은 경우에 빈번하게 발생하는 부실유형으로서 모회사의 부도에 따라서 자회사, 하청업체 등이 연쇄적으로 도산하게 되는 특징이 있다. 특히 우리나라 중소기업들이 도산하는 유형 중에서 가장 높은 비중을 차지한다.

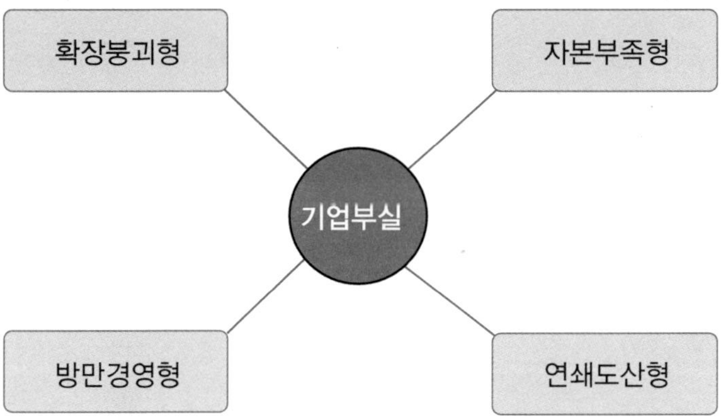

[그림 12-2] 기업부실의 유형

제3절 기업부실의 징후

기업부실은 점진적으로 진행되기 때문에 부실화의 정도가 깊어지기 전에 그 징후를 잘 관찰할 필요가 있다. 기업이 부실해지는 원인은 다양하지만 이로 인해서 나타나는 징후는 크게 재무적 징후와 비재무적 징후로 구별된다.

재무적 징후는 주로 재무제표의 분석을 통해서 발견할 수 있고 비재무적 징후는 기업실태조사 및 관찰로 발견할 수 있다. 각 방법에서 확인할 수 있는 징후들을 정리하면 다음과 같다.

1. 재무제표분석

재무적 징후는 재무제표에서 직접 발견할 수도 있고 또는 앞서 설명한 비율분석 등을 통해서 발견할 수 있다. 이 방법은 양적 분석의 성격을 띠고 있는데 재무제표의 분석 등의 방법으로 관찰할 수 있는 중요한 징후는 다음과 같다.

(1) 대차대조표

① 현금예금 등 유동성이 급격하게 감소한다.
② 매출채권과 재고자산이 급증하고 채권회수가 늦어진다.
③ 고정자산에 대한 과다투자가 금융부담을 가져온다.
④ 차입조건이나 금리 면에서 불리한 신규차입금이 증가한다.

(2) 손익계산서

① 매출액이 지속적으로 감소한다.
② 이자비용이 급격하게 증가하면서 수익성이 저하되어 이익률이 현저하게 감소된다.
③ 연속적자로 결손누적이 심화된다.

(3) 현금흐름표

① 현금예금의 잔고가 감소한다.
② 영업활동으로 인한 현금흐름이 급격하게 감소한다.
③ 단기부채조달로 장기부채를 상환하는 사례가 잦다.

2. 기업실태조사

재무제표분석으로부터 발견할 수 있는 부실징후는 회계정보의 한계점으로 인해서 충분하지 못한 경우가 많다. 따라서 기업실태를 조사해야 할 필요가 있다. 이 방법은 질적 분석의 특징을 띠고 있는데 양적 분석과 병행되어야 그 효과가 크다. 대체로 다음과 같은 여러 가지 비재무적 징후를 관찰하여야 한다.

(1) 경영자

① 외출횟수가 급증하고 행선지를 알 수 없는 경우가 많다.
② 낯선 사람의 전화나 방문이 많아진다.
③ 경영자간의 불화가 잦고 가족임원이 사임한다.
④ 대주주 또는 경영자가 보유주식을 대량으로 매각한다.

(2) 종업원

① 유능한 종업원들이 잇따라 퇴직한다.
② 기강이 해이해지고 회사분위기가 침체됨을 느낄 수 있다.
③ 경비원이나 안내양들의 행동이 불친절해진다.
④ 임금체불에 대한 항의행동이 나타난다.

(3) 생산부

① 설비가동률이 급격하게 감소한다.
② 작업환경이 지저분하고 제품불량률이 증가한다.
③ 재고품이 거의 없거나 반대로 급증하고 회사명 없는 제품도 증가한다.

(4) 영업부

① 광고횟수가 크게 감소 내지 중단된다.
② 내부거래가 급증하고 직원에 대한 강제판매를 실시한다.
③ 무리한 수주와 출혈판매, 고객에 대한 불친절 등이 나타난다.

(5) 회계부

① 회계방법의 변경, 특히 감가상각방법을 정률법에서 정액법으로 변경한다.

② 분식결산을 하고 외부감사인(공인회계사)과의 마찰을 빚는다.
③ 영업손실이나 경상손실을 특별이익으로 커버해서 순이익을 만든다.

(6) 자금부

① 주거래은행을 변경하거나 융통어음을 발행하는 등 제2금융권의 의존도가 높아진다.
② 차입이자율이 급등하고 차입금상환을 연기하는 경우가 빈발하다.
③ 자금담당직원이 하루 종일 금융기관을 돌며 외출하기 때문에 자리를 지키는 시간이 별로 없다.

제4절 부실기업의 정리

1. 부실기업처리

부실기업이 사회적으로 문제가 되는 것은 채무결제를 하지 못하여 부도가 난 이후부터라고 할 수 있다. 이러한 부실기업을 부도기업이라고 하는데 부도기업의 처리방법은 매우 다양하다.

크게는 당사자간 합의에 의한 사적 정리와 관련 법에 따르는 법적 정리로 양분할 수 있다. 당사자간 합의에 의한 대표적인 방법은 워크아웃이며 법적 정리절차를 따르는 방법으로는 화의, 법정관리, 청산 등이 있다.

그러나 경제적 관점에서는 크게 부실기업을 회생시키느냐 아니면 청산하느냐의 두 가지 방법으로 간단하게 구분된다. 여기서 회생 또는 청산의 판단기준은 기업의 존속가치와 청산가치를 비교하는 것이다. 존속가치가 청산가치보다 더 크면 기업을 회생시키는 것이고 존속가치보다 청산가치가 더 크면 기업을 청산시키는 것이다.

2. 사적 정리

일단 부도기업이 회생가능성이 있다고 판단되면 채권자들이 기업정상화를 위해 자율적인 협약으로 채무를 일시적으로 유예시켜주는데 이를 부도유예협약이라고 한다. 대개 이 때의 채권자란 은행과 같은 금융기관인 경우가 많다.

이러한 채무유예만으로 정상화되지 않으면 신규자금의 추가지원이나 출자전환과 같은 좀더 적극적인 정상화방안이 취해질 수 있다. 여기서 출자전환이란 채권자들이 원리금상환의 부담을 덜어주기 위해서 기업의 채무를 자본으로 전환시키는 것을 말한다.

부도기업의 정상화를 위한 채권자들의 이러한 자율적인 노력은 기업의 체질을 강화시키는 것이라고 해서 흔히 워크아웃(workout)이라고 부른다. 워크아웃은 법적 절차는 아니지만 이 경우 채권단은 채권단협의회를 구성하여 그 결의로 경영진의 경영권을 박탈할 수도 있다.

3. 법적 정리

부실기업의 처리와 관련된 법적 정리방법은 크게 화의, 회사정리, 청산, 세 가지로 분류할 수 있다. 실제로는 이러한 처리과정에서 M&A를 통한 제3자 인수도 가능하기 때문에 부실기업의 처리과정을 그림으로 나타내면 [그림 12-3]과 같다.

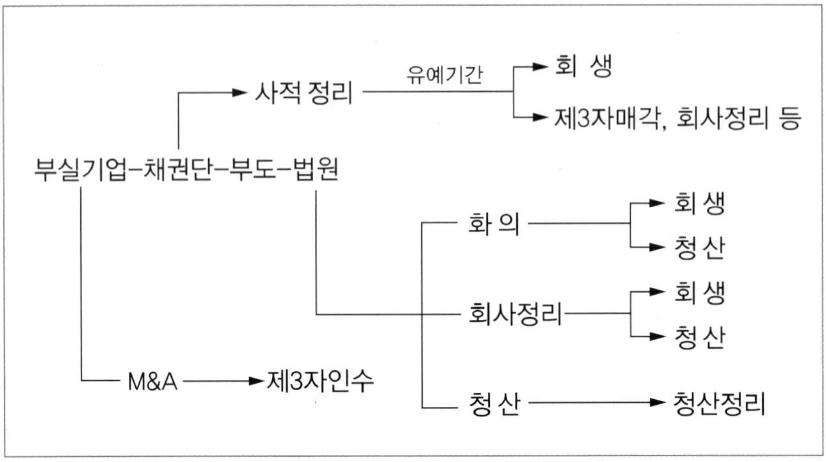

[그림 12–3] 부실기업의 처리

(1) 화의

화의에는 화의법상 화의와 파산법상 강제화의, 두 가지가 있다. 이는 부실기업이 일시적인 어려움만 넘기면 정상화가 가능하다고 판단되는 경우에 채권자와의 합의를 통해 기업을 회생시키는 제도이다. 따라서 부실기업에 대한 화의가 결정되면 주요 채권자들이 기존 기업주에게 회사정상화를 위한 여유를 주며 기존의 경영권은 그대로 유지된다.

(2) 회사정리

회사정리는 일반적으로 법정관리라는 용어로 더 알려져 있다. 이는 부도에 처한 회사를 법원이 채권자 및 주주 등 이해관계자들의 이해를 조정하면서 회생시키는 것이다. 이때에는 기업주의 주식을 소각시키며 소유권과 경영권 모두 박탈된다. 법원에서 파견된 법정관리인과 채권자들이 회사정리계획안을 수립하여 회사재건을 도모한다.

(3) 청산 또는 파산

청산은 상법에 근거하고 파산은 파산법에 근거하지만 모두 부실기업의 재산관계를 정리하여 전 채권자에게 기업의 재산을 공평하게 분배하는 것이다. 이는 청산형 절차이지만 그 절차가 시작되었어도 이후의 상황에 따라 기업회생이 가능하다고 판단되는 경우에는 회사정리나 화의와 같은 재건형 절차로의 이행이 가능하다.

이상에서 설명한 내용 중 재건형 처리방법인 워크아웃, 화의, 회사정리의 내용을 비교해서 표로 나타내면 [표 12-2]와 같다.

	워크아웃	화의	회사정리
신청권자	당해기업 및 주거래은행	채무자	당해기업, 채권자 및 주주
유예대상 채권	협약대상에 해당하는 채권 전액	무담보채권	모든 채권
주주의 권리변화	실사결과에 따라 주식소각 후 출자전환 가능	주식소각없이 주주의 권리 유지	1/2 이상의 주식을 소각
경영권의 변화	기존 경영진의 경영권박탈가능	기존 경영진의 경영권 유지	기존 경영진의 경영권소멸
중요사항의 결정	채권액의 3/4 이상의 결의로 결정	출석채권의 1/2 또는 총채권의 3/4 이상	채권액의 3/4 이상 결의 후 법원의 인가
채권상환 기간	대개 5년	회사정리와 비슷한 수준에서 결정	최장 10년

[표 12-2] 부실기업의 처리방법 비교

연습문제

선택형

1. 부실기업을 처리하는 다음의 정리절차 중에서 기존 경영진의 경영권을 박탈하게 되는 법적 조치는?
   ① 채무유예 ② 워크아웃
   ③ 강제화의 ④ 법정관리

정답 ④
해설 법정관리는 법정관리인이 경영권을 갖고 회사를 재건하는 것이다. 따라서 기존 경영진은 경영일선에서 물러나게 된다.

2. 일반적으로 기업부실은 경제적 실패, 지급불능, 파산의 세 단계로 진행된다. 경제적 부실을 가장 정확하게 설명하고 있는 것은?
   ① 투자수익률이 산업평균값보다 낮은 경우
   ② 경제적 부가가치가 음의 값을 갖는 경우
   ③ 비용이 수익을 초과하는 경우
   ④ 부채비율이 산업평균값의 1.5배 이상인 경우

정답 ②
해설 투자수익률이 자본비용보다 낮게 되면 경제적 부가가치가 음의 값을 갖게 된다.

3. 다음 중 기업부실의 시작으로 보기 어려운 것은?
   ① 총수익이 총비용보다 작은 경우
   ② 경제적 부가가치가 음의 값을 갖는 경우
   ③ 투자수익률이 동업종의 평균값보다 작은 경우
   ④ 결손누적으로 자본이 잠식된 경우

정답 ④
해설 자본잠식은 실질적 지급불능으로 기업부실이 이미 진행된 상태이다.

4. 우리나라 기업의 실패요인 중 가장 중요한 비중을 차지하고 있는 것은?

① 무리한 사업확장　② 방만한 자금관리
③ 족벌경영의 심화　④ 경영자의 비윤리성

정답 ①

해설 중요한 비중대로 순위를 열거하면 ① → ② → ③ → ④의 순서가 된다.

5. 우리나라의 중소기업들이 도산하는 유형 중에 가장 높은 비중을 차지하고 있는 것은?

① 자본부족형　② 연쇄도산형
③ 확장붕괴형　④ 방만경영형

정답 ②

해설 우리나라 중소기업은 하청업체의 형태로서 원청업체가 도산하면 함께 연쇄적으로 도산하는 특징을 갖는다.

6. 부실기업을 처리하는 과정을 열거한 것이다. 법적 정리방법이 아닌 것은?

① 채무유예　② 화의
③ 강제화의　④ 회사정리

정답 ①

해설 채무유예는 채권자들끼리 협의하여 채무상환을 유예시켜서 재건의 기회를 주는 사적 정리방법이다.

설명형

1. 재무제표에서 확인할 수 있는 기업부실의 징후에는 어떤 것들이 있는가?

2. 부실기업을 처리하는 방법 중 재건형 처리방법으로는 어떤 것이 있는지 열거하고 이들의 특징을 비교하시오.

제13장 기업부실의 예측

기업부실의 징후를 좀더 과학적으로 찾아내는 방법을 소개한다. 재무제표를 통해서 산출한 재무비율을 이용하면 좀더 체계적으로 기업부실을 예측할 수 있다. 이때에 특정한 재무비율을 하나만 이용할 수도 있고 여러 가지 재무비율을 함께 이용할 수도 있다. 하나의 재무비율을 이용하는 것을 단일변량예측모형이라고 하는데 프로필 분석과 이분류검정이 이에 해당된다. 여러 비율을 함께 이용하는 것을 다변량예측모형이라고 하며 판별분석이 대표적인 기법이다. 이들 기법에 대해서 살펴본다.

제1절 단일변량예측모형

1. 프로필분석

(1) 프로필분석이란?

비율분석의 결과로 얻게 되는 여러 가지 재무비율을 이용하여 다양한 방법을 통해서 기업부실을 예측할 수 있다. 이때에 특정한 재무비율을 개별적으로 이용해서 기업부실을 예측할 수도 있고 여러 재무비율을 함께 이용할 수도 있다. 먼저 특정한 재무비율을 개별적으로 이용하는 방법으로 프로필분석(profile analysis)을 살펴보겠다.

(2) 프로필분석의 절차

프로필분석은 비버(W.H.Beaver)에 의해 시작되었는데 특정한 재무비율의 변화추세를 통해서 어떤 기업이 부실의 신호를 보이고 있는지 관찰하는 것을 말한다. 구체적으로는 다음과 같은 절차를 따른다.

① 부실기업군과 건전기업군의 재무비율에 대한 자료를 수집해서 이 두 집단을 유의적으로 구별할 수 있는 재무비율을 선택한다. 이러한 비율로 부채비율, 총자산순이익률(ROI) 등이 자주 이용된다.

② 일단 유의적인 재무비율이 선택되면 부실기업과 건전기업의 비율을 산출해서 그 차이를 시계열자료로 정리한다. 그리고 이를 그림으로 나타내어 시각적인 확인도 병행할 수 있다.

③ 그 다음 분석대상기업의 재무비율을 시계열 추세로 나타내고 이를 일차적으로 동일한 업종의 우량기업의 시계열 추세와 비교하는 것이 좋겠다. 이를 통해서 분석대상기업의 문제점을 파악하여야 한다.

④ 분석대상기업의 재무비율을 산업평균비율의 시계열 추세와 비교할 때 만약 이로부터 크게 이탈되면 특별한 주의를 기울여야 할 것이다.

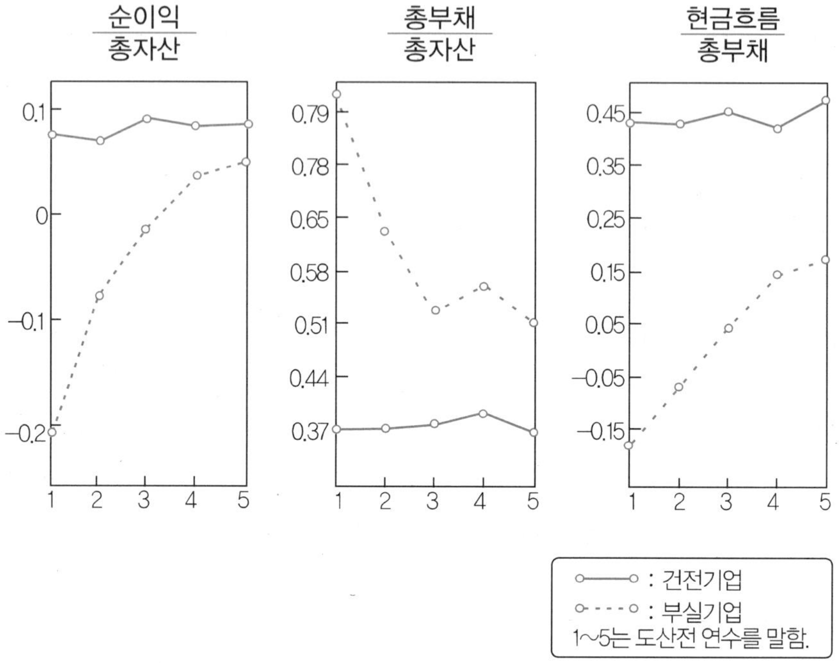

[그림 13-1] 프로필분석의 예

2. 이분류검정

(1) 이분류검정이란?

특정한 재무비율을 찾아내어 프로필분석을 적용하면 기업부실을 어느 정도 예측할 수 있다. 그러나 어느 시점에서 부실이 시작되었는지는 분석자의 주관에 따라서 달라질 수 있기 때문에 이에 대한 객관적인 근거를 확보하기가 어렵다. 이러한 문제점을 해결하기 위해 통계적 분석기법을 이용할 수 있다. 대표적인 방법이 이분류검정(dichotomous classification test)이다.

(2) 분류오류

이분류검정을 이용하려면 건전기업과 부실기업을 구분할 수 있는 분류기준이 필요하다. 가장 바람직한 분류기준은 실제로 건전한 기업을 건전기업이라고 판단하고 실제로 부실한 기업을 부실기업이라고 판단하는 것이다. 그러나 현실적으로 이러한 조건을 100% 만족시키는 기준을 설정하기는 어려운 일이다.

따라서 어떤 분류기준이든지 이를 이용할 경우 대개는 오류가 발생할 수 있는데 이에는 제1종 오류, 제2종 오류, 두 가지가 있다. 제1종 오류는 부실기업을 건전기업이라고 판단할 가능성을 말하고, 제2종 오류는 이와 반대로 건전기업을 부실기업이라고 판단할 가능성을 말한다. 이러한 내용을 표로 나타내면 다음과 같다.

예측 \ 실제	건전기업	부실기업
건전기업	정확한 분류	제1종 오류
부실기업	제2종 오류	정확한 분류

[표 13-1] 분류오류

(3) 제1종 오류와 제2종 오류

그러면 제1종 오류와 제2종 오류 중에서 어떤 것이 더 중요한가? 물론 오류를 줄이는 것이 가장 우선적인 일이지만 만약 동일한 조건이라면 제1종 오류를 제2종 오류에 비해서 더욱 피해야 한다.

부실기업을 건전기업이라고 예측해서 수행한 의사결정에서 발생한 손실은 회복할 수 없기 때문이다. 만약 건전기업으로 판단해서 투자하였는데 부실기업으로 판명되었다면 투자자금을 회수할 수 없을 것이다.

그러나 제2종 오류는 건전기업을 부실기업이라고 예측한 경우를 말하는데 이러한 경우에는 투자를 하지 않았을 것이기 때문에 이로 인한 손실은 기회손실뿐이다. 따라서 다시 다음의 투자기회를 기다릴 수 있는 것이다.

(4) 이분류검정의 절차

이분류검정을 수행하는 절차는 다음과 같이 세 단계로 구성된다. 단계별로 구체적인 내용을 살펴보겠다.

① 부실기업군과 건전기업군의 재무비율에 대한 자료를 수집해서 이 두 집단을 유의적으로 구별할 수 있는 재무비율을 선택하여 크기 순으로 배열한다.

② 선택된 재무비율을 대상으로 부실기업과 건전기업의 구분기준이 될 수 있는 최적절사점(optimal cut-off point)을 구한다. 이때에 절사점은 배열된 재무비율의 인근 두 값의 중간점을 취하고 이들 중 분류오류가 가장 적은 것을 선택하면 최적절사점이 된다.

③ 그 다음에는 별도의 표본을 대상으로 앞 단계에서 구한 절사점의 예측정확도를 검증한다. 여기서 말하는 표본은 절사점을 구할 때에 사용된 추정표본(estimation sample)과는 다른 확인표본(validation sample)을 말하는 것이다.

예제

부실기업 4개사와 건전기업 4개사의 이자보상비율에 관련된 자료를 수집하여 정리한 것이다. 이를 이용하여 최적절사점을 구하라.

분류	회사	이자보상비율
부실기업	가	4.1
	나	1.3
	다	1.7
	라	2.9
건전기업	마	2.7
	바	7.8
	사	2.8
	아	9.2

① 1단계

최적절사점을 구하기 위해서 다음과 같은 단계를 따른다. 먼저 위 재무비율을 다음과 같이 크기순서로 열거한다.

이자보상비율	실제상태
9.2	건전
7.8	건전
4.1	부실
2.9	부실
2.8	건전
2.7	건전
1.7	부실
1.3	부실

② 2단계

그 다음에는 인근 두 값의 중간값을 절사점(X)으로 하여 분류오류의 개수를 다음과 같이 측정한다. 예를 들어 설명하면 다음 표의 절사점 8.5는 9.2와 7.8의 중간값이다. ($8.5 = \frac{9.2+7.8}{2}$)

절사점	제1종 오류	제2종 오류	총오류
8.5	0	3	3
5.95	0	2	2
3.5	1	2	3
2.85	2	2	4
2.75	2	1	3
2.2	2	0	2
1.5	3	0	3

③ 3단계

최적절사점은 총오류가 가장 작은 2개인 5.95와 2.2 중에서 선택한다. 5.95는 오류가 모두 제2종 오류이고 2.2는 모두 제1종 오류이므로 경제적 손실이 더 적은 제2종 오류만 2개인 5.95를 최적절사점으로 결정한다. 즉, 이자보상비율이 5.95보다 크면 건전기업, 작으면 부실기업으로 예측하면 된다는 의미이다. 그리고 최적절사점의 분류정확도를 추정표본에서 확인해 보자. 8개의 기업을 대상으로 총오류가 2개이므로 정확도는 75%($=\frac{6}{8}\times 100$)가 된다.

제2절 다변량예측모형

1. 개 요

개별적인 재무비율에 의해서 기업부실을 예측하다보면 각 비율에 의한 평가결과가 서로 상반되게 나타날 수 있다. 예를 들어서 유동비율로 분석하면 건전기업으로 판단되는데 매출액순이익률로 분석하면 부실기업으로 판단되는 경우이다. 이런 경우에는 판단이 모호하게 되는데 이러한 문제점을 해결하기 위해서 여러 재무비율을 종합적으로 이용할 수 있다. 이렇게 부실예측에 유용하다고 판단되는 여러 개의 재무비율을 종합적으로 이용하는 모형을 다변량부실예측모형(multivariate model of distress prediction)이라고 한다.

2. 판별분석이란?

여러 재무비율을 종합적으로 이용해서 기업부실을 예측할 수 있는 대표적인 방법이 판별분석(multiple discriminant analysis : MDA)이다. 판별분석의 원리를 그림으로 파악하면 다음과 같다. 즉, 부실기업과 건전기업을 가장 잘 구분할 수 있도록 판별함수를 추정하여 이 함수를 이용해서 기업의 부실화를 예측하는 것이다.

그러나 [그림 13-2]에서도 보듯이 판별함수에 의해서 부실기업과 건전기업이 완전하게 구분되는 것은 아니다. 그림의 판별함수는 아래쪽을 부실기업으로, 위쪽을 건전기업으로 분류하고 있는데 이러한 분류에 따르면 건전기업 1개가 부실기업으로 잘못 분류되고 부실기업 2개가 건전기업으로 잘못 분류되고 있음을 볼 수 있다. 그래서 판별함수를 도출할 때에는 분류오차가 가장 작도록 해서 예측력을 높이는 것이 중요하다.

만약 재무비율을 두 개 이용해서 판별분석을 한다면 그 판별함수는 다음과 같은 형식을 갖게 된다.

$$Z = aX_1 + bX_2$$

단, Z : 특정기업의 판별점수
X_1, X_2 : 두 개의 재무비율
a, b : 판별함수의 계수

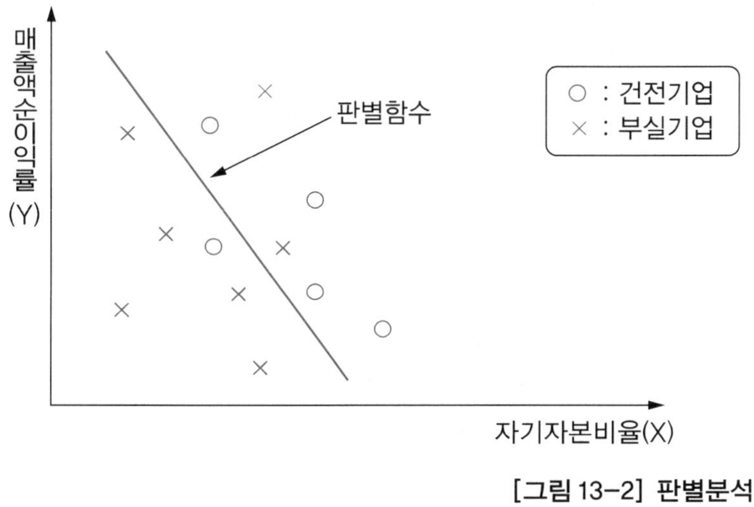

[그림 13-2] 판별분석의 예

이 모형을 이용하면 시각적으로 쉽게 이해할 수 있지만 현실적으로 두 개의 재무비율로 판별모형을 만들기는 어렵다. 모형의 예측효과를 높이기 위해서는 그 이상의 재무비율이 필요하다. 만약 재무비율을 세 개 이용해서 판별분석을 한다면 판별함수의 형태는 다음과 같게 된다.

$$Z = aX_1 + bX_2 + cX_3$$

제3절
판별분석모형의 이용

1. 미국모형

기업의 부실을 정확하게 예측하기 위해서는 무엇보다도 예측력이 높은 판별함수를 개발하는 것이 가장 중요한 작업이다. 많은 학자들과 연구기관에 의해서 여러 가지의 판별함수가 개발되어왔는데 그 중 가장 많이 이용되고 있는 몇 가지 판별함수를 소개하면 다음과 같다.

(1) Z-score Model

기업부실의 예측전문가인 미국의 알트만(E.I.Altman)이 1968년에 개발한 판별함수이다. 이 모형에서는 5개의 재무비율을 이용하는데 그 중에는 증권시장자료가 포함되어 있으므로 상장기업에 적용하기 적합한 모형이라고 할 수 있다. 구체적인 판별식은 다음과 같다.

$$Z = 0.012X_1 + 0.014X_2 + 0.033X_3 + 0.006X_4 + 0.096X_5$$

여기서 X_1 : 순운전자본/총자산
X_2 : 이익잉여금/총자산
X_3 : EBIT/총자산
X_4 : 보통주시장가치/총자산
X_5 : 매출액/총자산

여기서 각 변수는 %단위로 측정하며 판별식으로 산출된 Z값의 범위에 따라서 다음과 같이 판정한다.

Z의 범위	판 정 내 용
Z < 1.81	부실가능성이 심각
1.81 < Z < 2.99	판 정 유 보
2.99 < Z	부실가능성이 없음

[표 13-2] Z-score의 판정

이 모형을 추정표본에 대해서 적용한 결과 분류정확도가 도산 2년 전 자료의 경우에는 74%이고 도산 1년 전 자료인 경우에는 95%로 높았다.

(2) ZETA Model

이 모형 역시 알트만에 의해서 개발된 판별함수로서 1977년에 소개되었다. 7개의 재무비율을 이용하지만 증권시장자료를 사용하지 않아도 되기 때문에 비상장기업에까지 적용할 수 있어서 그 적용범위가 넓은 모형이다. 또한 앞서 소개된 Z-score Model보다 정확도가 높은 것으로 알려져 있다. 그러나 이 모형은 상업적 목적으로 개발되었기 때문에 구체적인 내용은 공개되지 않았다.

2. 우리나라 모형

(1) 한국은행모형

한국은행이 여신관리의 효율성을 높이고 정확한 기업평가를 위해서 1982년에 KAIST와 공동작업을 통해서 개발한 모형이다. 7개의 재무비율을 종합적으로 이용해서 기업부실여부를 판단한다.

(2) K-score Model

알트만이 1996년에 한국기업의 도산을 예측할 수 있도록 개발한 판별모형이다. 이 모형에서 이용되는 재무비율은 4개뿐이지만 정확도가 높기 때문에 자주 이용되고 있다. 구체적인 산출식을 소개하면 다음과 같다.

$$K1\ score = -17.682 + 1.472X_1 + 3.041X_2 + 14.839X_3 + 1.516X_4$$

여기서 X_1 : $\log_e$(총자산)
X_2 : $\log_e$(매출액/총자산), 즉 $\log_e$(총자산회전율)
X_3 : 이익잉여금/총자산
X_4 : 자기자본/총부채 (즉, 부채비율의 역수)

이 모형을 이용해서 분석대상기업을 판정하려면 먼저 위 4개의 비율을 산출식에 대입해서 K1 score값을 구해야 한다. 그리고 그 값을 다음과 같은 기준으로 판단한다.

K1의 범위	판 정 내 용
0.75 < K1	부실가능성은 없음
-2.00 < K1 < 0.75	판 정 유 보
K1 <-2.00	부실가능성이 심각

[표 13-3] K1 score의 판정

(3) K-score Model의 이용사례

이 모형을 이용해서 우리나라에서 같은 업종에 속한 건전기업과 부실기업들에 대한 결과를 살펴보겠다.

먼저 섬유업종에 속해 있는 제일모직과 경남모직에 대해서 1994년도부터 1996년도까지의 K1 score를 산출하고 이 결과에 대한 판정내용을 함께 밝히면 다음과 같다.

연　도		1994년	1995년	1996년	결과
제일모직	K1 score	0.57	0.92	1.11	1999년 현재 1부종목
	판정내용	판정유보	부실가능성없음	부실가능성없음	
경남모직	K1 score	−0.15	−0.34	−1.67	1999년 현재 관리종목
	판정내용	판정유보	판정유보	판정유보	

[표 13-4] 섬유업종의 건전기업과 부실기업

먼저 두 회사의 연혁부터 살펴본다. 제일모직은 1954년에 설립되어 1975년에 상장된 기업이다. 고품질 원료의 안정적 조달, 세계적 기술력 보유 등으로 인해서 모제품 품질경쟁력이 매우 우수한 편이다. 우수한 품질력을 바탕으로 매출증가세가 지속되었다. 1997년에는 IMF사태를 맞아서 환차손의 증가 등으로 수익구조, 재무구조가 일시적으로 악화되었으나 다시 회복추세에 있다.

반면, 경남모직은 1956년에 설립되어 제일모직과 같은 해에 상장되었다. 양모제조, 방적, 직조, 염색가공 등 일괄생산체제를 구축하고 있는 선두권 방모업체였으나 금융악화로 계열사들과 함께 부도, 1998년 창원지방법원으로부터 회사재산보전처분 결정을 맞게 되었다. 이러한 결과는 위 K1 score의 변화추세에서 충분히 예측할 수 있는 것이었음을 알 수 있다.

이외에도 전자업종, 자동차업종, 건설업종의 건전기업과 부실기업의 K1 score를 비교해서 산출한 결과를 소개하면 다음과 같다.

연　도		1994년	1995년	1996년	결과
삼성전자	K1 score	9.57	12.25	11.05	1999년 현재 1부 종목
	판정내용	부실가능성 없음	부실가능성 없음	부실가능성 없음	
해태전자	K1 score	−0.19	0.03	−0.69	1999년 현재 관리종목
	판정내용	판정유보	판정유보	판정유보	

[표 13-5] 전자업종의 건전기업과 부실기업

연 도		1994년	1995년	1996년	결과
현대자동차	K1 score	0.82	1.04	1.27	1999년 현재 1부 종목
	판정내용	부실가능성 없음	부실가능성 없음	부실가능성 없음	
기아자동차	K1 score	−1.81	−14.06	−13.95	현대자동차로 편입
	판정내용	판정유보	부실가능성 심각	부실가능성 심각	

[표 13-6] 자동차업종의 건전기업과 부실기업

연 도		1994년	1995년	1996년	결과
현대건설	K1 score	0.70	0.84	1.00	1999년 현재 1부 종목
	판정내용	판정유보	부실가능성 없음	부실가능성 없음	
극동건설	K1 score	−0.65	−0.52	−0.45	1999년 현재 관리종목
	판정내용	판정유보	판정유보	판정유보	

[표 13-7] 건설업종의 건전기업과 부실기업

3. 판별분석의 이용분야

판별분석은 지금까지 설명한 것과 같이 주로 어떤 기업에 대한 재무분석을 통해서 부실화의 가능성을 판단하는데 이용된다. 그러나 이외에도 다음과 같은 경우에도 유용하게 이용된다.

(1) 금융기관의 신용평가

판별분석은 금융기관에서 거래대상기업이나 개인에 대한 신용평가, 소비자금융 및 신용카드신청에 대한 평가에 이용된다. 따라서 기업 및 개인의 기초자료가 전산화되어 있다면 이 방법은 크게 도움이 된다.

(2) 기업의 내부통제

판별분석은 기업의 내부통제에도 이용된다. 즉, 경영자는 사업부나 자회사 등을 분석하고 재무상의 문제점을 발견하여 이를 개선하기 위해 필요한 조치를 취할 수 있다.

(3) 채권등급평가

미국의 무디스(Moodys)와 스탠더드앤푸어스(Standard & Poor′s), 영국의 피치(Fitch)와 같은 국제적 신용평가기관이나 우리나라의 한국신용평가(주), 한국신용정보(주), 한국기업평가(주) 등이 특정기업이 발행한 채권에 대해서 원금과 이자를 상환하지 못할 가능성을 평가하는데 이때에도 이러한 판별분석기법이 이용될 수 있다.

4. 판별분석의 유용성과 한계점

(1) 유용성

판별분석이 여러 분야에서 다양하게 사용되고 있는 것은 이 모형이 갖는 유용성 때문이다. 그 유용성을 나열하면 다음과 같다.

첫째, 판별분석은 단편적인 것이 아니라 여러 재무지표를 이용한 종합적 평가기법이라는 점이다.

둘째, 주관적 요소를 임의로 반영할 수 없기 때문에 객관적 분석이 가능하다.

셋째, 분석대상기업의 부실가능성을 신속하게 파악할 수 있다.

(2) 한계점

판별분석의 유용성이 크지만 다음과 같은 한계점도 있다. 따라서 판별분석을 이용할 때에는 이러한 점을 고려해야 한다.

첫째, 판별분석에 이용하는 독립변수들이 분석자에 따라서 서로 다르다는 것이다. 이는 결국 독립변수의 도입에 일치된 이론적 근거가 없다는 점을 반증하는 것이 된다.

둘째, 독립변수의 종류나 중요도가 분석시점에 따라서 부실예측에 영향을 미치는 정도가 달라진다는 점이다.

셋째, 독립변수의 분포에 대해서 정규분포를 가정한다. 그러나 실제분포는 이와 다를 수 있다.

2004년 4월 16일 중앙일보

은행들 이번엔 '中企 워크아웃'

일시적 자금압박 업체들 채무 재조정 나서

내수 경기 침체가 장기화하면서 중소기업의 자금난이 위험수위에 이르자 은행권이 부실 중소기업에 대한 채무재조정에 나서고 있다. 사업성은 있으나 일시적으로 자금압박에 처한 중소기업을 골라 이자를 깎아주고 대출기간을 연장해줘 부도를 면할 수 있게 해준다는 것이다.

15일 은행권에 따르면 국민은행은 대출규모가 10억원 이상인 중소기업 가운데 회생 가능성이 있는 업체를 골라 내부 워크아웃(기업개선작업) 제도를 전국 영업점으로 확대 시행키로 했다. 채무 재조정과 이자 감면 등을 골자로 한 정상화 지원약정을 맺고 정기적으로 사후관리를 하는 방식이다. 국민은행은 2001년부터 이 제도를 제한적으로 도입했으나 올 들어 중소기업의 연체율이 급등하자 내부 워크아웃 실적을 각 지점의 업적 평가에 반영키로 하는 등 적극적으로 중소기업 채무 재조정에 나서고 있다.

국민은행 이옥원 홍보팀장은 "올해 의류·섬유·정보기술 업종을 중심으로 40개 이상의 업체에 대해 내부 워크아웃을 적용할 계획"이라며 "국민은행 외에 다른 은행 대출이 많은 중소기업은 시중은행들과 채권금융기관협의회를 구성해 공동으로 워크아웃을 추진하는 방안도 검토하고 있다"고 설명했다.

조흥은행은 지난 13일 '기업회생 지원팀'을 구성해 일시적 자금난에 몰린 중소기업들을 직접 방문해 채무 재조정과 출자전환, 자금지원을 해주는 내부 워크아웃제도를 도입하기로 했다. 조흥은행은 이를 위해 대출규모 50억원 이상인 기업을 대상으로 영업력, 사업성, 사업주의 의지, 차입금 규모 등을 따져 지원대상 업체를 고를 계획이다.

우리은행은 대출규모 5억원 이상인 중소기업 가운데 1200여개를 대상으로 사업성과 장래성을 따져 대출이자를 깎아주고 원리금 상환 없이 대출기간을 연장해주는 한편 필요에 따라 신규자금도 지원해주는 '프리 워크아웃' 제도를 도입했다. 신한·하나은행도 대출금을 연체 중인 중소기업 가운데 회생 가능성이 큰 업체를 발굴해 대출이자 경감과 채무재조정, 신규자금 지원을 해주는 사전 워크아웃을 도입키로 했다.

기업은행은 지난해 여신거래 규모 30억원 이상인 중소기업을 대상으로 실시한 '간이 워크아웃 제도'를 확대하는 방안을 검토 중이다.

금융연구원 이명활 연구위원은 "내수 경기의 침체와 조류 독감 등의 영향으로 내수 의존도가 높은 중소기업들의 자금난이 심화되고 있다"며 "중소기업의 대량 부실화가 표면화할 경우 개인 신용불량자 문제만큼 금융시장에 미칠 파장이 크기 때문에 은행과 정부가 대책 마련에 나서야 한다"고 말했다.

정경민 기자
jkmoo@joongang.co.kr

연습문제

진위형

1. 기업부실을 예측하는 과정에서 나타날 수 있는 1종 오류와 2종 오류 중 금융기관의 입장에서 더 경계해야 할 것은 2종 오류이다. (　)
2. 프로필분석이란 여러 가지 재무비율을 종합적으로 이용하여 부실기업을 예측하는 기법이다. (　)
3. 판별분석이란 다변량예측기법 중의 하나이다. (　)

정답 1. × 2. × 3. ○

선택형

1. 다음은 기업부실의 예측과정에서 나타날 수 있는 상황을 표로 작성한 것이다. 빈 칸을 바르게 표현한 것은?

예측＼실제	건전기업	부실기업
건전기업	정확한 예측	A
부실기업	B	정확한 예측

① A, B 모두 제1종 오류
② A는 제1종 오류, B는 제2종 오류
③ A는 제2종 오류, B는 제1종 오류
④ A, B 모두 제2종 오류

정답 ②

2. 프로필분석에 대한 설명이다. 잘못된 것은?

① 분석의 첫 단계는 부실기업군과 건전기업군을 유의적으로 구분할 수 있

는 재무비율을 구하는 것이다.
② 이분류검정보다 더 객관적인 판단을 할 수 있다.
③ 우량기업의 재무비율의 시계열추세와 비교하면 좋다.
④ 산업평균비율의 시계열추세와 비교하면 좋다.

정답 ②
해설 프로필분석은 이분류검정의 일종이라고 할 수 있다.

3. 기업부실을 예측하는 판별모형에 대한 설명이다. 바른 것은?
① 판별모형은 회계처리방법이 다른 경우에도 유효하게 이용할 수 있는 것이 장점이다.
② 최적판별모형을 도출하는 기준은 이론적 근거가 명확한 편이다.
③ 분석자의 주관이 개입될 여지가 없다.
④ 재무비율을 개별적으로 이용해서 예측력을 높일 수 있다.

정답 ③
해설 판별모형은 관련변수를 대입하면 결과가 나오는 것으로 분석자의 주관이 개입되지 않는다.

4. 기업부실을 예측하는 과정에서 나타날 수 있는 오류를 설명한 것이다. 잘못된 것은?
① 1종 오류와 2종 오류가 있다.
② 1종 오류는 기회비용과 관련된 것이다.
③ 부실예측모형은 1종 오류가 가장 작도록 설정해야 한다.
④ 대출담당자가 더 경계해야 할 것은 1종 오류이다.

정답 ②
해설 기회비용과 관련된 것은 2종 오류이다.

5. 기업부실을 예측하는 과정에서 발생할 수 있는 오류에 대한 설명이다. 올바른 것은?
① 제2종 오류란 부실기업을 건전하다고 예측하는 것이다.
② 단일변량예측모형에서 최적절사점이란 제1종 오류를 최소화시키는 점이다.

③ 제2종 오류에 따른 손실은 일종의 기회비용과 같은 것이다.
④ 위에는 답이 없다.

정답 ③

해설 2종 오류는 건전기업인데도 대출을 해주지 않는 것이므로 대출수익을 올리지 못한 기회비용을 초래하는 것이다.

6. X축에 부채비율, Y축에 ROI를 나타내고 판별분석을 하였다. 이 판별함수의 형태에 대해서 올바르게 설명하고 있는 것은?
① 우상향하는 형태이다.
② 우하향하는 형태이다.
③ 이 함수의 우측에 표시된 기업이 건전기업이다.
④ 위에는 답이 없다.

정답 ①

해설 건전기업은 X값(부채비율)이 작고, Y값(ROI)이 크므로 좌상에 위치하고 부실기업은 반대로 우하에 위치한다. 따라서 이 두 그룹을 나누는 판별함수는 우상향하는 형태를 갖게 된다.

7. 기업부실의 예측전문가로 알려져 있는 사람은?
① Miller ② Markowitz ③ Sharpe ④ Altman

정답 ④

8. 판별분석모형을 개발된 시대적 순서대로 바르게 연결한 것은?
① Z-score Model → ZETA Model → 한국은행모형 → K-score Model
② ZETA Model → Z-score Model → 한국은행모형 → K-score Model
③ Z-score Model → ZETA Model → K-score Model → 한국은행모형
④ Z-score Model → K-score Model → 한국은행모형 → ZETA Model

정답 ①

설명형

1. 기업부실을 예측하는 기법으로 이분류검정기법과 판별분석기법을 비교해서 설명하시오.

2. 현재까지 개발된 판별분석모형을 아는 대로 열거하고 각각의 특징을 설명하시오.

제14장 신용분석

신용불량자가 사회문제로 대두되면서 신용분석의 중요성은 더욱 증대되고 있다. 신용분석이란 은행이 대출을 하면서 대출신청자의 신용위험을 분석하는 것이다. 이를 통해서 대출여부는 물론이고 대출규모와 대출조건을 결정하는 것이 신용분석의 주된 과제가 된다. 제14장에서는 대출과정과 신용평가의 내용을 살펴보고 구체적인 신용분석기법으로 비율분석, 지수법, 판별분석, 그리고 신용평점제도 등에 대해서 설명한다.

제 1 절 신용분석의 개요

1. 신용분석이란?

신용분석(credit analysis)이란 은행과 같은 금융기관에서 대출신청을 받았을 때에 대출신청자의 신용도를 평가하는 것이다. 금융기관이 예금을 받는 것은 수신이라고 하고 대출을 해주는 것은 여신이라고 하기 때문에 신용분석은 주로 여신결정과 관련된 업무가 된다.

신용분석은 대출신청자의 신용도를 평가하여 단순히 대출여부를 결정하는 것뿐만 아니라 대출을 해준다고 할 때에 대출규모, 대출조건 등을 결정하는 것까지 포함한다.

2. 신용분석의 성격과 효과

(1) 신용분석의 성격

본래 신용분석은 담보나 보증이 없는 상태에서의 대출결정을 다루는 것이다. 만약 기업이 대출을 받는데 회사가 보유하고 있는 토지를 담보로 제공해야 한다면 토지가치를 평가해서 대출을 해주고 개인이 대출을 받는데 보증이 필요하다면 보증인의 재산상태를 평가해서 대출을 해주면 될 것이다. 엄밀한 의미에서 신용분석은 대출신청인의 신용만을 보고 대출을 하는 신용대출의 경우를 다루는 것이기 때문에 담보대출이나 보증대출에서는 신용분석의 중요성이 감소될 것이다.

(2) 신용분석의 효과

대출신청자에 대한 정확한 신용분석에 따라서 대출이 이루어진다면 다음과 같은 경제적 효과를 얻을 수 있다.

① 마구잡이식 대출로 발생할 수 있는 부실채권을 감소시킬 수 있다. 이는 결국 은행의 재무적 건전성을 높이는 결과를 가져다준다.
② 대출신청자의 신용도에 따라서 대출조건이 달라짐으로써 은행의 자산운용방법이 합리적으로 이루어질 수 있다. 즉, 대출포트폴리오의 효율적 구성이 가능하게 된다.
③ 대출신청자의 신용도에 따라서 차별적인 금리수준과 대출조건이 적용된다면 경제전체의 관점에서 자금의 효율적 배분이 이루어져서 낭비적 요소가 감소된다.

제2절 대출결정과 신용평가

1. 대출과정

대출신청을 접수한 후 대출을 해주고 이를 회수하기까지의 과정은 크게 세 단계로 구분된다. 1단계는 대출승인과정, 2단계는 사후관리과정, 3단계는 대출종결과정이다. 구체적인 내용은 다음과 같다.

(1) 1단계 대출승인

1단계 대출승인과정(loan approval process)에서는 우선 대출신청에 대해 신용평가를 수행하는 것을 말한다.

여기서 신용평가란 구체적으로 신용위험을 평가하는 것으로 흔히 대출심사라고 한다. 그리고 그 결과에 따라서 대출여부 및 대출조건을 결정하는 것을 말한다.

(2) 2단계 사후관리

2단계 사후관리과정(monitoring process)이란 이미 이루어진 대출금을 대출조건의 준수정도에 따라서 유형별로 분류하여 관리하는 것을 말한다.

흔히 이자회수가 대출약관에 따라 제대로 이루어지면 정상여신, 이자와 원금회수에 문제가 있으면 부실여신으로 구분한다. 이 단계에서는 부실여신에 대한 효과적 관리가 가장 중요한 과제가 된다.

금융기관이 대출금을 분류하는 기준과 내용은 대체로 다음과 같다.

여신의 분류	분 류 기 준
정상여신	이자 및 원금 회수가 정상적으로 이루어지는 채권
요주의여신	연체된 기간이 3개월 이내의 채권
고정여신	3개월 이상 연체되었으나 담보를 확보하여 회수가능성이 있는 채권
회수의문여신	아직 손실규모가 확정되지 않았으나 떼일 위험이 높은 채권
추정손실여신	회수가능성이 없는 것으로 확정된 채권

[표 14-1] 여신의 분류

국제통화기금(International Monetary Fund : IMF)과 선진금융국들은 위에서 3개월 이상 연체된 고정이하여신을 부실여신으로 분류하고 여기에서는 수익이 발생하지 않기 때문에 무수익여신(non performing loan)이라고도 부른다.

(3) 3단계 대출종결

3단계 대출종결과정(termination process)에서는 정상여신의 경우 만기에 완전회수하거나 만기를 연장하여 고객과의 관계를 유지할 수 있다. 이와 반대로 회수불능대출금에 대해서는 부실채권으로 싼 값에 매각처리하거나 대손처리하고 고객과의 관계를 정리하게 된다.

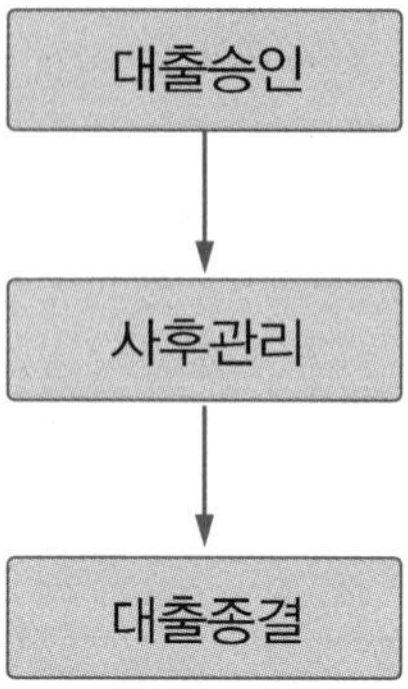

[그림 14-1] 3단계의 대출과정

2. 신용평가

(1) 신용위험

신용평가는 대출과정에서 가장 중요한 기능이다. 이는 대출신청자에 대한 신용위험을 평가하는 것인데 신용위험을 결정하는 요소는 다음과 같은 다섯 가지가 있다. 흔히 머릿글자를 따서 5C라고 표현하는데 각 요소가 의미하는 바는 다음과 같다.

① 인격(character)

차입자의 성실성이나 상환의지를 말한다. 차입자의 과거 대출기록과 평판, 차입자와의 면담을 통해서 파악할 수 있다.

② 능력(capacity)

차입자가 실제로 빚을 갚을 능력이 있는가를 의미한다. 기대되는 현금유입에서 현금유출을 차감한 순현금유입의 크기로 평가할 수 있다.

③ 자본(capital)

차입자의 현재 재산상태를 의미한다. 즉, 축적된 부가 충분하다면 ②에서 말하는 미래소득이 다소 부족해도 상환능력이 있다고 볼 수 있다.

④ 담보(collateral)

차입자가 자신의 대출에 대해서 담보로 제공하는 자산이 얼마의 가치를 갖는가를 말한다. 이에 대한 평가는 보증인의 재산상태로 대신하기도 한다.

⑤ 여건(conditions)

미래에 예상되는 경제상황을 말한다. 경기불황이 될 경우에도 차입자의 상환능력에 이상이 없는가를 체크하는 것이다.

(2) 신용위험과 대출금리

신용위험은 곧 채무불이행가능성과 같다. 따라서 신용위험에 따라서 대출에 적용될 금리는 달라지게 된다. 대개 신용위험이 낮은 대출자에게는 낮은 금리를 적용하고 신용위험이 큰 대출자에게는 높은 금리를 적용한다. 구체적으로 신용위험과 적용금리의 관계를 보자.

채무불이행위험이 없는 차입자에게 적용되는 금리를 R이라고 하면 채무불이행확률이 d인 차입자에게 적용되는 대출금리 R^*는 다음과 같다.

$$R^* = \frac{1+R}{1-d} - 1$$

예를 들어 어떤 기업이 은행에 대출신청을 하였는데 은행은 이 기업의 채무불이행가능성을 5%로 평가하였다고 하자. 현재 채무불이행가능성이 없는 차입자에게 적용되는 무위험 대출금리가 10%라고 할 때에 은행이 이 기업의 대출금에 적용할 대출금리는 다음과 같이 15.8%가 된다.

$$R^* = \frac{1+0.1}{1-0.05} - 1 = 0.158(15.8\%)$$

식의 구조를 보면 알겠지만 채무불이행가능성이 높으면 그만큼 신용위험이 높은 것인데 이 경우 대출에 적용될 금리는 더 높아지게 된다. 그리고 어떤 기업의 대출금리를 보면 은행이 그 기업의 채무불이행가능성을 얼마로 평가하고 있는지도 알 수 있다.

예 제

무위험금리가 10%라고 할 때에 어떤 기업의 대출금리가 29.4%라고 하자. 은행은 이 기업의 채무불이행가능성을 얼마로 보고 있는 것인가?

채무불이행확률에 따른 대출금리는 다음 식으로 산출된다.

$$R^* = \frac{1+0.1}{1-d} - 1 = 0.294$$

$$\therefore\ d = 0.15$$

즉, 은행은 이 기업의 채무불이행확률 d를 15%정도로 평가하고 있음을 알 수 있다.

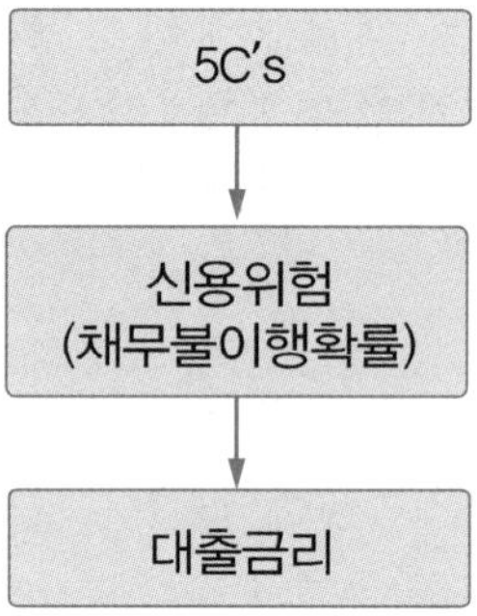

[그림 14-2] 신용평가와 대출금리의 결정

제3절 신용분석기법

1. 비율분석과 판별분석

(1) 비율분석과 지수법

비율분석은 내용이 간단하고 적용하기 편하여 가장 많이 이용되는 기법이다. 비율이 갖는 특성에 따라서 안전성비율, 활동성비율, 수익성비율, 성장성비율 등으로 분류하는데 대체로 채무상환능력을 나타내는 안전성비율을 중요하게 고려하는 경우가 많다.

단일비율로 복합적인 기업을 평가하는 데에는 그 한계가 있다. 여러 가지 비율들을 종합해서 그 결과를 지수화하여 기업을 평가하는 방법을 지수법이라고 한다. 지수법을 이용하면 단일비율로 기업을 평가할 때 부닥치는 이러한 한계점을 극복할 수 있다. 이는 중요도에 따라서 재무비율의 선정과 가중치를 조정하면서 탄력적으로 적용할 수 있는 방법이다.[1)]

(2) 이분류검정과 판별분석

이분류검정과 판별분석은 모두 기업부실의 예측에 사용되는 기법이다. 그러나 이는 신용분석에서도 유용하게 활용된다. 단일재무비율을 이용하는 이분류검정은 내용이 단순하지만 서로 다른 비율이 서로 다른 평가결과를 가져다줄 수 있다.

판별분석은 이러한 한계를 극복하기 위해서 판별함수를 이용하는 종합적 평가기법이라고 할 수 있다. 이들의 관계는 마치 비율분석과 지수법의 관계와 같다고 하겠다.[2)]

1) 자세한 내용은 제2부 비율분석을 참조하기 바람.
2) 자세한 내용은 제13장 기업부실의 예측을 참조하기 바람.

2. 신용평점제도

(1) 신용평점제도란?

많은 금융기관들이 나름대로의 평가항목을 개발해서 차입자에 대한 각 항목의 평가결과를 점수로 매긴 후 그 점수를 이용하여 대출결정에 이용하는데 이를 신용평점제도(credit scoring system)라고 한다.

(2) 적용절차

신용평점제도를 적용하는 절차는 다음과 같이 다섯 단계로 구분할 수 있다.

첫째, 기업의 우량, 불량을 구별할 수 있는 평가요소를 선정한다.
둘째, 선정된 평가요소를 몇 단계로 나누고 단계별로 점수를 부여한다.
셋째, 평가요소별로 중요성을 고려하여 가중치를 부여한다.
넷째, 평가요소별 점수에 가중치를 곱하여 최종점수를 산출한다.
다섯째, 최종점수를 이용해서 대출여부와 대출조건을 결정한다.

(3) 평가요소

신용평점제도에서 선정하는 평가요소는 양적 요소뿐만 아니라 질적 요소까지 포함시킬 수 있다. 따라서 이는 앞서 설명한 신용분석기법으로 비율분석과 지수법, 그리고 이분류검정과 판별분석 등의 방법에 비해서 신용평점제도가 갖는 장점이라고 할 수 있다.

신용평점제도에서 선정하는 주요 평가요소를 양적 평가요소와 질적 평가요소로 구분해서 열거하면 다음과 같다.

① 양적 평가요소

-안전성, 활동성, 수익성, 성장성 등 각종 재무비율

② 질적 평가요소

-기업의 역사, 경영자의 경영능력, 사업전망, 노사관계, 시장점유율, 금융기관과의 관계, R&D투자와 인력 등

3. 신용평가표

(1) 신용평가표의 도입

우리나라에서는 한국은행이 1979년에 처음으로 〈기업체종합평가표〉라는 신용평가표를 만들어서 각 금융기관이 이를 이용하도록 하였다. 그러나 금융기관들의 신용분석기법이 향상되면서 1995년부터 각 금융기관들은 독자적으로 개발한 신용평가표를 이용하게 되었다.

은행연합회는 한국은행과 함께 〈중소기업신용평가표〉를 만들어서 사업전망은 양호하지만 담보가 부족하거나 재무상태가 우량하지 못한 중소기업도 자금을 쉽게 조달할 수 있도록 하였다.

(2) 신용평가표의 예시

구체적으로 기업에 대한 신용평가표와 개인에 대한 신용평가표를 제시하고 그 내용에 대해서 살펴보자.

① 중소기업신용평가표

〈중소기업신용평가표〉와 이를 이용한 신용평가사례를 [표 14-2]에 제시하였다. 표에 나타나듯이 평가항목은 크게 업종별평가항목과 공통평가항목으로 양분되어 있는 것을 알 수 있다.

업종별평가항목은 양적 평가요소를 말하는데 5개군의 특성별 비율로 구성되어 있다. 구체적으로는 안정성(자기자본비율, 고정장기적합률, 당좌비율, 차입금의존도), 수익성(총자산경상이익률, 매출액영업이익률, 매출액대비금융비용비율), 활동성(총자산회전율, 영업자산회전율), 생산성(총자본투자효율, 부가가치율), 성장성(유형자산증가율, 매출액증가율)을 평가하고 있다.

그리고 공통평가항목은 질적 평가요소로서 역시 5개군의 특성을 측정하고 있다. 사업성(성장전망, 시장성 등), 경쟁력(인력개발, 가격경쟁력 등), 경영능력(경영자의 능력, 노사관계 등), 신뢰성(은행거래, 기업연혁, 규모 등), 기타항목(신용위험, 금융규제 등)을 평가하는 비재무항목들루 구성되어 있다. 공통평가항목은 질적 평가요소이기 때문에 주관적 판단

외부감사대상 건설업(공통평가 : 광 · 제조 · 건설업)

팀원	팀장	부점장

중소기업 신용평가표

고객번호 : 업체명 :
작성일자 : 유효기일 : 2005.09.30 산업분류 : F46112 (NO. 38)
결산년도 : 기업분석실 부점장

구 분		평 가 항 목	평 가 기 준	배 점	영업점		본 부	
업종별 평가항목	안정성	자기자본비율	33.8%	6	D	2.4	D	2.4
		고정장기적합률	73.7%	3	E	0.6	E	0.6
		당좌비율	74.1%	4	D	1.6	E	0.8
		차입금의존도	15.4%	6	C	3.6	C	3.6
	수익성	총자산 경상이익률	2.3%	7	D	2.8	E	1.4
		매출액 영업이익률	1.5%	4	E	0.8	E	0.8
		금융비용 / 매출액	1.4%	7	D	2.8	D	2.8
	활동성	총자산회전율	2.82회	5	B	4.0	C	3.0
		영업자산회전율	5.1회	4	C	2.4	C	2.4
	생산성	총자본투자효율	100.9%	4	B	3.2	C	2.4
		부가가치율	35.8%	4	B	3.2	C	2.4
	성장성	유형자산증가율	193.2%	2	B	1.6	A	2.0
		매출액증가율	전기(음) 당기(양)%	4	C	2.4	C	2.4
공통평가항목	사업성	성장전망	3.9%	2	D	0.8	E	0.4
		수익전망	1.7%	2	E	0.4	E	0.4
		시장성	양 호	5	A	5.0	B	4.0
		미래 현금 흐름	4.2%	2	C	1.2	C	1.2
		업종유망성	양 호	2	B	1.6	B	1.6
	경쟁력	인력개발	양 호	2	B	1.6	B	1.6
		기술개발 및 품질혁신	양 호	4	B	3.2	B	3.2
		정보화기반	매우양호	1	A	1.0	A	1.0
		가격경쟁력	불 량	2	D	0.8	E	0.4
		국제경영력	보 통	2	C	1.2	C	1.2
	경영능력	경영자의 경영능력	매우양호	4	A	4.0	A	4.0
		노사관계	양 호	2	B	1.6	B	1.6
		근로조건 및 복지수준	양 호	1	B	0.8	B	0.8
	신뢰성	은행거래 신뢰도	매우양호	3	A	3.0	A	3.0
		세평	매우양호	2	A	2.0	A	2.0
	기타항목	업력	19년	2	A	2.0	A	2.0
		규모	83,339백만원	2	A	2.0	A	2.0
		기업군신용위험(감점)	해당사항없음	(-3)	A	0.0	A	0.0
		기타신용위험(감점)	해당사항없음	(-3)	A	0.0	A	0.0
		금융규제(감점)	해당사항없음	(-4)	A	0.0	A	0.0
신용평가표결과					( )		(57.4)	
중소기업 건전도평가			건전도 : 89.8%(A2급)					
(결산일자 2003. 12. 31)			건전도 가감점수(±10) : 8.0점					
종합 신용 평가			신용등급 : BB+ 신용평점 : 60					

작성자(과장) : (인) 확인자(선임심사역) : (인)
(재심일자 : 2004. 10. 07 본부(과장) :)

[표 14-2] 중소기업신용평가표

이 개입될 가능성이 높다. 따라서 이를 좀더 객관화시키기 위해서 구체적인 검토작업을 수행할 수 있는 검토표를 활용한다. 상세한 검토표의 내용은 부록에 제시하였다.

이 기업에 대한 평가내역을 보면 1차적으로 은행지점(영업점)에서 평가하였고 2차적으로 본점(본부)에서 평가한 것을 알 수 있다. 은행지점에서 평가한 결과 신용평점은 60점이었으나 약간의 수정을 거쳐서 본점은 57.4점으로 평가하고 있다. 이 점수가 최종적으로 이 기업에 대한 대출여부와 대출조건을 결정하는 근거가 되는 것이다.

② 개인신용평가표

IMF관리체제가 시작된 이후 장기적인 불황으로 수많은 신용불량자들이 생겨나 사회적 문제가 되었다. 개인의 신용도를 정확하게 평가하지 않고 무분별하게 신용카드를 발급한 카드사에도 많은 책임이 있다고 할 수 있다.

[표 14-3]에 제시되어 있는 신용평가표는 카드회사에서 개인회원에 대한 신용평가를 목적으로 이용하는 것이다. 평가항목은 크게 인적정보, 신용정보, 거래정보, 세 가지로 구성되어 있는 것을 알 수 있다. 인적정보는 본인의 직장과 재산상태를 분석하는 것이고, 신용정보는 신용상태를 분석하는 것이다. 그리고 거래정보는 금융기관실적을 통해서 신용위험을 분석하는 것이다.

개인신용평가표를 기업에 대한 신용평가표와 함께 각각의 구성요소별로 비교해보는 것도 의미있는 일이 될 것이다.

개인회원 신용평가표

(심사기준표 겸용)

(년 월 일)

팀 원	대리급팀원	팀 장	영업점장

CSS관리번호		등록영업점		조회영업점	

1. 인적정보

신상	성 명		주민등록번호		생년월일		신용구분
	자 택 주 소				전화번호		
	주 거 구 분		주거형태		결혼여부		결혼기념일
직장	직 장 주 소				전화번호		
	직 업 구 분		직장명(상호)		근 무 부 서		직 위
	입사(개업)년월일		직 무 구 분		고 용 형 태		직업/직위코드
	전 직 장 명		퇴직시직위코드		전직장재직년수	년 개월	퇴 직 년 월	년 월
재산	근로/사업소득	만원	재산/토지세납부액	만원	종 합 소 득 세 납 부 액	만원
	주택소유구분		자 가 용 소 유		캠 페 인 코 드	
기타	가정주부가 배우자(남편)의 신용으로 신청하는 경우 남편의 성명 및 주민등록번호					
	신청인이 사업소득자(자영업자)인 경우 당행 기업카드 발급여부 및 이용한도액					

2. 신용정보

불량등록총건수	미해제불량건수	신용개설총건수	신용조회총건수	할부판매/금융조회총건수
건	건	건	건	건
불량등록총금액	미해제불량금액	90일내 신용개설건수	90일내 신용조회건수	60일내할부/금융조회건수
천원	천원	건	건	건

3. 거래정보

여·수신 평잔(전월말)		여·수신 및 보증잔액(전월말)		부수거래 및 연체상황		타행대출 및 복수카드 현황(1개월)	
총수신 6개월평잔	천원	총수신 잔액	천원	최근1년간 지로이체	천원	타행 총대출금액	천원
요구불 6개월평잔	천원	요구불 잔액	천원	최근1년간 급여이체금액	천원	타행 대출건수	건
저축성 6개월평잔	천원	저축성 잔액	천원	최근1년간 대출연체일수	일	복수카드 보유수	개
신 탁 6개월평잔	천원	신 탁 잔액	천원	최근1년간 대출연체금액	천원	복수카드 신용구매액	천원
총여신 6개월평잔	천원	총여신 잔액	천원			복수카드 현금서비스액	천원
		총보증 잔액	천원			복수카드 연체금액	천원

※복수카드는 4매이상인 경우임

4. 평가결과(시스템 판정)

승 인 여 부		회원 및 신용등급	등급	신 용 평 점	
총 한 도 등 급	등급	총 한 도	만원	현금서비스한도	만원
카드 유효기한		심사 및 거절사유			

5. 영업점 의견

특 인 사 유			
추천자	직원번호 :	성명 :	(인)

※특인 사유는 구체적으로 기입하되, 특인 해당사유 모두 기재.

회원자격확인〈담당책임자 또는 권유자(징구서류 생략인 경우)〉	자격적용 : (적용내용 :) 자격 확인자 직 : 성명 : (인)	본인확인〈권유자〉	직원번호 : 성명 : (인)	자격확인서류 징구생략〈권유자〉	확인일시 : 확인방법 : 확인상대방 : 확인내용 : 직원번호 : 성명 : (인)

[표 14-3] 개인신용평가표

연습문제

진위형

1. 본래 신용분석은 담보나 보증이 없는 상태에서 대출결정을 다루는 것이다. (　)

2. 신용평가표에서 신용평점을 결정하는 것은 양적 요소뿐만 아니라 질적 요소까지 포함된다. (　)

정답 1. ○ 2. ○

선택형

1. 대출과정을 세 단계로 구분할 때에 단계별 순서가 알맞은 것은?
① 대출승인 → 사후관리 → 대출종결
② 대출승인 → 대출종결 → 사후관리
③ 사후관리 → 대출승인 → 대출종결
④ 대출종결 → 대출승인 → 사후관리

정답 ①

2. 대출종결의 단계에서 나타날 수 있는 현상이 아닌 것은?
① 대출만기를 연장한다.
② 대출원금을 회수한다.
③ 고객과의 관계를 정리한다.
④ 이자회수가 제대로 이루어지는지 점검한다.

정답 ④
해설 이자회수여부를 체크하는 것은 사후관리단계이다.

3. 다음 중 무수익여신만을 묶은 것은?

① 요주의, 고정　　② 고정, 회수의문
③ 추정손실, 정상　　④ 요주의, 회수의문

정답 ②

해설 무수익여신은 고정이하여신을 의미하는데 이에는 고정, 회수의문, 추정손실여신이 있다.

4. 다음 중 신용위험을 결정하는 요소가 아닌 것은?

① 인격　　② 능력　　③ 배경　　④ 여건

정답 ③

해설 신용위험의 결정요소 5C에는 인격(character), 능력(capacity), 자본력(capital), 담보력(collateral), 여건(condition) 등이 있다.

5. 어떤 사람이 은행에 대출신청을 하였는데 은행에서는 이 사람의 채무불이행가능성을 5%로 평가하였다. 채무불이행가능성이 없는 VIP고객에게 적용되는 금리가 5%라면 이 사람에게는 몇%의 대출금리가 적용될까?

① 8.5%　　② 10.5%　　③ 11.1%　　④ 13.5%

정답 ②

해설 $\frac{1+0.05}{1-0.05}-1=10.5\%$

6. 다음 중 신용분석기법으로 이용하기에 적합하지 않은 것은?

① 지수법　　② 이분류검정
③ 판별분석　　④ 레버리지분석

정답 ④

해설 레버리지분석은 기업의 손익구조를 분석하는 기법이다.

7. 다음은 신용평점제도에 대한 설명이다. 잘못된 것은?

① 우량과 불량을 구별할 수 있는 평가항목을 이용한다.
② 계량화할 수 있는 양적 평가항목으로 구성된다.
③ 기업뿐만 아니라 개인에게도 적용된다.

④ 신용평점제도를 반영한 것이 신용평가표이다.

정답 ②

해설 질적 평가항목도 포함된다.

설명형

1. 신용위험을 결정하는 요소는 머리글자를 따서 흔히 5C로 표현한다. 5C에 대해서 간략하게 설명하시오.

2. 은행은 대출금을 대출조건의 준수정도에 따라서 유형별로 분류해서 관리한다. 분류 유형과 기준을 설명하시오.

제15장 기업가치평가

최근에는 기업가치를 평가하는 문제가 매우 중요한 이슈가 되고 있다. 자본시장에서 기업의 인수와 합병이 일반화되고 있으며 기업을 상속 또는 증여하는 일도 빈번해지면서 기업가치를 올바르게 산출하는 기법에 대한 관심이 높아지고 있다. 기업가치를 평가하는 방법은 관점에 따라서 다양하게 존재하지만 여기서는 가장 널리 이용되는 이론적 기법들과 현실적인 관련법규의 내용을 살펴보겠다.

제1절 기업가치평가의 개요

1. 등장배경

재무이론은 모두 기업가치의 극대화에 목표를 두고 있다. 이러한 목표를 달성하려면 우선 기업가치를 정확하게 평가할 수 있어야 할 것이다. 이러한 차원에서 체계적인 기업가치 평가기법의 필요성이 대두되었고 특히 1980년대 미국에서 기업인수와 합병(M&A)이 경영전략의 하나로 일반화되면서 기업가치 평가기법에 관심이 집중되었다. 우리나라의 경우에는 1990년대 말 외환위기로 인해서 IMF관리체제하에서 기업구조조정의 기초자료로 기업가치에 대한 평가자료가 본격적으로 활용되기 시작하였다.

2. 다양한 가치개념

시장가치

가치(value)의 개념은 여러 가지 관점에서 서로 다르게 정의될 수 있다. 중요한 몇 가지 개념을 살펴보자. 우선 시장가치(market value)는 시장의 수요와 공급의 관계에서 형성된 가격을 뜻한다. 따라서 수요가 증가하여 가격이 오른다면 시장가치가 증가하는 것이고 공급증대로 가격이 하락한다면 시장가치가 하락하는 것이다.

투자가치

투자가치(investment value)는 특정한 투자자의 전략적 차원에서 평가된 금액을 말한다. 그래서 전략적 가치(strategic value)라고도 하는데 주관적 성격이 반영되는 특징이 있다. 예를 들어 외환은행을 인수하려고 하는 국민은행과 HSBC가 외환은행을 평가한다고 하자. 국민은행은 취약한 외환업무를 강화하는 차원에서 외환은행을 평가하겠지만 HSBC는 한국 금융시장의 진출을 위한 교두보로서 그 가치를 평가할 것이다. 이러한 경우 국민은행과 HSBC가 평가하는 외환은행의 투자가치는 서로 다를 수밖에 없을 것이다.

내재가치

내재가치(intrinsic value)는 평가대상이 갖는 본질적 가치를 말한다. 내재가치는 일정한 조건에서 사실자료를 이용하여 분석적 기법으로 산출하기 때문에 객관적 값을 갖는다. 이러한 점에서 주관적 성격이 반영되는 투자가치와 대비된다. 대개 시장의 균형을 전제로 도출된 평가모형을 이용하기 때문에 균형가치라고도 하며 이론적 모형을 통해서 구하기 때문에 이론적 가치라고도 한다.

가치의 종류	산출방식	특 징
시장가치	시장가격을 이용해서 산출	객관적 성격
투자가치	투자자의 입장을 반영해서 산출	주관적 성격
내재가치	이론적 모형을 통해서 산출	과학적 성격

[표 15-1] 다양한 가치개념

제2절 평가방법의 유형

1. 이론적 평가방법

미국평가사회(American Society of Appraisers : ASA)에 따르면 기업가치평가방법으로 소득접근법, 시장접근법, 자산접근법 등을 제시하고 있다. 이들 내용을 간단하게 먼저 설명한다.

소득접근법은 미래의 현금흐름을 적절한 할인율로 할인하여 현재가치를 구해서 이 값으로 기업가치를 평가하는 방법이다. 시장접근법은 공개기업의 경우 주식(자본)과 부채의 시장가치를 더하여 기업가치를 구하는 방법이다. 그리고 자산접근법은 정태적 관점에서 일정시점의 자산과 부채를 개별적으로 평가해서 기업가치를 산출하는 방법이다.

2. 실무의 평가방법

실무에서 기업가치를 평가할 때에는 거래당사자들이 이론적 평가방법 중 적합하다고 판단되는 방법을 선택해서 적용한다. 그리고 각자의 평가결과를 갖고 상호 협상을 통해서 거래를 체결하면 된다.

그러나 거래과정에서 반드시 법적절차를 따라야 하는 경우에는 법적 규정을 따라야 한다. 우리나라의 관련법규에서 실무적으로 적용하는 기업가치평가방법은 세법과 증권거래법에서 찾을 수 있다. 세법은 구체적으로 상속세법 및 증여세법, 소득세법에서 주식을 평가하는 방법이 있으며 증권거래법에서는 기업을 공개하면서 주식의 공모가격을 산정할 때에 적용하는 방법이 있다.

제3절 소득접근법

1. 개요

소득접근법(income approach)은 기업의 미래현금흐름을 현재가치로 할인한 값으로 기업가치를 평가하는 방법이다. 이 방법은 가장 이론적으로 합리적이고 우수한 방법으로 평가되는데 현금흐름할인법(discounted cash flow method : DCF법)으로 더 많이 알려져 있다.

소득접근법에서는 미래의 현금흐름을 측정하는 것과 이에 대한 적절한 할인율을 구하는 것이 핵심과제가 된다. 그러나 이 두 가지 모두 간단한 내용이 아니어서 소득접근법을 실제로 적용할 때에는 일정한 가정을 전제로 하는 경우가 많다.

2. 현금흐름의 측정

소득접근법에서 현금흐름을 측정하는 방법은 일반적으로 재무이론에서 현금흐름을 측정하는 것과 똑같다. 영업이익(earnings before interest and tax : EBIT)에서 세금을 빼고 현금지출항목이 아닌 감가상각비를 더해서 현금흐름을 측정한다. 다만, 소득접근법에서는 총현금흐름(gross cash flow : GCF)과 순현금흐름(net cash flow : NCF)을 정의하여 이 값들을 다음과 같은 방법으로 산출하도록 한다.

	영업이익(EBIT)
−	세금
	세후영업이익
+	감가상각비
	총현금흐름(GCF)
−	순운전자본증가
−	자본적 지출
	순현금흐름(NCF)

[표 15-2] 현금흐름의 측정

위에서 마지막 단계의 순현금흐름(NCF)이 할인대상이 되는 현금흐름인데 이는 일반적으로 기업잉여현금흐름(free cash flow to the firm : FCFF)으로 불린다. 총현금흐름(GCF)도 영업현금흐름으로 더 많이 알려져 있다.

3. 할인율의 산출

소득접근법에서의 할인율은 조달한 자본에 대한 사용대가로 지불하는 자본비용이다. 이때의 자본비용은 %단위로 측정하는데 조달원천이 크게 타인자본(부채)과 자기자본으로 분류되므로 각각의 자본비용을 먼저 구해야 한다.

타인자본비용

타인자본비용은 원금에 대한 이자율로 측정한다. 다만 지급이자는 비용처리되면서 세금을 줄여주는 감세효과가 있으므로 이를 반영해야 한다. 예를 들어 10% 이자율로 부채를 조달하고 법인세율은 30%라고 하자. 이때 10%는 이자비용의 감세효과가 반영되지 않은 것이어서 세전타인자본비용(k_d)이라고 한다. 이자비용의 감세효과까지 반영하면 타인자본비용은 7%(= 10% × (1−0.3))가 되는데 이는 세후타인자본비용(k_i)이라고 한다.

자기자본비용

자기자본비용(k_e)은 주주에게 지급하는 자본비용을 의미한다. 이러한 자본비용은 주주의 입장에서는 수익률이 되는데 이는 제9장에서 소개한 것처럼 자본자산가격결정모형(CAPM)으로 구한다. 즉, 해당주식의 주가지수변화에 대한 민감도인 베타를 CAPM에 대입해서 산출한 기대수익률이 자기자본비용에 해당한다.

가중평균자본비용

타인자본비용과 자기자본비용을 구하고 나면 이 둘의 평균값을 구할 수 있다. 평균값을 구할 때에는 총자본 중 부채와 자본의 비중을 가중치로 해서 구하기 때문에 가중평균자본비용(weighted average cost of capital : WACC)이라고 한다. 가중평균자본비용은 k_o로 표기하며 산출식은 다음과 같다.

$$k_o = k_i \times \left(\frac{B}{B+S}\right) + k_e \times \left(\frac{S}{B+S}\right)$$

소득접근법에서 측정한 순현금흐름(기업잉여현금흐름)을 위와 같이 산출한 가중평균자본비용으로 할인하여 현재가치를 구하면 바로 기업가치가 된다.

4. 적용사례

다음의 예제를 이용해서 기업가치평가에서 소득접근법이 적용되는 과정을 살펴보자.

예제

> 가나기업은 24억원의 순현금흐름(기업잉여현금흐름)이 계속될 것으로 예측된다. 부채의 이자율은 10%, 자기자본비용은 22%이고 법인세율은 30%이다. 이 기업의 부채비율이 200%라고 하자.
>
> (1) 이 기업의 가중평균자본비용은 얼마인가?
> (2) 이 기업의 가치는 얼마인가?

(1) 가중평균자본비용을 구하기 앞서 세후타인자본비용을 구하면 다음과 같다.

$$10\% \times (1-0.3) = 7\%$$

부채비율이 200%라면 부채는 자기자본의 2배이므로 가중평균자본비용은 다음과 같이 산출된다.

$$\begin{aligned} k_o &= k_i \times \left(\frac{B}{B+S}\right) + k_e \times \left(\frac{S}{B+S}\right) \\ &= 7\% \times \left(\frac{2}{2+1}\right) + 22\% \times \left(\frac{1}{2+1}\right) = 12\% \end{aligned}$$

(2) 무한히 계속되는 현금흐름은 제8장에서 소개한 것과 같이 영구연금에 해당되며 그 현재가치는 다음과 같이 구한다.

$$V = \frac{24}{0.12} = 200\text{억원}$$

따라서 소득접근법으로 평가한 가나기업의 가치는 200억원이다. 이 내용은 제8장 현금흐름평가의 제4절 현재가치개념의 적용에서 기업가치평가부분을 살펴보면 이해가 쉬울 것이다.

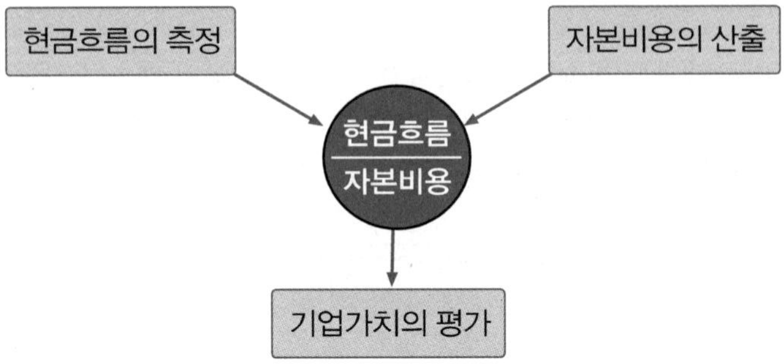

[그림 15-1] 소득접근법의 적용절차

제4절 시장접근법

1. 개요

시장접근법(market approach)은 소득접근법과 함께 가장 빈번하게 사용되는 평가기법이다. 시장접근법은 평가대상이 되는 기업의 가치를 산출할 때 이미 시장에서 거래가격이 형성되어 있는 유사기업의 자료를 이용하는 방법이다. 단, 여기서 말하는 시장이란 증권시장을 의미하는 것으로 거래가격이란 주식가격을 말하는 것이다.

2. 적용절차

4단계의 적용절차

기업가치를 평가하면서 시장접근법을 적용하려면 크게 4단계로 절차를 따르게 된다. 첫 번째 단계는 유사기업을 선정하는 것이고 두 번째 단계는 시가배수를 선택하는 것이다. 그리고 시가배수가 선택되었으면 이를 이용해서 세 번째 단계로 자기자본가치를 구하고 마지막으로는 부채의 가치를 측정해서 자기자본가치에 더해서 기업가치를 평가하는 것이다.

이러한 적용절차의 내용을 단계별로 자세하게 살펴본다.

유사기업의 선정

시장접근법으로 특정기업의 가치를 산출하기 위해서는 그 기업과 유사한 기업을 선정해야 한다. 유사기업이란 평가대상기업과 업종이나 매출 및 자산규모, 재무적 특성 등이 비슷한 회사를 말한다. 이때 유사기업은 증권시장에 상장된 기업 중에서 몇 개를 선정하는 것이 좋다.

시가배수의 선택

시장접근법은 기본적으로 증권시장에서 형성된 시장가격인 주가를 활용하는 것이다. 따라서 유사기업을 선정하였으면 이들 기업의 주가정보를 이용해야 한다. 여기서는 주가정보가 반영된 시가배수인 주가수익률(price earnings ratio : PER), 주가순자산비율(price book-value ratio : PBR), 주가매출액비율(price to sales ratio : PSR) 및 주가현금흐름비율(price to cash flow ratio : PCR) 등을 이용할 수 있다.

자본가치의 산출

유사기업들의 PER, PBR, PSR, PCR 등의 시가배수에 평가대상기업의 당기순이익, 순자산, 매출액, 현금흐름 등을 적용해서 평가대상기업의 자기자본가치를 구할 수 있다.

예를 들어서 시가배수로 PER을 이용한다면 평가대상기업의 1주당 순이익(EPS)에 PER을 곱해서 평가대상기업의 1주당 가치를 구할 수 있다. 그리고 이에 발행주식수를 곱하면 자기자본가치가 된다.

기업가치의 평가

시가배수를 적용해서 구한 자기자본가치에 부채의 가치까지 더해야 기업가치가 된다. 따라서 기업의 부채에 대해서는 미래에 지급할 원금과 이자 등 현금흐름을 측정해서 시장이자율로 현재가치를 산출한 후 이 값을 자기자본가치에 더하면 기업가치를 산출할 수 있다.

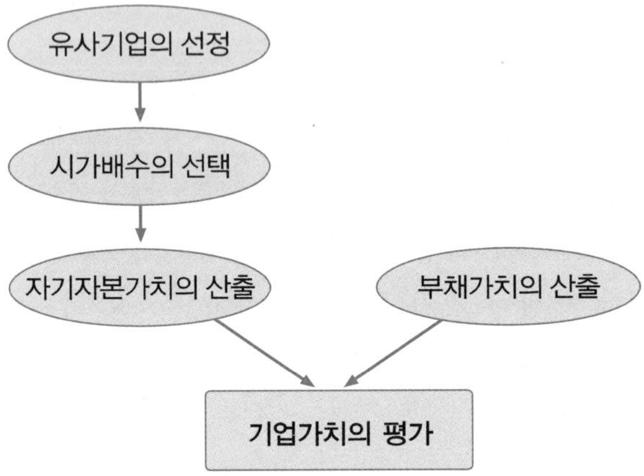

[그림 15-2] 시장접근법의 적용절차

3. 적용사례

다음의 예제를 이용해서 기업가치평가에서 시장접근법이 적용되는 과정을 살펴보자.

예 제

가나기업의 가치를 평가하려고 한다. 업종, 규모, 재무적 특성이 비슷한 유사기업 3개를 선정하였다. 시가배수 중 PER을 이용해서 시장접근법으로 가나기업의 가치를 산출할 것이다. 유사기업 PER의 평균값은 15배이다.

(1) 이 기업의 당기순이익은 10억원, 발행주식수는 1백만주라고 할 때 이 기업의 주당가격과 자기자본가치는 얼마인가?
(2) 이 기업의 부채는 만기가 3년이고 상환예정액은 52억원이다. 시장이자율이 10%라고 할 때 이 기업의 가치는 얼마인가?

(1) 1주당 당기순이익(EPS)은 당기순이익 10억원을 발행주식수 1백만주로 나누어 1,000원을 구할 수 있다. 여기에 유사기업 PER을 곱하면 가나기업의 1주당 시장가격을 15,000원(=1,000×15)으로 평가할 수 있다. 주식수가 1백만주이므로 자기자본가치는 150억원이 된다.

(2) 3년 후에 갚아야 할 52억원의 현재시점에서 평가액은 다음과 같다.

$$B = \frac{52}{(1+0.1)^3} = 39\text{억원}$$

따라서 기업가치는 (1)에서 구한 자기자본가치 150억원에 부채의 가치 39억원을 합친 189억원이 된다.

제5절 자산접근법

1. 개요

자산접근법(asset approach)은 원가접근법(cost approach)이라고도 부른다. 대차대조표의 자산이나 부채항목들을 개별항목의 성격을 고려해서 적정한 시장가치로 수정한 후 그 결과를 이용하여 기업가치를 구하는 방법이다.

이 방법은 계속기업의 가정을 부정하는 것이기 때문에 일반적인 기업을 평가할 때에는 사용하지 않고 청산기업의 경우에 한해서 적용할 수 있다.

2. 적용절차

실물시장의 가치

자산접근법에서는 대차대조표의 항목들을 시장가치로 전환시키는 것이 가장 중요한 과제이다. 여기서의 시장가치는 시장접근법에서의 시장가치와 그 의미가 다르다. 시장접근법에서 말하는 시장은 증권시장을 의미하지만 자산접근법에서의 시장이란 실물시장을 의미한다. 따라서 자산접근법에서의 시장가치란 실물시장에서 형성된 시장가격을 말하는 것이다.

시장가치의 적용순서

대차대조표의 자산을 평가할 때에 적용하는 시장가치는 중고가치 → 재생산원가 → 대체원가의 순서로 적용한다.

① 중고가치

평가대상이 되는 자산에 대한 중고시장이 형성되어 있는 경우에는 중고시장에서 형성된 거래가격을 이용한다.

② 재생산원가

중고시장이 없는 자산을 평가할 때에는 그 자산과 동일한 형태를 만드는데 소요되는 원가를 평가액으로 이용한다.

③ 대체원가

중고가치나 재생산원가를 이용할 수 없는 경우에는 그 자산과 동일한 기능 또는 효용을 만드는데 필요한 원가를 이용한다. 예를 들어 회사가 보유하고 있는 차량을 평가할 때에 이를 중고차시장에서 형성된 가격으로 평가하면 재생산원가가 되고 만약 이 차량이 단종된 것이어서 유사한 성능의 다른 차량을 취득하는데 소요되는 금액으로 평가하면 대체원가가 되는 것이다.

이외에도 자산접근법에서는 장부에 기록되어 있지 않은 자산과 부채,

부외자산과 부외부채를 반드시 평가대상에 포함시켜야 한다는 점을 유의해야 한다.

[그림 15-3] 시장가치의 적용순서

제6절 세 법

1. 개 요

이론적으로는 위에서 소개한 방법들이 우수하다고 하더라도 실무에서는 반드시 관련법규를 따라야 하는 경우가 있다. 이러한 법규들은 나름대로의 평가방법을 제시하고 있는데 우리나라에서는 대표적으로 세법과 증권거래법에서 이러한 평가방법을 찾아볼 수 있다.

2. 세법의 기본원칙

세법에서는 시장가격에 의한 자산평가를 기본원칙으로 하고 있다. 특히 주식의 경우에는 증권시장에서 형성된 거래가격을 기준으로 평가한다. 따라서 우리의 세법은 기본적으로 시장접근법을 따르고 있다고 할 수 있다. 다만, 비상장주식과 같이 거래가격이 없는 경우에는 보충적 평가방법을 규정해서 이를 따르도록 하고 있다.

3. 보충적 평가방법

평가식의 구조

보충적 평가방법에서 규정하고 있는 비상장주식의 평가식은 다음과 같이 손익계산서에서의 순이익을 이용해서 1주당 순손익가치를 구하고 대차대조표에서의 순자산을 이용해서 1주당 순자산가치를 산출하여 이 두 가지 요소를 평균하는 구조를 갖는다.

$$1주당가치 = \frac{1주당\ 순손익가치 \times 3 + 1주당\ 순자산가치 \times 2}{5}$$

위 평가식에서 순손익가치는 평가일 기준으로 2년전, 1년전, 기준년의 순이익을 각각 1, 2, 3의 가중치로 평균한 값을 자본환원율로 나누어 구한다. 즉, 최근년도의 성과에 가중치를 크게 해서 최근성과의 비중을 높이는 것이다. 그리고 자본환원율은 3년만기 회사채의 유통수익률을 기준으로 국세청장이 고시하는 이자율을 사용한다.

또한 위 평가식을 보면 순손익가치에 3, 순자산가치에 2의 가중치가 부여되고 있지만 부동산이 지나치게 많은 기업의 경우에는 이 가중치를 바꾸어서 적용하도록 하고 있다.

평가방법의 특징

비상장주식의 평가에 대해서 적용하는 보충적 평가방법은 여러 차례에 걸쳐서 그 내용이 변경되어 왔다. 구체적인 내용은 변경되고 있지만 순이익을 이용한 1주당 순손익가치와 순자산을 이용해서 1주당 순자산가치를 산출하여 이 두 가지 요소를 평균한 값으로 주식을 평가하는 방식은 항상 동일하다.

이러한 방법은 소득접근법과 자산접근법을 병행해서 적용하고 있다고 할 수 있다.

4. 경영권프리미엄

또한 세법에서는 최대주주가 보유한 주식에 대해서는 할증평가방식을 적용하고 있다. 이러한 이유는 최대주주가 보유한 주식은 경영권에 직접적으로 영향을 주기 때문에 일반적인 소액주주가 갖는 주식과는 그 성격이 다르기 때문이다. 따라서 최대주주의 보유주식의 경우에는 평가액을 더 높게 책정하는데 이러한 방식은 앞서 설명한 다양한 가치개념 중에서 투자가치(strategic value)를 반영하고 있는 것이라고 할 수 있다.

5. 적용사례

다음의 예제를 이용해서 세법에서 적용하고 있는 주식평가방법을 살펴보자.

예제

비상장기업이고 거래가격이 없는 가나기업의 가치를 평가하려고 한다. 가나기업의 최근 3년간 순이익은 다음과 같다.

2년 전	1년 전	당해년도
6,000	9,000	12,000원

(1) 이 기업의 1주당 순손익가치는 얼마인가? 단, 자본환원율은 10%이다.
(2) 이 기업의 자산은 20억원이고 부채는 8억원이며 발행주식수는 1만주이다. 이 기업의 순자산가치는 얼마인가?
(3) 이 기업의 1주당 가치는 얼마인가?
(4) 이승희씨는 이 기업의 최대주주로서 45%의 지분을 갖고 있다. 이승희씨가 보유한 주식의 1주당 가치는 얼마인가? 할증률은 20%라고 하자.
(5) 만약 가나기업이 부동산과다보유법인이라면 1주당 가치는 얼마인가?

(1) 먼저 다음과 같이 가중평균한 순이익을 구한다.

$$\frac{6,000 \times 1 + 9,000 \times 2 + 12,000 \times 3}{6} = 10,000\text{원}$$

이렇게 구한 순이익을 10%의 자본환원율로 할인한 현재가치는 다음과 같이 10만원인데 이 값이 1주당 순손익가치가 된다.

$$\frac{10,000}{10\%} = 100,000\text{원}$$

(2) 순자산은 12억원(=20억원-8억원)이고 이를 1만주로 나누면 1주당 순자산가치는 12만원이 된다.

(3) 1주당 가치는 1주당 순손익가치 10만원과 1주당 순자산가치 12만원을 각각 3, 2의 가중치로 평균하여 다음과 같이 108,000원이 된다.

$$\frac{100,000 \times 3 + 120,000 \times 2}{5} = 108,000\text{원}$$

(4) 이승희씨의 주식은 경영권을 갖고 있으므로 그 프리미엄을 반영해서 다음과 같이 산출한다.

$$108,000 \times (1 + 0.2) = 129,600\text{원}$$

(5) 부동산과다보유법인이라면 (3)에서의 가중치를 바꾸어서 적용한다.

$$\frac{100,000 \times 2 + 120,000 \times 3}{5} = 112,000\text{원}$$

제7절 증권거래법

1. 개요

증권거래법에서는 유가증권의 인수업무에 관한 규정을 통하여 주식의 본질가치를 구하는 방법을 제시하고 있다. 이렇게 산출한 주식평가액은 기업을 공개하면서 주식을 발행할 때에 공모가격의 기준이 된다.

2. 평가방법

평가식의 구조

증권거래법에서 주식의 본질가치를 구하는 평가식은 다음과 같다.

$$본질가치 = \frac{수익가치 \times 3 + 자산가치 \times 2}{5}$$

위 식을 보면 세법에서 비상장주식을 평가하는 산출식과 동일한 구조임을 알 수 있다. 다만 순손익가치가 수익가치로 바뀌어 있을 뿐이다. 그러나 여기서의 수익가치는 미래에 예상되는 1주당 추정이익을 자본환원율로 나눈 값이어서 과거실적을 기준으로 산출하는 세법과는 큰 차이가 있다.

추정이익은 1차 사업년도를 3, 2차사업년도를 2의 가중치를 부여해서 역시 최근의 값을 더 비중있게 반영한다. 그리고 자본환원율은 시중은행의 1년 정기예금금리의 1.5배를 적용한다.

평가방법의 특징

증권거래법의 본질가치를 산출하는 평가식도 그 구성요소에서 보듯이 소득접근법과 자산접근법을 병용하고 있음을 알 수 있다. 본디 현금흐름을 할인하는 소득접근법에서의 현금흐름은 미래에 예상되는 현금흐름을 의미하는 것이기 때문에 과거실적을 이용하는 세법보다 더 소득접근법에 충실한 방법이라고 할 수 있다.

3. 적용사례

증권거래법에서 주식을 평가하는 방법을 다음의 예제를 통해서 살펴보자.

예제

비상장기업인 가나기업을 공개하면서 주식매각가격을 결정하려고 한다. 가나기업의 향후 예상되는 순이익은 1차년도에 6,000원 2차년도에 9,000원으로 추정된다.

(1) 이 기업의 1주당 수익가치는 얼마인가? 단, 1년 만기 시중은행의 정기예금 금리는 10%이다.
(2) 이 기업의 1주당 순자산가액은 50,000원이다. 1주당 가치는 얼마인가?

(1) 먼저 다음과 같이 가중평균한 순이익을 구한다.

$$\frac{6,000 \times 3 + 9,000 \times 2}{5} = 7,200\text{원}$$

이렇게 구한 순이익을 15%(=10%×1.5)의 자본환원율로 할인한 현재가치는 다음과 같이 48,000원으로서 이 값이 1주당 수익가치가 된다.

$$\frac{72,000}{15\%} = 48,000\text{원}$$

(2) 1주당 가치는 수익가치 48,000원과 자산가치 50,000원을 각각 3, 2의 가중치로 평균하여 다음과 같이 48,800원이 된다.

$$\frac{48,000 \times 3 + 50,000 \times 2}{5} = 48,800\text{원}$$

연습문제

선택형

1. 가치개념은 보는 시각과 산출방법에 따라서 다양하다. 다음 중 주관적 성격이 강한 가치개념은?
   ① 투자가치　　② 시장가치
   ③ 균형가치　　④ 내재가치

   정답 ①
   해설 투자가치는 전략적 차원에서 평가한 값이기 때문에 주관적 성격이 강하다.

2. 내재가치에 대한 설명이다. 잘못 기술된 것은?
   ① 이론적 모형을 이용해서 산출한다.
   ② 그 값이 가변적이다.
   ③ 시장의 균형을 전제로 도출하기 때문에 균형가치라고도 한다.
   ④ 과학적 성격을 띤다.

   정답 ②
   해설 내재가치는 일정한 가정을 전제로 이론적 모형을 통해서 산출하기 때문에 가정이 달라지지 않는 한 누가 계산해도 같은 값을 갖는다.

3. 미국평가사회에서 제시하고 있는 기업가치평가방법이 아닌 것은?
   ① 소득접근법　　② 시장접근법
   ③ 자산접근법　　④ 균형접근법

   정답 ④

4. 소득접근법에 따라서 기업가치를 평가할 때에 가장 중요한 두 가지 요소는?
   ① PER과 EPS　　② 현금흐름과 PCR
   ③ 현금흐름과 할인율　　④ EPS와 할인율

정답 ③

해설 소득접근법은 현재가치개념을 적용하는 것으로 현금흐름(분자)과 할인율(분모)을 통해서 기업가치(분수값)을 구하는 것이다.

5. 소득접근법에서 기업가치를 결정하는 현금흐름으로 볼 수 없는 것은?
① 총현금흐름(GCF)
② 순현금흐름(NCF)
③ 순운전자본과 자본적 지출까지 반영된 현금흐름
④ 기업잉여현금흐름(FCFF)

정답 ①

해설 총현금흐름은 영업현금흐름인데 순운전자본과 자본적 지출이 있다면 이들까지 반영해야 한다.

6. 소득접근법에서의 할인율로 사용되는 자본비용이란 다음 중 어느 것을 말하는가?
① 세전타인자본비용 ② 세후타인자본비용
③ 자기자본비용 ④ 가중평균자본비용

정답 ④

해설 세후타인자본비용과 자기자본비용을 평균한 값인 가중평균자본비용이 할인율로 사용된다.

7. 시장접근법의 적용절차를 순서대로 열거한 것은?
① 유사기업의 선정 → 시가배수의 선택 → 자본가치의 산출 → 부채가치의 산출
② 시가배수의 선택 → 자본가치의 산출 → 부채가치의 산출 → 유사기업의 선정
③ 유사기업의 선정 → 부채가치의 산출 → 자본가치의 산출 → 시가배수의 선택
④ 자본가치의 산출 → 부채가치의 산출 → 시가배수의 선택 → 유사기업의 선정

정답 ①

8. 시장접근법에서 사용되는 시가배수가 아닌 것은?

① PER ② PBR ③ PSR ④ PVR

정답 ④

해설 시가배수로 사용되는 것은 PER, PBR, PSR, PCR 등이 있다.

9. 자산접근법에 대한 설명이다. 올바르지 못한 것은?

① 원가접근법이라고도 한다.
② 계속기업에 적용하지 않는 것이 일반적이다.
③ 청산기업에 적용하는 것이 바람직하다.
④ 시장가격을 반영하지는 않는다.

정답 ④

해설 중고가치, 재생산가치, 대체원가 등 시장가격을 반영하는 것이다.

10. 자산접근법에서 자산을 평가할 때에 적용하는 순서를 바르게 열거한 것은?

① 재생산원가 → 중고가치 → 대체원가
② 중고가치 → 재생산원가 → 대체원가
③ 대체원가 → 재생산원가 → 중고가치
④ 중고가치 → 대체원가 → 재생산원가

정답 ②

11. 세법에서 자산을 평가하는 방법에 대해서 설명한 것이다. 올바르지 못한 것은?

① 세법에서는 원칙적으로 주식을 평가할 때에 순손익가치와 순자산가치를 평균한 값으로 한다.
② 순자산가치보다 순손익가치에 더 높은 가중치를 부여한다.
③ 순손익가치를 산출할 때에 최근 성과의 비중을 더 높게 부여한다.
④ 부동산과다보유법인의 경우에는 순자산가치의 비중이 순손익가치의 비중보다 더 높다.

정답 ①

해설 세법에서 주식평가의 기본원칙은 시장가격에 의한 것이다.

12. 세법에서 최대주주의 보유주식에 대해서는 할증평가방식을 적용한다. 이러한 평가방식은 이 주식에 대해서 어떠한 가치를 인정한 것인가?

① 시장가치　　② 내재가치
③ 투자가치　　④ 균형가치

정답 ③

해설 동일한 주식이라고 해도 최대주주가 갖는 주식은 경영권과 관련되어 있어서 소액주주의 주식과는 전략적 가치가 다르다.

13. 증권거래법에서 주식의 본질가치를 구하는 방법에 대한 설명이다. 올바르지 못한 것은?

① 미래에 대한 예측을 전제로 한다.
② 기업공개시 공모가격을 정하는 기준이 된다.
③ 자본환원율은 3년 만기 회사채의 유통수익률을 기준으로 정한다.
④ 수익가치를 자산가치보다 더 비중 있게 반영한다.

정답 ③

해설 자본환원율은 시중 정기예금이자율의 1.5배를 적용한다.

설명형

1. 올바른 가치평가를 위해서는 가치에 대한 개념을 명확하게 해야 한다. 가치에 대한 다양한 개념을 설명하시오.

2. 미국평가사회에서 제시하고 있는 세 가지 가치평가방법을 열거하고 이들의 특징을 비교하시오.

부 록

부록1 기업회계기준서와 재무제표

부록2 복리표와 현가표

부록3 신용평가표

부록 1

기업회계기준서(제21호)와 재무제표

회계기준위원회 의결 2004. 10. 22.

목 적

1. 이 기준서는 재무제표의 작성과 표시에 관한 기준을 정하는 데 목적이 있다.

적용범위

2. 이 기준서는 주식회사의 외부감사에 관한 법률(이하 "외감법"이라 한다)의 적용대상 기업의 재무제표 작성과 표시에 적용하며, 이 경우 "재무제표"는 다양한 정보이용자의 공통된 정보요구를 충족시키기 위해 작성된 일반목적의 재무제표를 말한다. 다만, 중요하지 않은 항목에 대하여는 이 기준서를 적용하지 아니할 수 있다. 이 기준서는 외감법의 적용대상이 아닌 기업의 재무제표 작성과 표시에 준용할 수 있다.
3. 이 기준서는 중간기간을 포함한 모든 회계기간에 대하여 작성하는 재무제표, 연결재무제표 및 기업집단결합재무제표의 작성에 적용한다. 다만, 중간재무제표, 연결재무제표, 기업집단결합재무제표의 작성과 표시에 관련된 특별한 사항은 다른 기준서에서 정할 수 있다.
4. 이 기준서는 모든 업종의 기업에 적용한다. 다만, 은행과 보험회사 등과 같이 특수한 업종을 영위하는 기업의 재무제표 작성과 표시에 관련된 특별한 사항은 다른 기준서에서 정할 수 있다.

용어의 정의

5. 이 기준서에서 사용하는 용어의 정의는 다음과 같다.

(가) "기업회계기준"은 외감법 제13조제1항의 규정에 의한 회계처리기준을 말하며, 기업회계기준서와 기업회계기준해석서 및 이에 의해 대체되지 않은 기업회계기준, 연결재무제표준칙, 기업집단결합재무제표준칙, 업종별회계처리준

칙, 기업회계기준등에관한해석으로 구성된다.

(나) "측정속성"은 자산, 부채 등 재무제표의 기본요소에 대한 화폐금액을 결정하기 위한 측정의 대상이 되는 일정한 속성을 말한다.

(다) "재무제표가 사실상 확정된 날"은 정기주주총회 제출용 재무제표가 이사회에서 최종 승인된 날을 말한다. 다만, 주주총회에 제출된 재무제표가 주주총회에서 수정·승인된 경우에는 주주총회일을 말한다.

(라) "포괄손익"은 주주에 의한 투자 및 주주에 대한 분배가 아닌 거래나 회계사건으로 인하여 일정 회계기간 동안 발생한 순자산의 변동액을 말한다. 포괄손익은 당기순손익과, 당기순손익에는 포함되지 않지만 순자산변동에 직접 영향을 미치는 기타포괄손익으로 구성된다.

(마) "현금"은 일반적으로 통화, 타인발행수표 등 통화대용증권과 당좌예금, 보통예금 등 요구불예금으로 구성된다.

(바) "현금성자산"은 큰 거래비용 없이 통화, 통화대용증권 또는 요구불예금으로 전환이 용이하고 이자율 변동에 따른 가치변동의 위험이 중요하지 않은 금융상품으로서 취득 당시 만기 또는 상환일이 3개월 이내인 것을 말한다.

(사) "주기"는 재무제표상의 해당 과목 다음에 괄호 등을 이용하여 그 회계사실의 내용을 간단한 자구 또는 숫자로 표시하는 것을 말한다.

재무보고의 목적과 재무제표

6. 재무보고는 현재 및 잠재 투자자와 채권자가 합리적인 의사결정을 하는 데 유용한 정보를 제공하는 것을 목적으로 하며, 재무보고의 핵심적인 수단으로 재무제표가 작성·보고된다. 투자자와 채권자의 의사결정에 유용한 정보란 기업의 미래현금흐름의 크기, 시기 및 불확실성을 예측하는 데 도움을 주는 정보를 말하며, 보다 구체적으로 기업의 재무상태, 경영성과, 자본변동 및 현금흐름에 대한 정보를 말한다.
7. 재무제표는 투자자와 채권자가 기업의 가치 또는 채무이행능력을 평가할 수 있도록 자산, 부채, 자본, 수익, 비용, 차익, 차손 및 현금흐름에 관한 정보를 제공한다. 또한 재무제표는 주주가 경영자의 수탁책임을 평가하는 데 도움을 준다.
8. 재무제표는 대차대조표, 손익계산서, 자본변동표, 현금흐름표로 구성되며, 주석을 포함한다.
9. 이 기준서는 재무제표의 명칭으로 대차대조표, 손익계산서, 자본변동표, 현금흐름표를 대표적으로 사용하고 있으나, 전달하고자 하는 정보의 성격을 충실히 나타내는 범위 내에서 재무상태보고서, 경영성과보고서, 자본변동보고서, 현금흐름보고서 등의 재무제표의 명칭을 보충적으로 사용할 수 있다.
10. 재무제표에는 재무제표 이용자의 의사결정에 유용할 것으로 판단되는 각종의

명세서와 경영자의 분석·검토보고서 등과 같은 설명자료를 첨부할 수 있다. 다만, 이러한 첨부자료는 재무제표의 범위에 포함되지 아니한다.

재무제표 작성과 표시의 일반원칙

계속기업

11. 경영자는 재무제표를 작성함에 있어 기업의 존속가능성을 평가하여야 하며, 기업이 경영활동을 청산 또는 중단할 의도가 있거나, 경영활동을 계속할 수 없는 상황에 처한 경우를 제외하고는 계속기업을 전제로 하여 재무제표를 작성한다.
12. 경영자는 계속기업의 전제가 타당한 지 판단하기 위하여 수익성, 부채상환계획, 대체적 재무자원의 조달계획 등 최소한 대차대조표일로부터 1년간의 예상 가능한 모든 정보를 고려하여야 한다. 다만, 기업이 상당기간동안 계속사업이익을 보고하였고, 대차대조표일 현재 경영에 필요한 재무자원을 확보하고 있는 경우에는 경영활동이 청산되거나 중단되지 않을 것으로 보아 계속기업의 전제를 적용할 수 있다.
13. 경영자가 계속기업의 전제에 대한 중대한 의문을 가지게 된 경우에는 그 내용을 주석으로 기재한다.

재무제표의 작성책임과 공정한 표시

14. 재무제표의 작성과 표시에 대한 책임은 경영자에게 있다.
15. 재무제표는 경제적 사실과 거래의 실질을 반영하여 기업의 재무상태, 경영성과, 자본변동 및 현금흐름을 공정하게 표시하여야 하며, 기업회계기준에 따라 적정하게 작성된 재무제표는 공정하게 표시된 재무제표로 본다.
16. 재무제표가 기업회계기준에 따라 작성된 경우에는 그러한 사실을 주석으로 기재하여야 한다. 그러나 재무제표가 기업회계기준에서 요구하는 사항을 모두 충족하지 않은 경우에는 기업회계기준에 따라 작성되었다고 기재하여서는 아니 된다.

회계정책의 결정

17. 기업은 기업회계기준이 허용하는 범위 내에서 회계정책을 선택할 수 있다. 회계정책은 기업이 재무보고의 목적으로 선택한 기업회계기준과 그 적용방법을 말한다. 기업회계기준에서 선택적인 회계처리방법을 제시한 경우와 구체적인 회계처리방법을 제시하지 않은 경우에는 다음의 질적 특성을 갖춘 정보를 제공할 수 있도록 회계정책을 결정한다.

㈎ 회계정보는 목적적합하여야 한다. 목적적합성은 의사결정에 유용한 예측가

치나 피드백가치를 가진 정보가 적시에 제공될 때 효과적으로 달성될 수 있다.

(나) 회계정보는 신뢰할 수 있어야 한다. 신뢰성은 그 정보가 나타내고자 하는 바를 충실히 표현하고, 객관적으로 검증이 가능하며, 중립적일 때 효과적으로 달성될 수 있다.

18. 기업회계기준에서 회계처리방법을 구체적으로 정하지 않은 거래나 회계사건에 대한 회계정책은 경영자가 다음 사항을 고려하여 결정한다.

(가) 유사 또는 관련 거래나 회계사건에 대한 기업회계기준

(나) 재무회계개념체계

(다) (가) 및 (나)와 일관성이 있는 회계관습 및 회계실무

19. 새로 제정되는 개별 기준서의 적용시기에 관한 규정에 의하여 의무적인 적용일에 앞선 조기적용이 허용되어 특정 기준서를 조기에 적용하는 경우에는 그 사실을 주석으로 기재한다.

재무제표 항목의 구분 · 통합표시

20. 중요한 항목은 재무제표의 본문 또는 주석에 그 내용을 가장 잘 나타낼 수 있도록 구분하여 표시하며, 중요하지 않은 항목은 성격이나 기능이 유사한 항목과 통합하여 표시할 수 있다.

21. 재무제표상의 표시와 관련하여 재무제표 본문과 주석에 적용하는 중요성에 대한 판단기준은 서로 다를 수 있다. 예를 들어, 재무제표 본문에는 통합하여 표시한 항목이라 할지라도 주석에는 이를 구분하여 표시할 만큼 중요한 항목이 될 수 있다. 이러한 경우에는 재무제표 본문에 통합하여 표시한 항목의 세부 내용을 주석으로 기재한다.

22. 기업회계기준에서 재무제표의 본문 또는 주석에 구분 표시하도록 정한 항목이라 할지라도 그 성격이나 금액이 중요하지 아니한 것은 유사한 항목으로 통합하여 표시할 수 있다.

비교재무제표의 작성

23. 재무제표의 기간별 비교가능성을 제고하기 위하여 전기 재무제표상의 모든 계량정보를 당기와 비교하는 형식으로 표시한다. 또한, 전기 재무제표상의 비계량정보가 당기 재무제표를 이해하는 데 관련된 경우에는 이를 당기의 정보와 비교하여 주석에 기재한다. 예를 들어, 전기 대차대조표일 현재 미해결 상태였던 소송사건이 당기 재무제표가 사실상 확정된 날까지 해결되지 않은 경우에는 전기 대차대조표일에 불확실성이 존재하였다는 사실과 내용, 당기 중 취해진 조치 및 결과 등에 대한 정보를 주석으로 기재한다.

재무제표 항목의 표시와 분류의 계속성

24. 재무제표의 기간별 비교가능성을 제고하기 위하여 재무제표 항목의 표시와 분류는 다음의 경우를 제외하고는 매기 동일하여야 한다.
    (가) 기업회계기준에 의하여 재무제표 항목의 표시와 분류의 변경이 요구되는 경우
    (나) 사업결합 또는 사업중단 등에 의해 영업의 내용이 중요하게 변경된 경우
    (다) 재무제표 항목의 표시와 분류를 변경함으로써 기업의 재무정보를 보다 적절히 전달할 수 있는 경우
25. 재무제표 항목의 표시나 분류방법이 변경되는 경우에는 당기와의 비교를 위하여 전기의 항목을 재분류하고, 재분류 항목의 내용, 금액 및 재분류가 필요한 이유를 주석으로 기재한다. 다만, 재분류가 실무적으로 불가능한 경우에는 그 이유와 당해 항목을 재분류하기 위하여 필요한 조정의 내용을 주석으로 기재한다.

재무제표의 보고양식

26. 재무제표는 이해하기 쉽도록 간단 · 명료하게 표시하여야 하며, 이 기준서의 부록 3에 예시된 재무제표의 양식을 참조하여 작성한다.
27. 재무제표는 대차대조표, 손익계산서, 자본변동표, 현금흐름표 및 주석으로 구분하여 작성하며, 다음의 사항을 각 재무제표의 명칭과 함께 기재한다.
    (가) 회사명
    (나) 대차대조표일 또는 회계기간
    (다) 보고통화 및 금액단위
28. 재무제표 이용자에게 오해를 줄 염려가 없는 경우에는 금액단위를 천원 또는 백만원 등으로 할 수 있다.
29. 문단 10에서 설명한 명세서 등을 재무제표에 첨부하는 경우에는 재무제표와 명확히 구별되도록 하여야 한다.
30. 이 기준서에서 '공시'는 주석으로 기재하는 것뿐만 아니라 재무제표 본문에 표시하는 것을 포함한다. 다른 기업회계기준에서 '공시'의 의미를 달리 정하고 있지 않는 한 다른 기업회계기준에서의 '공시'도 주석으로 기재하는 것뿐만 아니라 재무제표 본문에 표시하는 것을 포함한다.

대차대조표

대차대조표의 목적

31. 대차대조표는 대차대조표일 현재 기업의 자산, 부채 및 자본의 금액과 구성을 표시하는 재무보고서로서 기업의 경제적 자원, 재무구조, 유동성과 재무건전성

및 기업환경 변화에 적응할 수 있는 능력 등 재무상태를 파악하는 데 유용한 정보를 제공한다.

대차대조표의 기본구조

32. 대차대조표의 구성요소인 자산, 부채, 자본은 각각 다음과 같이 구분한다.
   (가) 자산은 유동자산과 투자자산, 유형자산, 무형자산 및 기타비유동자산으로 구분한다. 투자자산, 유형자산, 무형자산 및 기타비유동자산은 비유동자산에 해당한다.
   (나) 부채는 유동부채와 장기차입부채, 장기충당부채 및 기타비유동부채로 구분한다. 장기차입부채, 장기충당부채 및 기타비유동부채는 비유동부채에 해당한다.
   (다) 자본은 자본금, 자본잉여금, 자본조정, 기타포괄손익누계액 및 이익잉여금(또는 결손금)으로 구분한다.
33. 자산과 부채는 유동성이 높은 항목부터 배열하는 것을 원칙으로 한다.
34. 대차대조표의 표시와 분류방법은 기업의 재무상태를 용이하게 이해할 수 있도록 결정되어야 한다. 따라서 문단 32와 문단 33의 규정에 불구하고 업종의 특수성으로 인하여 필요하거나 별도의 기준서에서 달리 정하고 있는 경우에는 표시항목의 명칭과 배열순서를 다르게 할 수 있다.

자산과 부채의 유동성·비유동성 구분

35. 다음과 같은 자산은 유동자산으로 분류한다.
   (가) 사용의 제한이 없는 현금 및 현금성자산
   (나) 기업의 정상적인 영업주기 내에 실현될 것으로 예상되거나 판매목적 또는 소비목적으로 보유하고 있는 자산
   (다) 단기매매 목적으로 보유하는 자산
   (라) (가) 내지 (다) 외에 대차대조표일로부터 1년 내에 현금화 또는 실현될 것으로 예상되는 자산
36. 영업주기는 제조업의 경우에 제조과정에 투입될 재화와 용역을 취득한 시점부터 제품의 판매로 인한 현금의 회수완료시점까지 소요되는 기간을 나타낸다. 숙성과정을 요구하는 제조업이나 자본집약적인 업종의 경우에는 영업주기가 1년을 초과할 수도 있다. 반면에 대부분의 유통업의 경우에는 1년 내에 다수의 영업주기가 있는 것이 보통이다. 정상적인 영업주기가 명확하게 확인되지 않는 경우에는 1년으로 추정한다.
37. 자산은 1년을 기준으로 유동자산과 비유동자산으로 분류한다. 다만, 정상적인 영업주기 내에 판매 혹은 사용되는 재고자산과 회수되는 매출채권 등은 대차

대조표일로부터 1년 내에 실현되지 않더라도 유동자산으로 분류한다. 또한, 장기미수금이나 투자자산에 속하는 매도가능증권 또는 만기보유증권 등의 비유동자산 중 1년 내에 실현될 부분은 유동자산으로 분류한다.

38. 투자자산은 장기적인 투자수익을 목적으로 보유하는 채무증권과 지분증권, 지분법적용투자주식, 영업활동에 사용되지 않는 토지와 설비자산, 퇴직금지급이나 설비확장 및 채무상환 등에 사용할 특정목적의 예금을 포함한다.
39. 유형자산은 재화의 생산이나 용역의 제공, 타인에 대한 임대, 또는 자체적으로 사용할 목적으로 보유하고 있으며, 물리적 형태가 있는 비화폐성자산으로서 토지, 건물, 기계장치 등을 포함한다.
40. 무형자산은 재화의 생산이나 용역의 제공, 타인에 대한 임대, 또는 자체적으로 사용할 목적으로 보유하고 있으며, 물리적 형태는 없지만 식별가능한 비화폐성자산으로 산업재산권, 저작권, 개발비 등과 사업결합에서 발생한 영업권을 포함한다.
41. 기타비유동자산은 임차보증금, 이연법인세자산(유동자산으로 분류되는 부분 제외), 장기매출채권 및 장기미수금 등 투자자산, 유형자산, 무형자산에 속하지 않는 비유동자산을 포함한다.
42. 다음과 같은 부채는 유동부채로 분류한다.
    ㈎ 기업의 정상적인 영업주기 내에 상환 등을 통하여 소멸할 것이 예상되는 매입채무와 미지급비용 등의 부채
    ㈏ 대차대조표일로부터 1년 내에 상환되어야 하는 단기차입금 등의 부채
43. 부채는 1년을 기준으로 유동부채와 비유동부채로 분류한다. 다만, 정상적인 영업주기 내에서 소멸할 것으로 예상되는 매입채무와 미지급비용 등은 대차대조표일로부터 1년 내에 결제되지 않더라도 유동부채로 분류한다. 당좌차월, 단기차입금 및 유동성장기차입부채 등은 대차대조표일로부터 1년 내에 결제되어야 하므로 영업주기와 관계없이 유동부채로 분류한다. 또한, 비유동부채 중 대차대조표일로부터 1년 내에 자원의 유출이 예상되는 부분은 유동부채로 분류한다.
44. 장기차입부채는 실질적으로 이자를 부담하는 차입채무이고 대차대조표일로부터 1년이 경과한 후에 상환되는 부채로서 사채, 장기차입금 등을 포함한다.
45. 장기충당부채는 지출의 시기 또는 금액이 불확실하지만, 과거사건이나 거래의 결과에 의하여 대차대조표일 현재 부담하는 의무를 이행하기 위해 자원이 유출될 가능성이 높고, 그 금액을 신뢰성 있게 추정할 수 있는 의무를 비유동부채로 인식한 것으로서 퇴직급여충당부채, 제품보증충당부채 등을 포함한다.
46. 기타비유동부채는 임대보증금, 이연법인세부채(유동부채로 분류되는 부분 제외), 장기매입채무 및 장기선수금 등 장기차입부채와 장기충당부채에 속하지 않는 비유동부채를 포함한다.

47. 대차대조표일로부터 1년 내에 상환기일이 도래하는 채무는 다음의 조건을 모두 충족하는 경우에도 유동부채로 분류한다.

(가) 원래 차입기간이 1년을 초과한다.

(나) 장기채무로 차환하거나 상환을 연장하는 합의가 대차대조표일 후 재무제표가 사실상 확정된 날 전에 완성된다.

48. 기존의 차입약정에 의하여 대차대조표일로부터 1년을 초과하여 차환되거나 상환이 연장될 것으로 기대되고 채무자가 그러한 재량을 가지고 있는 채무는 대차대조표일로부터 1년 내에 상환기일이 도래하더라도 비유동부채로 분류한다. 다만, 채무자의 재량으로 채무의 차환 또는 상환연장을 결정할 수 없는 경우에는 대차대조표일로부터 1년 내에 상환기일이 도래하는 채무는 차환 등의 가능성을 고려하지 않고 유동부채로 분류한다.

49. 채무자가 장기차입계약의 약정사항을 위반하여 채권자가 즉시 상환을 요구할 수 있는 채무는 대차대조표일 후 재무제표가 사실상 확정된 날 전에 채권자가 약정사항 위반의 결과로 상환을 요구하지 않기로 합의하더라도 유동부채로 분류한다. 이러한 채무는 대차대조표일 현재 채무자가 대차대조표일로부터 1년을 초과하여 상환을 연기할 수 있는 무조건적인 권리를 가지고 있지 않기 때문에 유동부채로 분류한다.

50. 채무자가 장기차입계약의 약정사항을 위반하여 채권자가 즉시 상환을 요구할 수 있는 채무라 하더라도 다음의 조건을 모두 충족하는 경우에는 비유동부채로 분류한다.

(가) 대차대조표일 이전에 채권자가 채무자에게 장기차입계약의 약정사항 위반을 해소할 수 있는 대차대조표일로부터 1년을 초과하는 유예기간을 제공하기로 합의한다.

(나) (가)에서의 유예기간 내에 채무자가 약정사항의 위반을 해소할 수 있다.

(다) (가)에서의 유예기간동안 채권자가 채무자에게 채무의 즉시 상환을 요구할 수 없다.

51. 채무자가 문단47에서 문단49의 내용에 따라 유동부채로 분류한 채무에 대하여 대차대조표일 후 재무제표가 사실상 확정된 날 사이에 발생하는 다음과 같은 사건들은 기업회계기준서 제6호 '대차대조표일 후 발생한 사건'에 따른 수정을 요하지 않는 대차대조표일 후 발생한 사건에 해당한다.

(가) 장기채무로의 차환

(나) 장기차입계약 약정사항 위반의 해소

(다) 장기차입계약의 약정사항 위반을 해소할 수 있는 대차대조표일로부터 1년을 초과하는 유예기간의 획득

52. 채무자가 문단 50에 따라 비유동부채로 분류한 채무에 대하여는 장기차입계약의 약정사항 위반사실, 유예기간을 제공하기로 한 사실 및 이와 관련된 대차대

조표일 후 발생한 사건의 내용을 주석으로 기재한다.

자본의 분류

53. 자본금은 법정자본금으로 한다.
54. 자본잉여금은 증자나 감자 등 주주와의 거래에서 발생하여 자본을 증가시키는 잉여금이다. 예를 들면, 주식발행초과금, 자기주식처분차익, 감자차익 등이 포함된다.
55. 자본조정은 당해 항목의 성격상 자본거래에 해당하나 최종 납입된 자본으로 볼 수 없거나 자본의 차감 성격으로 자본금이나 자본잉여금으로 분류할 수 없는 항목이다. 예를 들면, 주식할인발행차금, 배당건설이자, 자기주식, 주식매수선택권, 출자전환채무, 감자차손 및 자기주식처분차손 등이 포함된다.
56. 기타포괄손익누계액은 대차대조표일 현재의 기타포괄손익 잔액이다. 기타포괄손익에는 매도가능증권평가차손익, 해외사업환산차손익 및 현금흐름위험회피파생상품평가차손익 등의 변동액이 포함된다.
57. 이익잉여금(또는 결손금)은 손익계산서에 보고된 손익과 다른 자본항목에서 이입된 금액의 합계액에서 주주에 대한 배당, 자본금으로의 전입 및 자본조정항목의 상각 등으로 처분된 금액을 차감한 잔액이다.

대차대조표 항목의 구분 · 통합표시

58. 자산, 부채, 자본 중 중요한 항목은 대차대조표 본문에 별도 항목으로 구분하여 표시한다. 중요하지 않은 항목은 성격 또는 기능이 유사한 항목에 통합하여 표시할 수 있으며, 통합할 적절한 항목이 없는 경우에는 기타항목으로 통합할 수 있다. 이 경우 세부 내용은 주석으로 기재한다.
59. 현금 및 현금성자산은 기업의 유동성 판단에 중요한 정보이므로 별도 항목으로 구분하여 표시한다.
60. 단기예금, 단기매매증권, 단기대여금 및 유동자산으로 분류되는 매도가능증권과 만기보유증권 등은 단기투자자산이라는 항목으로 통합하여 표시할 수 있다. 사용이 제한된 단기예금 등은 주석으로 기재한다.
61. 상품, 원재료, 재공품 및 제품 등은 재고자산의 항목으로 통합하여 표시할 수 있다. 다만, 재고자산은 다른 유동자산과 별도로 구분하여 표시한다.
62. 지분법적용투자주식은 자산의 성격과 평가기준이 다른 투자주식과 상이하기 때문에 별도 항목으로 구분 표시한다.
63. 건물, 구축물, 기계장치 및 운반구 등 감가상각대상 자산은 설비자산 등 적절한 유형자산 항목으로 통합하여 표시할 수 있다.
64. 자본금은 보통주자본금과 우선주자본금으로 구분하여 표시한다. 보통주와 우

선주는 배당금 지급 및 청산시의 권리가 상이하기 때문에 자본금을 구분하여 표시한다.

65. 자본금과 관련하여 다음 사항을 주석으로 기재한다.
    (가) 회사가 발행할 주식의 총수
    (나) 주당 액면금액
    (다) 발행한 주식의 수
    (라) 기초와 기말의 총발행주식수와 유통주식수 및 그 변동내용
    (마) 배당금 또는 지분의 환급에 대한 관련 주주의 권리와 제약
    (바) 발행주식 중 상호주식 등 법령에 의하여 의결권이 제한되어 있는 경우에는 그 내용
66. 자본잉여금은 주식발행초과금과 기타자본잉여금으로 구분하여 표시한다.
67. 자본조정 중 자기주식은 별도 항목으로 구분하여 표시한다. 주식할인발행차금, 배당건설이자, 주식매수선택권, 출자전환채무, 감자차손 및 자기주식처분차손 등은 기타자본조정으로 통합하여 표시할 수 있다.
68. 기타포괄손익누계액은 매도가능증권평가차손익, 해외사업환산차손익 및 현금흐름위험회피 파생상품평가차손익 등으로 구분하여 표시한다.
69. 이익잉여금은 법정적립금, 임의적립금 및 미처분이익잉여금(또는 미처리결손금)으로 구분하여 표시한다. 이익잉여금 중 법정적립금과 임의적립금의 세부내용과 법령 등에 의하여 이익배당이 제한되어 있는 이익잉여금의 내용을 주석으로 기재한다.

자산과 부채의 총액표시

70. 자산과 부채는 원칙적으로 상계하여 표시하지 않는다. 다만, 다른 기준서에서 요구하거나 허용하는 경우에는 예외로 한다.
71. 매출채권에 대한 대손충당금, 유형자산에 대한 감가상각누계액 및 사채액면금액에 대한 사채발행차금 등은 해당 자산 또는 부채에서 직접 가감하여 표시할 수 있다. 이 경우 가감한 금액은 주기하며, 필요한 경우 세부 내용은 주석으로 기재할 수 있다. 이러한 표시방법은 자산과 부채의 상계에 해당하지 아니한다.

손익계산서

손익계산서의 목적

72. 손익계산서는 한 회계기간에 속하는 수익과 이에 대응하는 비용 및 차익과 차손을 적정하게 표시하기 위한 재무보고서이다. 손익계산서는 당해 회계기간의 경영성과를 나타낼 뿐만 아니라 기업의 미래현금흐름과 수익창출능력 등의 예측에 유용한 정보를 제공한다.

손익계산서의 기본구조

73. 손익계산서는 다음과 같이 구분하여 표시한다. 다만, 제조업, 판매업 및 건설업 외의 업종에 속하는 기업은 매출총손익의 구분표시를 생략할 수 있다.
  (가) 매출액
  (나) 매출원가
  (다) 매출총손익
  (라) 판매비와 관리비
  (마) 영업손익
  (바) 영업외수익과 차익
  (사) 영업외비용과 차손
  (아) 법인세비용차감전계속사업손익
  (자) 계속사업손익법인세비용
  (차) 계속사업손익
  (카) 중단사업손익(법인세효과 차감후)
  (타) 당기순손익
  (파) 주당손익
74. 매출액은 기업의 주된 영업활동에서 발생한 제품, 상품, 용역 등의 총매출액에서 매출할인, 매출환입 및 매출에누리 등을 차감한 금액이다. 차감 대상 금액이 중요한 경우에는 총매출액에서 차감하는 형식으로 표시하거나 주석으로 기재한다.
75. 매출액은 업종 또는 부문별로 구분하여 표시할 수 있으며, 반제품·부산물·작업폐물매출액, 수출액, 장기할부매출액 등이 중요한 경우에는 이를 구분하여 표시하거나 주석으로 기재한다.
76. 매출원가는 제품, 상품 등의 매출액에 대응되는 원가로서 판매된 제품이나 상품 등에 대한 제조원가 또는 매입원가이다. 매출원가의 산출과정은 손익계산서 본문에 표시하거나 주석으로 기재한다.
77. 매출원가는 기초제품(또는 상품)재고원가에 당기제품제조원가(또는 당기상품순매입원가)를 가산하여 산출한 판매가능제품(또는 상품)원가에서 기말제품(또는 상품)재고원가를 차감한 금액이다.
78. 문단 77의 당기상품순매입원가는 상품의 총매입액에서 매입할인, 매입환출 및 매입에누리 등을 차감한 금액으로 한다. 이 때 상품매입과 관련하여 직접 발생한 제비용은 매입액에 포함한다.
79. 제품 또는 상품에 대하여 생산·판매 또는 매입 외의 사유로 증감액이 있는 경우와 관세환급금 등 기타 매출원가항목으로 부가 또는 차감하여야 할 것이 있는 경우에는 이를 매출원가의 계산에 반영한다.
80. 문단 75에 의하여 매출액을 구분하여 표시하거나 주석으로 기재하는 경우에는

관련된 매출원가도 구분하여 표시하거나 주석으로 기재한다. 이 경우 매출액과 매출원가의 공시방법은 일치하여야 한다.

81. 매출총손익은 매출액에서 매출원가를 차감하여 산출한다.
82. 판매비와 관리비는 제품, 상품, 용역 등의 판매활동과 기업의 관리활동에서 발생하는 비용으로서 매출원가에 속하지 아니하는 모든 영업비용을 포함한다.
83. 판매비와 관리비는 성격별 또는 기능별 항목으로 구분 표시하거나 일괄 표시할 수 있다. 일괄표시하거나 기능별로 구분 표시하는 경우에는 그 성격별 항목을 구분하여 이를 주석으로 기재한다.
84. 영업손익은 매출총손익에서 판매비와 관리비를 차감하여 산출한다.
85. 영업외수익과 차익은 기업의 주된 영업활동이 아닌 활동으로부터 발생한 수익과 차익으로서 중단사업손익에 해당하지 않는 것으로 한다.
86. 영업외비용과 차손은 기업의 주된 영업활동이 아닌 활동으로부터 발생한 비용과 차손으로서 중단사업손익에 해당하지 않는 것으로 한다.
87. 법인세비용차감전계속사업손익은 영업손익에 영업외수익과 차익을 가산하고 영업외비용과 차손을 차감하여 산출한다. 또한 계속사업손익은 법인세비용차감전계속사업손익에서 계속사업손익법인세비용을 차감하여 산출한다. 여기서 계속사업손익은 기업의 계속적인 사업활동과 그와 관련된 부수적인 활동에서 발생하는 손익으로서 중단사업손익에 해당하지 않는 모든 손익을 말한다.
88. 계속사업손익법인세비용은 계속사업손익에 대응하여 발생한 법인세비용이다. 법인세비용은 법인세법등의 법령에 의하여 당해 회계기간에 부담할 법인세 및 법인세에 부가되는 세액의 합계에 당기 이연법인세 변동액을 가감하여 산출된 금액을 말한다.
89. 중단사업손익은 중단사업으로부터 발생한 영업손익과 영업외손익(차익과 차손 포함)으로서 사업중단직접비용과 중단사업자산손상차손을 포함하며, 법인세효과를 차감한 후의 순액으로 보고하고 중단사업손익의 산출내역을 주석으로 기재한다. 이 때 중단사업손익에 대한 법인세효과는 주기한다.
90. 당기순손익은 계속사업손익에 중단사업손익을 가감하여 산출하며, 당기순손익에 기타포괄손익을 가감하여 산출한 포괄손익의 내용을 주석으로 기재한다. 이 경우 기타포괄손익의 각 항목은 관련된 법인세효과가 있다면 그 금액을 차감한 후의 금액으로 표시하고 법인세효과에 대한 내용을 별도로 기재한다.
91. 주당계속사업손익과 주당순손익은 손익계산서 본문에 표시하고 그 산출근거를 주석으로 기재한다.

수익과 비용의 총액표시

92. 수익과 비용은 각각 별도로 보고하는 것을 원칙으로 한다. 다만, 다른 기업회계기준에서 요구하거나 허용하는 경우에는 수익과 비용을 상계하여 표시할 수

있다.

93. 동일 또는 유사한 거래나 회계사건에서 발생한 차익, 차손 등은 총액으로 표시하지만 중요하지 않은 경우에는 관련 차익과 차손 등을 상계하여 표시할 수 있다.

자본변동표

자본변동표의 목적

94. 자본변동표는 한 회계기간 동안 발생한 소유주지분의 변동을 표시하는 재무보고서로서, 자본을 구성하고 있는 자본금, 자본잉여금, 자본조정, 기타포괄손익누계액, 이익잉여금(또는 결손금)의 변동에 대한 포괄적인 정보를 제공한다.

자본변동표의 기본구조

95. 자본변동표에는 자본금, 자본잉여금, 자본조정, 기타포괄손익누계액, 이익잉여금(또는 결손금)의 각 항목별로 기초잔액, 변동사항, 기말잔액을 표시한다.
96. 자본금의 변동은 유·무상증자(또는 감자)와 주식배당에 의하여 발생하며, 자본금은 보통주자본금과 우선주자본금으로 구분하여 표시한다.
97. 자본잉여금의 변동은 유·무상증자(또는 감자), 결손금처리 등에 의하여 발생하며, 주식발행초과금과 기타자본잉여금으로 구분하여 표시한다.
98. 자본조정의 변동은 다음과 같은 항목으로 구분하여 표시한다.
    (가) 주식할인발행차금
    (나) 배당건설이자
    (다) 자기주식
    (라) 주식매수선택권
    (마) 출자전환채무
    (바) 청약기일이 경과된 신주청약증거금 중 신주납입금으로 충당될 금액
    (사) 감자차손
    (아) 자기주식처분차손
    (자) 기타 : (가) 내지 (아)외의 원인으로 당기에 발생한 자본조정의 변동으로 하되, 그 금액이 중요한 경우에는 적절히 구분하여 표시한다.
99. 기타포괄손익누계액의 변동은 다음과 같은 항목으로 구분하여 표시한다.
    (가) 매도가능증권평가차손익
    (나) 해외사업환산차손익
    (다) 현금흐름위험회피 파생상품평가차손익
    (라) 기타 : (가) 내지 (다)외의 원인으로 당기에 발생한 기타포괄손익누계액의 변동으로 하되, 그 금액이 중요한 경우에는 적절히 구분하여 표시한다.

100. 이익잉여금의 변동은 다음과 같은 항목으로 구분하여 표시한다.
(가) 회계정책의 변경으로 인한 누적효과
(나) 중대한 전기오류수정손익
(다) 연차배당(당기 중에 주주총회에서 승인된 배당금액으로 하되 현금배당과 주식배당으로 구분하여 기재한다)과 기타 전기말 미처분이익잉여금의 처분
(라) 중간배당(당기 중에 이사회에서 승인된 배당금액)
(마) 당기순손익
(바) 기타 : (가) 내지 (마)외의 원인으로 당기에 발생한 이익잉여금의 변동으로 하되, 그 금액이 중요한 경우에는 적절히 구분하여 표시한다.

101. 자본변동표에서 전기에 이미 보고된 전기이월이익잉여금(또는 전기이월결손금)의 금액이 당기에 발생한 회계정책의 변경이나 중대한 전기오류수정으로 인하여 변동된 경우에는 전기에 이미 보고된 금액을 별도로 표시하고 회계정책 변경이나 오류수정이 매 회계연도에 미치는 영향을 가감한 수정후 이월이익잉여금을 표시한다.

이익잉여금처분 또는 결손금처리

102. 이익잉여금처분계산서 또는 결손금처리계산서는 주석으로 보고한다.

103. 이익잉여금의 처분은 미처분이익잉여금에 임의적립금 등의 이입액을 가산한 금액을 대상으로 한다. 미처분이익잉여금은 전기말 미처분이익잉여금에 회계정책변경의 누적효과 및 중대한 전기오류수정손익을 가감하여 수정후 전기말 미처분이익잉여금을 계산하고, 당기에 결정된 전기말 미처분이익잉여금의 처분사항을 반영한 처분후 미처분이익잉여금에 중간배당액과 당기순손익을 가감하여 산출한다.

현금흐름표

104. 현금흐름표의 작성과 표시에 대하여는 현금흐름표에 관한 기업회계기준에서 규정한다.

주 석

105. 재무제표에 대한 주석은 다음의 사항을 포함한다.
(가) 재무제표 작성기준 및 중요한 거래와 회계사건의 회계처리에 적용한 회계정책
(나) 기업회계기준에서 주석공시를 요구하는 사항
(다) 대차대조표, 손익계산서, 자본변동표 및 현금흐름표를 이해하는 데 필요한

추가적인 정보로서 재무제표의 본문에 표시되지 않는 사항

106. 재무제표에 대한 주석은 체계적인 방법으로 표시한다. 대차대조표, 손익계산서, 자본변동표 및 현금흐름표의 본문에 표시된 개별항목에는 관련된 주석내용과 상호 연결시키는 기호 등을 표시한다.

107. 재무제표에 대한 주석은 대차대조표, 손익계산서, 자본변동표 및 현금흐름표에 인식되어 본문에 표시되는 항목에 관한 설명이나 금액의 세부내역뿐 아니라 우발상황 또는 약정사항과 같이 재무제표에 인식되지 않는 항목에 대한 추가적인 정보를 포함하여야 한다.

108. 문단 105 ㈐에 해당하는 추가적인 정보의 예는 다음과 같다.

㈎ 기업의 개황, 주요 영업내용 및 최근의 경영환경변화

㈏ 특수관계자의 명칭과 다음의 주요 거래내용

(1) 매출·매입거래 및 기타의 거래

(2) 장단기 채권·채무

(3) 특수관계자가 발행한 주식(출자금을 포함한다)의 수, 주식소유비율, 취득원가, 시가 또는 순자산액 및 장부금액과 특수관계자가 발행한 채권의 장부금액

(4) 제공하고 있거나 제공받고 있는 담보 및 보증의 내용(여신금융기관명, 여신금액, 여신발생일자 등을 함께 기재한다)

㈐ 자기 또는 타인(특수관계자가 아닌 자)을 위하여 제공하고 있거나 타인으로부터 제공받고 있는 담보 및 보증의 내용

㈑ 차입약정서상의 중대한 위반사항

㈒ 천재·지변·중대한 사고·파업·화재 등에 관하여는 그 내용과 결과

㈓ 기업이 가입하고 있는 보험의 종류, 보험금액 및 보험에 가입된 자산의 내용

㈔ 물가 및 환율변동과 같이 기업에 중요한 영향을 미치는 불확실성 및 위험요소

㈕ 당해 회계연도 개시일전 2년 내에 결손보전을 한 경우에는 결손보전에 충당된 자본잉여금이나 이익잉여금의 명칭과 금액 및 결손보전을 승인한 주주총회일

㈖ 제조원가 또는 판매비와관리비에 포함된 급여, 퇴직급여, 복리후생비, 임차료, 감가상각비, 세금과공과 등 부가가치계산에 필요한 계정과목과 그 금액

109. 주석은 일반적으로 재무제표 이용자가 재무제표를 이해하고 다른 기업의 재무제표와 비교하는 데 도움이 될 수 있도록 다음의 순서로 작성한다.

㈎ 기업회계기준에 준거하여 재무제표를 작성하였다는 사실의 명기

㈏ 재무제표 작성에 적용된 중요한 회계정책의 요약

㈐ 재무제표 본문에 표시된 항목에 대한 보충정보(재무제표의 배열 및 각 재무제표 본문상의 표시순서에 따라 제시한다)
㈑ 기타 우발상황, 약정사항 등의 계량정보와 비계량정보

회계정책의 공시

110. 주석으로 기재하는 중요한 회계정책의 요약은 다음 사항을 포함하여야 한다.
㈎ 재무제표를 작성하는 데 이용한 측정속성
㈏ 재무제표를 이해하는 데 필요한 기타의 회계정책

111. 재무제표 이용자에게 재무제표 작성의 기초가 된 측정속성(역사적 원가, 현행원가, 순실현가능가치, 공정가치 또는 회수가능액)에 관한 정보를 제공할 필요가 있다. 따라서 재무제표 작성에 여러 가지의 측정속성을 사용한 경우에는, 예를 들어 동일한 재무제표에 역사적 원가로 측정한 항목들과 공정가치로 측정한 항목들이 존재하는 경우 각 측정속성이 적용된 자산 및 부채의 유형에 관한 정보를 주석에 포함한다.

112. 경영자는 어떤 회계정책에 대한 주석공시 여부를 결정할 때 주석공시를 함으로써 재무제표 이용자가 거래나 회계사건이 경영성과와 재무상태에 반영되는 과정을 이해하는 데 도움이 되는지 고려하여야 한다. 경영자는 최소한 다음의 사항과 관련된 회계정책의 주석공시여부를 검토하여야 한다.
㈎ 수익인식
㈏ 연결기준
㈐ 지분법적용 피투자회사에 대한 지분법의 적용
㈑ 사업결합
㈒ 조인트벤처
㈓ 유형자산과 무형자산의 인식과 상각
㈔ 금융비용 등의 자본화
㈕ 건설형 공사계약
㈖ 금융상품 등 유가증권투자
㈗ 리스계약
㈘ 재고자산
㈙ 법인세(이연법인세 포함)
㈚ 충당부채
㈛ 외화환산
(거) 사업부문의 정의 및 부문간 원가배분기준
(너) 국고보조금

113. 재무제표 이용자의 입장에서 특정 유형의 기업이 주석으로 기재할 것으로 기대하는 사업내용과 회계정책이 있다면 그러한 정보에 대한 주석공시가 고려

되어야 한다. 예를 들면, 기업이 법인세를 부담하는 경우에는 이연법인세 등 법인세의 회계처리방법을 주석으로 기재할 것을 고려하며, 기업이 중요한 해외사업장을 가지고 있거나 외화거래를 하고 있다면 외화환산에 관한 회계정책을 주석으로 기재할 것을 고려한다. 또한, 사업결합이 일어난 경우에는 영업권의 측정에 사용한 회계정책을 주석으로 기재할 것을 고려한다.

114. 당기 또는 과거의 회계처리 금액이 중요하지 않은 경우에도 그와 관련된 회계정책은 중요할 수 있다. 또한, 기업회계기준에는 명시되어 있지 않지만 문단 18에 따라 기업이 채택하여 적용하고 있는 중요한 회계정책은 주석으로 기재한다.

115. 재무제표 항목의 금액에 영향을 미치는 회계정책의 적용시 경영자가 내린 판단의 근거를 문단 109 ㈏의 중요한 회계정책의 요약 또는 ㈑의 기타의 비계량정보에 대한 주석으로 기재한다.

116. 경영자는 회계정책을 적용할 때 재무제표 항목의 금액에 중대한 영향을 줄 수 있는 다양한 판단을 한다. 예를 들어, 경영자는 금융자산을 만기보유증권으로 분류할 지 여부를 결정하는 판단을 하게 된다. 이 경우 문단 115에 따라 재무제표 항목의 금액에 영향을 미치는 회계정책의 적용시 경영자가 내린 판단의 근거를 주석으로 기재한다. 이러한 주석공시는 문단 117에 따라 주석으로 기재하는 것과는 관련이 없다.

중요한 측정상의 가정

117. 미래에 관한 중요한 가정과 측정상의 불확실성에 대한 기타 정보를 주석으로 기재하여야 한다. 이러한 사항은 차기에 자산과 부채의 장부금액에 대한 중요한 조정을 유발할 수 있는 중대한 위험과 관련이 있다. 따라서 이로부터 영향을 받을 자산과 부채에 대하여 다음 사항을 포함하여 주석으로 기재한다.
㈎ 그 자산과 부채의 성격
㈏ 대차대조표일 현재의 자산과 부채의 장부금액
㈐ 위 ㈏의 장부금액이 차기에 중요하게 조정될 가능성이 있다는 사실

시행일

118. 이 기준서는 2005년 12월 31일부터 시행한다.
119. 이 기준서는 이 기준서 시행일 이후 최초로 개시하는 회계연도부터 적용한다.

경과조치

120. 다음의 기업회계기준 조항은 이 기준서에 의하여 대체된다.

(가) 기업회계기준 제1조의2(기업회계기준의 구성), 제1조의3(제정주체), 제2조(재무회계의 목적), 제3조(일반원칙), 제4조(회계관습의 존중), 제5조(재무제표 및 부속명세서), 제7조(과목의 통합 및 구분표시), 제8조(재무제표 공시상의 금액처리), 제10조(대차대조표), 제11조(대차대조표 작성기준), 제12조(유동자산), 제13조(당좌자산), 제16조(고정자산), 제17조(투자자산), 제22조(채권 등에 대한 대손충당금의 표시), 제23조(유동부채), 제24조(고정부채), 제29조(자본금), 제30조(신주청약증거금의 표시), 제31조(자본잉여금), 제32조(이익잉여금 또는 결손금), 제33조(자본조정), 제34조(손익계산서), 제35조(손익계산서 작성기준), 제36조(매출총손익계산), 제38조(매출액), 제39조(매출원가), 제40조(업종별 항목의 구분표시), 제41조(제조원가), 제42조(영업손익계산), 제43조(판매비와관리비의 범위), 제44조(판매비와관리비의 기재방법), 제46조(경상손익계산), 제47조(영업외손익), 제50조(법인세비용차감전순손익 계산), 제51조(특별손익), 제53조(당기순손익 계산), 제54조(주당순이익 등의 표시), 제72조(자본조정의 처리) 제3호, 제76조(이익잉여금처분계산서 등), 제77조(이익잉여금처분계산서의 과목과 범위), 제78조(결손금처리계산서의 과목과 범위), 제87조(보충적 주석사항), 제88조(부속명세서)

(나) 기업회계기준 등에 관한 해석(60-51) 특별손익의 분류

121. 이 기준서의 내용과 이 기준서를 최초로 적용하는 회계연도의 개시일 현재 유효한 다른 기업회계기준의 내용이 상충되는 경우에는 이 기준서를 적용한다. 이러한 기업회계기준의 예는 다음과 같다.

(가) 기업회계기준서 제5호 유형자산 문단 42

재무제표 양식

대차대조표

제×기 20××년×월×일 현재
제×기 20××년×월×일 현재

회사명 (단위 : 원)

과 목	당 기		전 기	
자 산				
유동자산		×××		×××
현금 및 현금성자산	×××		×××	
단기투자자산	×××		×××	
매출채권	×××		×××	
(대손충당금 당기 ×××, 전기 ××× 차감 순액)	×××		×××	
재고자산	×××		×××	
이연법인세자산	×××		×××	
……				
투자자산		×××		×××
투자부동산	×××		×××	
장기투자증권	×××		×××	
지분법적용투자주식	×××		×××	
장기대여금	×××		×××	
단체퇴직보험예치금	×××		×××	
……	×××		×××	
유형자산		×××		×××
토지	×××		×××	
설비자산	×××		×××	
(감가상각누계액 당기 ×××, 전기 ××× 차감 순액)				
건설중인자산	×××		×××	
……	×××		×××	
무형자산		×××		×××
영업권	×××		×××	
산업재산권	×××		×××	
개발비	×××		×××	
……	×××		×××	
기타비유동자산		×××		×××
임차보증금	×××		×××	
이연법인세자산	×××		×××	
장기미수금	×××		×××	
……	×××		×××	
자산 총계		×××		×××

과 목	당 기		전 기	
부 채				
유동부채		×××		×××
단기차입금	×××		×××	
매입채무	×××		×××	
미지급법인세	×××		×××	
이연법인세부채	×××		×××	
……	×××		×××	
장기차입부채		×××		×××
사채(순액)	×××		×××	
신주인수권부사채(순액)	×××		×××	
전환사채(순액)	×××		×××	
장기차입금	×××		×××	
……	×××		×××	
장기충당부채		×××		×××
퇴직급여충당부채	×××		×××	
장기제품보증충당부채	×××		×××	
……	×××		×××	
기타비유동부채		×××		×××
이연법인세부채	×××		×××	
임대보증금	×××		×××	
……	×××		×××	
부채 총계		×××		×××
자 본				
자본금		×××		×××
보통주자본금	×××		×××	
우선주자본금	×××		×××	
자본잉여금		×××		×××
주식발행초과금	×××		×××	
……	×××		×××	
자본조정		×××		
자기주식	×××		×××	×××
주식할인발행차금	×××		×××	
……	×××		×××	

기타포괄손익누계액		×××		
매도가능증권평가차손익	×××		×××	×××
해외사업환산차손익	×××		×××	
현금흐름위험회피 파생상품평가차손익	×××		×××	
……	×××		×××	
이익잉여금(또는 결손금)		×××		
법정적립금	×××		×××	×××
임의적립금	×××		×××	
미처분이익잉여금(또는 미처리결손금)	×××		×××	
자본 총계		×××		×××
부채 및 자본 총계		×××		×××

손 익 계 산 서

제×기 20××년×월×일부터 20××년×월×일까지
제×기 20××년×월×일부터 20××년×월×일까지

회사명 (단위 : 원)

과 목	당 기	전 기
매출액	×××	×××
매출원가	×××	×××
기초제품(또는 상품)재고원가		
당기제품제조원가		
(또는 당기상품순매입원가)		
판매가능제품(또는 상품)원가		
기말제품(또는 상품)재고원가		
매출총이익(또는 매출총손실)	×××	×××
판매비와 관리비	×××	×××
급여		
퇴직급여		
복리후생비		
임차료		
접대비		
감가상각비		
무형자산상각비		
세금과공과		
광고선전비		
연구비		
경상개발비		
대손상각비		
……		
영업이익(또는 영업손실)	×××	×××
영업외수익과 차익	×××	×××
이자수익		
배당금수익		
임대료		
단기투자자산처분차익		
단기투자자산평가차익		
외환차익		
외화환산차익		
지분법차익		
투자자산처분차익		
유형자산처분차익		
사채상환차익		
법인세환급액		
전기오류수정이익		
……		

과　　목	당 기	전 기
영업외비용과 차손	×××	×××
이자비용		
기타의대손상각비		
단기투자자산처분차손		
단기투자자산평가차손		
재고자산감모차손		
외환차손		
외화환산차손		
기부금		
지분법차손		
투자자산처분차손		
유형자산처분차손		
사채상환차손		
법인세추납액		
전기오류수정손실		
……		
법인세비용차감전계속사업손익	×××	×××
계속사업손익법인세비용	×××	×××
계속사업이익(또는 계속사업손실)㈜	×××	×××
중단사업손익	×××	×××
(법인세효과 : ×××원)		
당기순이익(또는 당기순손실)	×××	×××
주당손익		
기본주당계속사업손익	×××원	×××원
기본주당순손익	×××원	×××원
희석주당계속사업손익	×××원	×××원
희석주당순손익	×××원	×××원

㈜ '경상이익' 또는 '경상손실'이라는 용어를 괄호 안에 병기할 수 있다.

자본변동표

제×기 20××년×월×일부터 20××년×월×일까지
제×기 20××년×월×일부터 20××년×월×일까지

회사명 (단위 : 원)

구 분	자본금	자본 잉여금	자본조정	기타포괄 손익누계액	이익 잉여금	총 계
20××.×.×(보고금액)	×××	×××	×××	×××	×××	×××
회계징책변경 누직효과					(×××)	(×××)
전기오류수정					(×××)	(×××)
수정후 이월이익잉여금					×××	×××
연차배당					(×××)	(×××)
기타 이익잉여금처분액					(×××)	(×××)
처분후 이월이익잉여금					×××	×××
중간배당					(×××)	(×××)
유상증자(감자)	×××	×××				×××
당기순이익(손실)					×××	×××
자기주식 취득			(×××)			(×××)
해외사업환산차손익				(×××)		(×××)
20××.×.×	×××	×××	×××	×××	×××	×××
20××.×.×(보고금액)	×××	×××	×××	×××	×××	×××
회계정책변경 누적효과					(×××)	(×××)
전기오류수정					(×××)	(×××)
수정후 이월이익잉여금					×××	×××
연차배당					(×××)	(×××)
기타 이익잉여금처분액					(×××)	(×××)
처분후 이월이익잉여금					×××	×××
중간배당					(×××)	(×××)
유상증자(감자)	×××	×××				×××
당기순이익(손실)					×××	×××
자기주식 취득			(×××)			(×××)
매도가능증권평가차손익				×××		×××
20××.×.×	×××	×××	×××	×××	×××	×××

[별지 제7호 서식]

이익잉여금처분계산서

제 × 기 ××년 ×월 ×일부터 ××년 ×월 ×일까지 　　제 × 기 ××년 ×월 ×일부터 ××년 ×월 ×일까지

처분확정일 ××년 ×월 ×일 　　처분확정일 ××년 ×월 ×일

회사명 (단위 : 원)

과 목	제×(당)기		제×(전)기	
	금 액		금 액	
Ⅰ. 처분전이익잉여금		×××		×××
1. 전기이월이익잉여금 (또는 전기이월결손금)				
2. 회계변경의누적효과				
3. 전기오류수정이익 (또는 전기오류수정손실)				
4. 중간배당액				
5. 당기순이익 (또는 당기순손실)				
Ⅱ. 임의적립금등의이입액		×××		×××
1. ×× 적립금				
2. ×× 적립금				
합 계				
Ⅲ. 이익잉여금처분액		×××		×××
1. 이익준비금				
2. 기타법정적립금				
3. 주식할인발행차금상각액				
4. 배당금				
가. 현금배당				
주당배당금(율)				
보통주 : 당기××원(%)				
전기××원(%)				
우선주 : 당기××원(%)				
전기××원(%)				
나. 주식배당				
주당배당금(율)				
보통주 : 당기××원(%)				
전기××원(%)				

과 목	제×(당)기		제×(전)기	
	금 액		금 액	
우선주 : 당기××원(%)				
전기××원(%)				
5. 사 업 확 장 적 립 금				
6. 감 채 적 립 금				
7. …………………………				
Ⅳ. 차 기 이 월 이 익 잉 여 금		×××		×××

[별지 제8호 서식]

결손금처리계산서

제 × 기 ××년 ×월 ×일부터 ××년 ×월 ×일까지 　　제 × 기 ××년 ×월 ×일부터 ××년 ×월 ×일까지

처리확정일 ××년 ×월 ×일 　　처리확정일 ××년 ×월 ×일

회사명 　　(단위 : 원)

과 목	제×(당)기		제×(전)기	
	금 액		금 액	
Ⅰ. 처리전결손금		×××		×××
1. 전기이월이익잉여금 (또는 전기이월결손금)				
2. 회계변경의누적효과				
3. 전기오류수정이익 (또는 전기오류수정손실)				
4. 중간배당액				
5. 당기순손실 (또는 당기순이익)				
Ⅱ. 결손금처리액		×××		×××
1. 임의적립금이입액				
2. 기타법정적립금이입액				
3. 이익준비금이입액				
4. 자본잉여금이입액				
Ⅲ. 차기이월결손금		×××		×××

[별지 제9호 서식] (직접법)

현 금 흐 름 표

제×기 ××년 ×월 ×일부터 ××년 ×월 ×일까지
제×기 ××년 ×월 ×일부터 ××년 ×월 ×일까지

회사명 (단위 : 원)

과 목	제×(당)기		제×(전)기	
	금 액		금 액	
Ⅰ. 영업활동으로 인한 현금흐름		×××		×××
가. 매출등수익활동으로부터의유입액				
나. 매입및종업원에대한유출액				
다. 이 자 수 익 유 입 액				
라. 배 당 금 수 익 유 입 액				
마. 이 자 비 용 유 출 액				
바. 미 지 급 법 인 세 의 지 급				
사. …………………………………				
Ⅱ. 투자활동으로 인한 현금흐름		×××		×××
1. 투자활동으로인한현금유입액				
가. 단 기 금 융 상 품 의 처 분				
나. 유 가 증 권 의 처 분				
다. 토 지 의 처 분				
라. …………………………………				
2. 투자활동으로인한현금유출액				
가. 현 금 의 단 기 대 여				
나. 단 기 금 융 상 품 의 취 득				
다. 유 가 증 권 의 취 득				
라. 토 지 의 취 득				
마. 개 발 비 의 지 급				
바. …………………………………				
Ⅲ. 재무활동으로 인한 현금흐름		×××		×××
1. 재무활동으로인한현금유입액				
가. 단 기 차 입 금 의 차 입				
나. 사 채 의 발 행				
다. 보 통 주 의 발 행				
라. …………………………………				
2. 재무활동으로인한현금유출액				

과 목	제×(당)기		제×(전)기	
	금 액		금 액	
가. 단기차입금의상환				
나. 사 채 의 상 환				
다. 유 상 감 자				
라. …………………………				
Ⅳ. 현금의증가(감소)(Ⅰ+Ⅱ+Ⅲ)		×××		×××
Ⅴ. 기 초 의 현 금		×××		×××
Ⅵ. 기 말 의 현 금		×××		×××

[별지 제10호 서식] (간접법)

현 금 흐 름 표

제×기 ××년 ×월 ×일부터 ××년 ×월 ×일까지
제×기 ××년 ×월 ×일부터 ××년 ×월 ×일까지

회사명 (단위 : 원)

과 목	제×(당)기		제×(전)기	
	금 액		금 액	
Ⅰ. 영업활동으로 인한 현금흐름		×××		×××
1. 당 기 순 이 익 (손 실)				
2. 현금의유출이없는비용등의가산				
가. 감 가 상 각 비				
나. 퇴 직 급 여				
다. …………………………				
3. 현금의유입이없는수익등의차감				
가. 사 채 상 환 이 익				
나. …………………………				
4. 영업활동으로인한 자산·부채의 변동				
가. 재 고 자 산 의 감 소(증가)				
나. 매 출 채 권 의 감 소(증가)				
다. 이연법인세차의 감 소(증가)				
라. 매 입 채 무 의 증 가(감소)				
마. 미지급법인세의 증 가(감소)				
바. 이연법인세대의 증 가(감소)				
사. …………………………				
Ⅱ. 투자활동으로 인한 현금흐름		×××		×××
1. 투자활동으로인한현금유입액				
가. 단 기 금 융 상 품 의 처 분				
나. 유 가 증 권 의 처 분				
다. 토 지 의 처 분				
라. …………………………				
2. 투자활동으로인한현금유출액				
가. 현 금 의 단 기 대 여				

과 목	제×(당)기		제×(전)기	
	금 액		금 액	
나. 단기금융상품의취득				
다. 유 가 증 권 의 취 득				
라. 토 지 의 취 득				
마. 개 발 비 의 지 급				
바. …………………………				
Ⅲ. 재무활동으로 인한 현금흐름		×××		×××
1. 재무활동으로인한현금유입액				
가. 단 기 차 입 금 의 차 입				
나. 사 채 의 발 행				
다. 보 통 주 의 발 행				
라. …………………………				
2. 재무활동으로인한현금유출액				
가. 단 기 차 입 금 의 상 환				
나. 사 채 의 상 환				
다. 유 상 감 자				
라. …………………………				
Ⅳ. 현금의증가(감소)(Ⅰ+Ⅱ+Ⅲ)		×××		×××
Ⅴ. 기 초 의 현 금		×××		×××
Ⅵ. 기 말 의 현 금		×××		×××

부록2

복리표와 현가표

〈표 1〉 복리계수(CVIF) $CVIF = (1+R)^n$

	이 자 율								
기간	1%	2%	3%	4%	5%	6%	7%	8%	9%
1	1.0100	1.0200	1.0300	1.0400	1.0500	1.0600	1.0700	1.0800	1.0900
2	1.0201	1.0404	1.0609	1.0816	1.1025	1.1236	1.1449	1.1664	1.1881
3	1.0303	1.0612	1.0927	1.1249	1.1576	1.1910	1.2250	1.2597	1.2950
4	1.0406	1.0824	1.1255	1.1699	1.2155	1.2625	1.3108	1.3605	1.4116
5	1.0510	1.1041	1.1593	1.2167	1.2763	1.3382	1.4026	1.4693	1.5386
6	1.0615	1.1262	1.1941	1.2653	1.3401	1.4185	1.5007	1.5869	1.6771
7	1.0721	1.1487	1.2299	1.3159	1.4071	1.5036	1.6058	1.7138	1.8280
8	1.0829	1.1717	1.2668	1.3686	1.4775	1.5938	1.7182	1.8509	1.9926
9	1.0937	1.1951	1.3048	1.4233	1.5513	1.6895	1.8385	1.9990	2.1719
10	1.1046	1.2190	1.3439	1.4802	1.6289	1.7908	1.9672	2.1589	2.3674
11	1.1157	1.2434	1.3842	1.5395	1.7103	1.8983	2.1049	2.3316	2.5804
12	1.1268	1.2682	1.4258	1.6010	1.7959	2.0122	2.2522	2.5182	2.8127
13	1.1381	1.2936	1.4685	1.6651	1.8856	2.1329	2.4098	2.7196	3.0658
14	1.1495	1.3195	1.5126	1.7317	1.9799	2.2609	2.5785	2.9372	3.3417
15	1.1610	1.3459	1.5580	1.8009	2.0789	2.3966	2.7590	3.1722	3.6425
16	1.1726	1.3728	1.6047	1.8730	2.1829	2.5404	2.9522	3.4259	3.9703
17	1.1843	1.4002	1.6528	1.9479	2.2920	2.6928	3.1588	3.7000	4.3276
18	1.1961	1.4282	1.7024	2.0258	2.4066	2.8543	3.3799	3.9960	4.7171
19	1.2081	1.4568	1.7535	2.1068	2.5270	3.0256	3.6165	4.3157	5.1417
20	1.2202	1.4859	1.8061	2.1911	2.6533	3.2071	3.8697	4.6610	5.6044
21	1.2324	1.5157	1.8603	2.2788	2.7860	3.3996	4.1406	5.0338	6.1088
22	1.2447	1.5460	1.9161	2.3699	2.9253	3.6035	4.4304	5.4365	6.6586
23	1.2572	1.5769	1.9736	2.4647	3.0715	3.8197	4.7405	5.8715	7.2579
24	1.2697	1.6084	2.0328	2.5633	3.2251	4.0489	5.0724	6.3412	7.9111
25	1.2824	1.6406	2.0938	2.6658	3.3864	4.2919	5.4274	6.8485	8.6231
30	1.3478	1.8114	2.4273	3.2434	4.3219	5.7435	7.6123	10.063	13.268
40	1.4889	2.2080	3.2620	4.8010	7.0400	10.286	14.974	21.725	31.409
50	1.6446	2.6916	4.3839	7.1067	11.467	18.420	29.457	46.902	74.358
60	1.8167	3.2810	5.8916	10.520	18.679	32.988	57.946	101.26	176.03

〈표 1〉 계속

이 자 율										
10%	12%	14%	15%	16%	18%	20%	24%	28%	32%	36%
1.1000	1.1200	1.1400	1.1500	1.1600	1.1800	1.2000	1.2400	1.2800	1.3200	1.3600
1.2100	1.2544	1.2996	1.3225	1.3456	1.3924	1.4400	1.5376	1.6384	1.7424	1.8496
1.3310	1.4049	1.4815	1.5209	1.5609	1.6430	1.7280	1.9066	2.0972	2.3000	2.5155
1.4641	1.5735	1.6890	1.7490	1.8106	1.9388	2.0736	2.3642	2.6844	3.0360	3.4210
1.6105	1.7623	1.9254	2.0114	2.1003	2.2878	2.4883	2.9316	3.4360	4.0075	4.6526
1.7716	1.9738	2.1950	2.3131	2..4364	2.6996	2.9860	3.6352	4.3980	5.2899	6.3275
1.9487	2.2107	2.5023	2.6600	2.8262	3.1855	3.5832	4.5077	5.6295	6.9826	8.6054
2.1436	2.4760	2.8526	3.0590	3.2784	3.7589	4.2998	5.5895	7.2058	9.2170	11.703
2.3579	2.7731	3.2519	3.5179	3.8030	4.4355	5.1598	6.9310	9.2234	12.166	15.917
2.5937	3.1058	3.7072	4.0456	4.4114	5.2338	6.1917	8.5944	11.806	16.060	21.647
2.8531	3.4785	4.2262	4.6524	5.1173	6.1759	7.4301	10.657	15.112	21.199	29.439
3.1384	3.8960	4.8179	5.3503	5.9360	7.2876	8.9161	13.215	19.343	27.983	40.037
3.4523	4.3635	5.4924	6.1528	6.8858	8.5994	10.699	16.386	24.759	36.937	54.451
3.7975	4.8871	6.2613	7.0757	7.9875	10.147	12.839	20.319	31.691	48.757	74.053
4.1772	5.4736	7.1379	8.1371	9.2655	11.974	15.407	25.196	40.565	64.359	100.71
4.5950	6.1304	8.1372	9.3576	10.748	14.129	18.488	31.243	51.923	84.954	136.97
5.0545	6.8660	9.2765	10.761	12.468	16.672	22.186	38.741	66.461	112.14	186.28
5.5599	7.6900	10.575	12.375	14.463	19.673	26.623	48.039	86.071	148.02	253.34
6.1159	8.6128	12.056	14.232	16.777	23.214	31.948	59.568	108.89	195.39	344.54
6.7275	9.6463	13.743	16.367	19.461	27.393	38.338	73.864	139.38	257.92	468.57
7.4002	10.804	15.668	18.822	22.574	32.324	46.005	91.592	178.41	340.45	637.26
8.1403	12.100	17.861	21.645	26.186	38.142	55.206	113.57	228.36	449.39	866.67
8.9543	13.552	20.362	24.891	30.376	45.008	66.247	140.83	292.30	593.20	1178.7
9.8497	15.179	23.212	28.625	35.236	53.109	79.497	174.63	374.14	783.02	1603.0
10.835	17.000	26.462	32.919	40.874	62.669	95.396	216.54	478.90	1033.6	2180.1
17.449	29.960	50.950	66.212	85.850	143.37	237.38	634.82	1645.5	4142.1	10143.
45.259	93.051	188.88	267.86	378.72	750.38	1469.8	5455.9	19427.	66521.	*
117.39	289.00	700.23	1083.7	1670.7	3927.4	9100.4	46890.	*	*	*
304.48	897.60	2595.9	4384.0	7370.2	20555	56348.	*	*	*	*

〈표 2〉 연금의 복리계수(CVIFA) $CVIFA = \dfrac{(1+R)-1}{R}$

	이 자 율								
기간	1%	2%	3%	4%	5%	6%	7%	8%	9%
1	1.0000	1.0000	1.0000	1.0000	1.0000	1.0000	1.0000	1.0000	1.0000
2	2.0100	2.0200	2.0300	2.0400	2.0500	2.0600	2.0700	2.0800	2.0900
3	3.0301	3.0604	3.0909	3.1216	3.1525	3.1836	3.2149	3.2464	3.2781
4	4.0604	4.1216	4.1836	4.2465	4.3101	4.3746	4.4399	4.5061	4.5731
5	5.1010	5.2040	5.3091	5.4163	5.5256	5.6371	5.7507	5.8666	5.9847
6	6.1520	6.3081	6.4684	6.6330	6.8019	6.9753	7.1533	7.3359	7.5233
7	7.2135	7.4343	7.6625	7.8983	8.1420	8.3938	8.6540	8.9228	9.2004
8	8.2857	8.5830	8.8932	9.2142	9.5491	9.8975	10.260	10.637	11.028
9	9.3685	9.7546	10.159	10.583	11.027	11.491	11.978	12.488	13.021
10	10.462	10.950	11.464	12.006	12.578	13.181	13.816	14.487	15.193
11	11.567	12.169	12.808	13.486	14.207	14.972	15.784	16.645	17.560
12	12.683	13.412	14.192	15.026	15.917	16.870	17.888	18.977	20.141
13	13.809	14.680	15.618	16.627	17.713	18.882	20.141	21.495	22.953
14	14.947	15.974	17.086	18.292	19.599	21.015	22.550	24.215	26.019
15	16.097	17.293	18.599	20.024	21.579	23.276	25.129	27.152	29.361
16	17.258	18.639	20.157	21.825	23.657	25.673	27.888	30.324	33.003
17	18.430	20.012	21.762	23.698	25.840	28.213	30.840	33.750	36.974
18	19.615	21.412	23.414	25.645	28.132	30.906	33.999	37.450	41.301
19	20.811	22.841	25.117	27.671	30.539	33.760	37.379	41.446	46.018
20	22.019	24.297	26.870	29.778	33.066	36.786	40.995	45.762	51.160
21	23.239	25.783	28.676	31.969	35.719	39.993	44.865	50.423	56.765
22	24.472	27.299	30.537	34.248	38.505	43.392	49.006	55.457	62.873
23	25.716	28.845	32.453	36.618	41.430	46.996	53.436	60.893	69.532
24	26.973	30.422	34.426	39.083	44.502	50.816	58.177	66.765	76.790
25	28.243	32.030	36.459	41.646	47.727	54.865	63.249	73.106	84.701
30	34.785	40.568	47.575	56.085	66.439	79.058	94.461	113.28	136.31
40	48.886	60.402	75.401	95.026	120.80	154.76	199.64	259.06	337.88
50	64.463	84.579	112.80	152.67	209.35	290.34	406.53	573.77	815.08
60	81.670	114.05	163.05	237.99	353.58	533.13	813.52	1253.2	1944.8

〈표 2〉 계속

이 자 율										
10%	12%	14%	15%	16%	18%	20%	24%	28%	32%	36%
1.0000	1.0000	1.0000	1.0000	1.0000	1.0000	1.0000	1.0000	1.0000	1.0000	1.0000
2.1000	2.1200	2.1400	2.1500	2.1600	2.1800	2.2000	2.2400	2.2800	2.3200	2.3600
3.3100	3.3744	3.4396	3.4725	3.5056	3.5724	3.6400	3.7776	3.9184	4.0624	4.2096
4.6410	4.7793	4.9211	4.9934	5.0665	5.2154	5.3680	5.6842	6.0156	6.3624	6.7251
6.1051	6.3528	6.6101	6.7424	6.8771	7.1542	7.4416	8.0484	8.6999	9.3983	10.146
7.7156	8.1152	8.5355	8.7537	8.9775	9.4420	9.9299	10.980	12.136	13.406	14.799
9.4872	10.089	10.730	11.067	11.414	12.142	12.916	14.615	16.534	18.696	21.126
11.436	12.300	13.233	13.727	14.240	15.327	16.499	19.123	22.163	25.678	29.732
13.579	14.776	16.085	16.786	17.519	19.086	20.799	24.712	29.369	34.895	41.435
15.937	17.549	19.337	20.304	21.321	23.521	25.959	31.643	38.593	47.062	57.352
18.531	20.655	23.045	24.349	25.733	28.755	32.150	40.238	50.398	63.122	78.998
21.384	24.133	27.271	29.002	30.850	34.931	39.581	50.895	65.510	84.320	108.44
24.523	28.029	32.089	34.352	36.786	42.219	48.497	64.110	84.853	112.30	148.47
27.975	32.393	37.581	40.505	43.672	50.818	59.196	80.496	109.61	149.24	202.93
31.772	37.280	43.842	47.580	51.660	60.965	72.035	100.82	141.30	198.00	276.98
35.950	42.753	50.980	55.717	60.925	72.939	87.442	126.01	181.87	262.36	377.69
40.545	48.884	59.118	65.075	71.673	87.068	105.93	157.25	233.79	347.31	514.66
45.599	55.750	68.394	75.836	84.141	103.74	128.12	195.99	300.25	459.45	700.94
51.159	64.440	78.969	88.212	98.603	123.41	154.74	244.03	385.32	607.47	954.28
57.275	72.052	91.025	102.44	115.38	146.63	186.69	303.60	494.21	802.86	1298.8
64.002	81.699	104.77	118.81	134.84	174.02	225.03	377.46	633.59	1060.8	1767.4
71.403	92.503	120.44	137.63	157.41	206.34	271.03	469.06	812.00	1401.2	2404.7
79.543	104.60	138.30	159.28	183.60	244.49	326.24	582.63	1040.4	1850.6	3271.3
88.497	118.16	158.66	184.17	213.98	289.49	392.48	723.46	1332.7	2443.8	4450.0
98.347	133.33	181.87	212.79	249.21	342.60	471.98	898.09	1706.8	3226.8	6053.0
164.49	241.33	359.79	434.75	530.31	790.95	1181.9	2640.9	5873.2	12941.	28172.3
442.59	767.09	1342.0	1779.1	2360.8	4163.2	7343.9	22729.	69377.	*	*
1163.9	2400.0	4994.5	7217.7	10436.	21813.	45497.	*	*	*	*
3034.8	7471.6	18535.	29220.	46058.	*	*	*	*	*	*

〈표 3〉 현가계수(PVIF) $PVIF = \frac{1}{(1+R)^n}$

	이 자 율								
기간	1%	2%	3%	4%	5%	6%	7%	8%	9%
1	0.9901	0.9804	0.9709	0.9615	0.9524	0.9434	0.9346	0.9259	0.9174
2	0.9803	0.9612	0.9426	0.9246	0.9070	0.8900	0.8734	0.8573	0.8417
3	0.9706	0.9423	0.9151	0.8890	0.8638	0.8396	0.8163	0.7938	0.7722
4	0.9610	0.9238	0.8885	0.8548	0.8227	0.7921	0.7629	0.7350	0.7084
5	0.9515	0.9057	0.8626	0.8219	0.7835	0.7473	0.7130	0.6806	0.6499
6	0.9420	0.8880	0.8375	0.7903	0.7462	0.7050	0.6663	0.6302	0.5963
7	0.9327	0.8706	0.8131	0.7599	0.7107	0.6651	0.6227	0.5835	0.5470
8	0.9235	0.8535	0.7894	0.7307	0.6768	0.6274	0.5820	0.5403	0.5019
9	0.9143	0.8368	0.7664	0.7026	0.6446	0.5919	0.5439	0.5002	0.4604
10	0.9053	0.8203	0.7441	0.6756	0.6139	0.5584	0.5083	0.4632	0.4224
11	0.8963	0.8043	0.7224	0.6496	0.5847	0.5268	0.4751	0.4289	0.3875
12	0.8874	0.7885	0.7014	0.6246	0.5568	0.4970	0.4440	0.3971	0.3555
13	0.8787	0.7730	0.6810	0.6006	0.5303	0.4688	0.4150	0.3677	0.3262
14	0.8700	0.7579	0.6611	0.5775	0.5051	0.4423	0.3878	0.3405	0.2992
15	0.8613	0.7430	0.6419	0.5553	0.4810	0.4173	0.3624	0.3152	0.2745
16	0.8528	0.7284	0.6232	0.5339	0.4581	0.3936	0.3387	0.2919	0.2519
17	0.8444	0.7142	0.6050	0.5134	0.4363	0.3714	0.3166	0.2703	0.2311
18	0.8360	0.7002	0.5874	0.4936	0.4155	0.3503	0.2959	0.2502	0.2120
19	0.8277	0.6864	0.5703	0.4746	0.3957	0.3305	0.2765	0.2317	0.1945
20	0.8195	0.6730	0.5537	0.4564	0.3769	0.3118	0.2584	0.2145	0.1784
21	0.8114	0.6598	0.5375	0.4388	0.3589	0.2942	0.2415	0.1987	0.1637
22	0.8034	0.6468	0.5219	0.4220	0.3418	0.2775	0.2257	0.1839	0.1502
23	0.7954	0.6342	0.5067	0.4057	0.3256	0.2618	0.2109	0.1703	0.1378
24	0.7876	0.6217	0.4919	0.3901	0.3101	0.2470	0.1971	0.1577	0.1264
25	0.7798	0.6095	0.4776	0.3751	0.2953	0.2330	0.1842	0.1460	0.1160
30	0.7419	0.5521	0.4120	0.3083	0.2314	0.1741	0.1314	0.0994	0.0754
40	0.6717	0.4529	0.3066	0.2083	0.1420	0.0972	0.0668	0.0460	0.0318
50	0.6080	0.3715	0.2281	0.1407	0.0872	0.0543	0.0339	0.0213	0.0134

〈표 3〉 계속

이 자 율										
10%	12%	14%	15%	16%	18%	20%	24%	28%	32%	36%
0.9091	0.8929	0.8772	0.8696	0.8621	0.8475	0.8333	0.8065	0.7813	0.7576	0.7353
0.8264	0.7972	0.7695	0.7561	0.7432	0.7182	0.6944	0.6504	0.6104	0.5739	0.5407
0.7513	0.7118	0.6750	0.6575	0.6407	0.6086	0.5787	0.5245	0.4768	0.4748	0.3975
0.6830	0.6355	0.5921	0.5718	0.5523	0.5158	0.4823	0.4230	0.3725	0.3294	0.2923
0.6209	0.5674	0.5194	0.4972	0.4761	0.4371	0.4019	0.3411	0.2910	0.2495	0.2149
0.5645	0.5066	0.4556	0.4323	0.4104	0.3704	0.3349	0.2751	0.2274	0.1890	0.1580
0.5132	0.4523	0.3996	0.3759	0.3538	0.3139	0.2791	0.2218	0.1776	0.1432	0.1162
0.4665	0.4039	0.3506	0.3269	0.3050	0.2660	0.2326	0.1789	0.1388	0.1085	0.0854
0.4241	0.3606	0.3075	0.2843	0.2630	0.2255	0.1938	0.1443	0.1084	0.0822	0.0628
0.3855	0.3220	0.2697	0.2472	0.2267	0.1911	0.1615	0.1164	0.0847	0.0623	0.0462
0.3505	0.2875	0.2366	0.2149	0.1954	0.1619	0.1346	0.0938	0.0662	0.0472	0.0340
0.3186	0.2567	0.2076	0.1869	0.1685	0.1372	0.1122	0.0757	0.0517	0.0357	0.0250
0.2897	0.2292	0.1821	0.1625	0.1452	0.1163	0.0935	0.0610	0.0404	0.0271	0.0184
0.2633	0.2046	0.1597	0.1413	0.1252	0.0985	0.0779	0.0492	0.0316	0.0205	0.0135
0.2394	0.1827	0.1401	0.1229	0.1079	0.0835	0.0649	0.0397	0.0247	0.0155	0.0099
0.2176	0.1631	0.1229	0.1069	0.0930	0.0708	0.0541	0.0320	0.0193	0.0118	0.0073
0.1978	0.1456	0.1078	0.0929	0.0802	0.0600	0.0451	0.0285	0.0150	0.0089	0.0054
0.1799	0.1300	0.0946	0.0808	0.0691	0.0508	0.0376	0.0208	0.0118	0.0068	0.0039
0.1635	0.1161	0.0829	0.0703	0.0596	0.0431	0.0313	0.0168	0.0092	0.0051	0.0029
0.1486	0.1037	0.0728	0.0611	0.0514	0.0365	0.0261	0.0135	0.0072	0.0039	0.0021
0.1351	0.0926	0.0638	0.0531	0.0443	0.0309	0.0217	0.0109	0.0056	0.0029	0.0016
0.1228	0.0826	0.0560	0.0462	0.0382	0.0262	0.0181	0.0088	0.0044	0.0022	0.0012
0.1117	0.0738	0.0491	0.0402	0.0329	0.0222	0.0151	0.0071	0.0034	0.0017	0.0008
0.1015	0.0659	0.0431	0.0349	0.0284	0.0188	0.0126	0.0057	0.0027	0.0013	0.0006
0.0923	0.0588	0.0378	0.0304	0.0245	0.0160	0.0105	0.0046	0.0021	0.0010	0.0005
0.0573	0.0334	0.0196	0.0151	0.0116	0.0070	0.0042	0.0016	0.0006	0.0002	0.0001
0.0221	0.0107	0.0053	0.0037	0.0026	0.0013	0.0007	0.0002	0.0001	*	*
0.0085	0.0035	0.0014	0.0009	0.0006	0.0003	0.0001	*	*	*	*

〈표 4〉 연금의 현가계수(PVIFA)

$$PVIFA = \left[\frac{1}{R} - \frac{1}{R(1+R)^n}\right]$$

	이 자 율								
기간	1%	2%	3%	4%	5%	6%	7%	8%	9%
1	0.9901	0.9804	0.9709	0.9615	0.9524	0.9434	0.9346	0.9259	0.9174
2	1.9704	1.9416	1.9135	1.8861	1.8594	1.8334	1.8080	1.7833	1.7591
3	2.9410	2.8839	2.8286	2.7751	2.7232	2.6730	2.6243	2.5771	2.5313
4	3.9020	3.8077	3.7171	3.6299	3.5460	3.4651	3.3872	3.3121	3.2397
5	4.8534	4.7135	4.5797	4.4518	4.3295	4.2124	4.1002	3.9927	3.8897
6	5.7955	5.6014	5.4172	5.2421	5.0757	4.9173	4.7665	4.6229	4.4859
7	6.7282	6.4720	6.2303	6.0021	5.7864	5.5824	5.3893	5.2064	5.0330
8	7.6517	7.3255	7.0197	6.7327	6.4632	6.2098	5.9713	5.7466	5.5348
9	8.5660	8.1622	7.7861	7.4353	7.1078	6.8017	6.5152	6.2469	5.9952
10	9.4713	8.9826	8.5302	8.1109	7.7217	7.3601	7.0236	6.7101	6.4177
11	10.3676	9.7868	9.2526	8.7605	8.3064	7.8869	7.4987	7.1390	6.8052
12	11.2551	10.5753	9.9540	9.3851	8.8633	8.3838	7.9427	7.5361	7.1607
13	12.1337	11.3484	10.6350	9.9856	9.3936	8.8527	8.3577	7.9038	7.4869
14	13.0037	12.1062	11.2961	10.5631	9.8986	9.2950	8.7455	8.2442	7.7862
15	13.8651	12.8493	11.9379	11.1184	10.3797	9.7122	9.1079	8.5595	8.0607
16	14.7179	13.5777	12.5611	11.6523	10.8378	10.1059	9.4466	8.8514	8.3126
17	15.5623	14.2919	13.1661	12.1657	11.2741	10.4773	9.7632	9.1216	8.5436
18	16.3983	14.9920	13.7535	12.6593	11.6896	10.8276	10.0591	9.3719	8.7556
19	17.2260	15.6785	14.3238	13.1339	12.0853	11.1581	10.3356	9.6036	8.9501
20	18.0456	16.3514	14.8775	13.5903	12.4622	11.4699	10.5940	9.8181	9.1285
21	18.8570	17.0112	15.4150	14.0292	12.8212	11.7641	10.8355	10.0168	9.2922
22	19.6604	17.6580	15.9369	14.4511	13.1630	12.0416	11.0612	10.2007	9.4424
23	20.4558	18.2922	16.4436	14.8568	13.4886	12.3034	11.2722	10.3741	9.5802
24	21.2434	18.9139	16.9355	15.2470	13.7986	12.5504	11.4693	10.5288	9.7066
25	22.0232	19.5235	17.4131	15.6221	14.0939	12.7834	11.6536	10.6748	9.8226
30	25.8077	22.3965	19.6004	17.2920	15.3725	13.7648	12.4090	11.2578	10.2737
40	32.8347	27.3555	23.1148	19.7928	17.1591	15.0463	13.3317	11.9246	10.7574
50	39.1961	31.4236	25.7298	21.4822	18.2559	15.7619	13.8007	12.2335	10.9617

〈표 4〉 계속

이 자 율									
10%	12%	14%	15%	16%	18%	20%	24%	28%	32%
0.9091	0.8929	0.8772	0.8696	0.8621	0.8475	0.8333	0.8065	0.7813	0.7576
1.7355	1.6901	1.6467	1.6257	1.6052	1.5656	1.5278	1.4568	1.3916	1.3315
2.4869	2.4018	2.3216	2.2832	2.2459	2.1743	2.1065	1.9813	1.8684	1.7663
3.1699	3.0373	2.9137	2.8550	2.7982	2.6901	2.5887	2.4043	2.2410	2.0957
3.7908	3.6048	3.4331	3.3522	3.2743	3.1272	2.9906	2.7454	2.5320	2.3452
4.3553	4.1114	3.8887	3.7845	3.6847	3.4976	3.3255	3.0205	2.7594	2.5342
4.8684	4.5638	4.2883	4.1604	4.0386	3.8115	3.6046	3.2423	2.9370	2.6775
5.3349	4.9676	4.6389	4.4873	4.3436	4.0776	3.8372	3.4212	3.0758	2.7860
5.7590	5.3282	4.9464	4.7716	4.6065	4.3030	4.0310	3.5655	3.1842	2.8681
6.1446	5.6502	5.2161	5.0188	4.8332	4.4941	4.1925	3.6819	3.2689	2.9304
6.4951	5.9377	5.4527	5.2337	5.0286	4.6560	4.3271	3.7757	3.3351	2.9776
6.8137	6.1944	5.6603	5.4206	5.1971	4.7932	4.4392	3.8514	3.3868	3.0133
7.1034	6.4235	5.8424	5.5831	5.3423	4.9095	4.5327	3.9124	3.4272	3.0404
7.3667	6.6282	6.0021	5.7245	5.4675	5.0081	4.6106	3.9616	3.4587	3.0609
7.6061	6.8109	6.1422	5.8474	5.5755	5.0916	4.6755	4.0013	3.4834	3.0764
7.8237	6.9740	6.2651	5.9542	5.6685	5.1624	4.7296	4.0333	3.5026	3.0882
8.0216	7.1196	6.3729	6.0472	5.7487	5.2223	4.7746	4.0591	3.5177	3.0971
8.2014	7.2497	6.4674	6.1280	5.8178	5.2732	4.8122	4.0799	3.5294	3.1039
8.3649	7.3658	6.5504	6.1982	5.8775	5.3162	4.8435	4.0967	3.5386	3.1090
8.5136	7.4694	6.6231	6.2593	5.9288	5.3527	4.8696	4.1103	3.5458	3.1129
8.6487	7.5620	6.6870	6.3125	5.9731	5.3837	4.8913	4.1212	3.5514	3.1158
8.7715	7.6446	6.7429	6.3587	6.0113	5.4099	4.9094	4.1300	3.5558	3.1180
8.8832	7.7184	6.7921	6.3988	6.0442	5.4321	4.9245	4.1371	3.5592	3.1197
8.9847	7.7843	6.8351	6.4338	6.0726	5.4509	4.9371	4.1428	3.5619	3.1210
9.0770	7.8431	6.8729	6.4641	6.0971	5.4669	4.9476	4.1474	3.5640	3.1220
9.4269	8.0552	7.0027	6.5660	6.1772	5.5168	4.9789	4.1601	3.5693	3.1242
9.7791	8.2438	7.1050	6.6418	6.2235	5.5482	4.9966	4.1659	3.5712	3.1250
9.9148	8.3045	7.1327	6.6605	6.2463	5.5541	4.9995	4.1666	3.5714	3.1250

부록3

신용평가표

외부감사대상 건설업(공통평가 : 광 · 제조 · 건설업)

팀 원	팀 장	부점장

중소기업 신용평가표

고객번호 : 업체명 :

작성일자 : 유효기일 : 산업분류 : F46112 (NO. 38

결산년도 : 기업분석실 부점장

구 분		평 가 항 목	평 가 기 준	배 점	영 업 점		본 부	
업종별 평가항목	안정성	자기자본비율	33.8 %	6	D	2.4	D	2.4
		고정장기적합률	73.7 %	3	E	0.6	E	0.6
		당좌비율	74.1 %	4	D	1.6	E	0.8
		차입금의존도	15.4 %	6	C	3.6	C	3.6
	수익성	총자산 경상이익률	2.3 %	7	D	2.8	E	1.4
		매출액 영업이익률	1.5 %	4	E	0.8	E	0.8
		금융비용/매출액	1.4 %	7	D	2.8	D	2.8
	활동성	총자산회전율	2.82 회	5	B	4.0	C	3.0
		영업자산회전율	5.1 회	4	C	2.4	C	2.4
	생산성	총자본투자효율	100.9 %	4	B	3.2	C	2.4
		부가가치율	35.8 %	4	B	3.2	C	2.4
	성장성	유형자산증가율	193.2 %	2	B	1.6	A	2.0
		매출액증가율	전기(음) 당기(양) %	4	C	2.4	C	2.4
공통평가항목	사업성	성 장 전 망	3.9 %	2	D	0.8	E	0.4
		수 익 전 망	1.7 %	2	E	0.4	E	0.4
		시 장 성	양 호	5	A	5.0	B	4.0
		미래현금흐름	4.2 %	2	C	1.2	C	1.2
		업 종 유 망 성	양 호	2	B	1.6	B	1.6
	경쟁력	인 력 개 발	양 호	2	B	1.6	B	1.6
		기술개발 및 품질혁신	양 호	4	B	3.2	B	3.2
		정 보 화 기 반	매우양호	1	A	1.0	A	1.0
		가 격 경 쟁 력	불 량	2	D	0.8	E	0.4
		국 제 경 영 력	보 통	2	C	1.2	C	1.2
	경영능력	경영자의 경영능력	매우양호	4	A	4.0	A	4.0
		노 사 관 계	양 호	2	B	1.6	B	1.6
		근로조건 및 복지수준	양 호	1	B	0.8	B	0.8
	신뢰성	은행거래 신뢰도	매우양호	3	A	3.0	A	3.0
		세 평	매우양호	2	A	2.0	A	2.0
	기타항목	업 력	19년	2	A	2.0	A	2.0
		규 모	83,339백만원	2	A	2.0	A	2.0
		기업군신용위험 (감점)	해당사항없음	(–3)	A	0.0	A	0.0
		기타신용위험 (감점)	해당사항없음	(–3)	A	0.0	A	0.0
		금 융 규 제 (감점)	해당사항없음	(–4)	A	0.0	A	0.0
신용평가표 결과					(	)	(57.4)	

중소기업 건전도평가 (결산일자 2003. 12. 31)	건전도 : 89.8%(A2급)
	건전도 가감점수(±10) : 8.0점
종 합 신 용 평 가	신용등급 : BB+ 신용평점 : 60

작성자(과장) : (인) 확인자(선임심사역) : (인)

(재심일자 : 본부(과장) :)

공통평가항목 검토표

(작성일 2004년 10월 06일)

팀 원	팀 장	지점장

고객번호 :
결산일자 :
업 체 명 :

광·제조·건설업

–평가항목별 검토사항 : 원칙적으로 입수가능한 최근정보를 활용하고 검토내용을 구체적으로 기재할 것

구분	평가항목	검 토 사 항	검 토 내 용	점 수	등 급
사업성	1. 성장전망	① 추정매출액 증가율 (3개년 평균)	향후3개년평균 추정매출액증가율 : 3.9%		E
	2. 수익전망	① 추정매출액영업이익률 (3개년 평균)	향후3개년평균 추정매출액영업이익률 : 1.7%		E
	3. 시장성	① 안정적인 판매처를 확보하고 있는가 *건설업(F45)의 경우 추가 검토내용	유수한 고정판매처 확보 (회사명 : SK건설, 포스코건설, 대, 판매비중 : 61% 고정판매처와의 거래관계(제품우수 계열관계) 협력업체 인적관계 기타 기타일 경우) 판매처 다변화 (매출액이 5% 이상 주요판매처 : 5개) 자체 판매망 (대리점 : 개, 직판장 : 개, 해외판매망 : 개) 주요판매처의 거래조건 변화 (외상판매 : 60%, 결제기간 : 60일) (수주금액 : 백만원) 매출채권의 건전성 부도어음 및 장기불량매출채권 (최근 : 백만원) (당기 : 백만원) 도급순위 : 13위 면허종류 : 토공, 철콘 외 진행사업분양률 : % 계획사업의 전망 (양호 보통 미흡) 도급공사의 안정도 (양호 보통 미흡) (관급공사 수주액 : 백만원)	4	B
		② 원재료 조달은 원활한가	주요원재료 조달 (국내구입 : %, 해외구입 : %) 주요원재료의 물량확보 (안정 보통 불안정) 주요원재료의 조달가격 (안정 보통 불안정)	4	
		③ 제품은 소비자(대중 및 수요처)에게 잘 알려져 있고 평판은 좋은가 자사 브랜드제품의 판매상황은 어떠한가	인지도 (높음 보통 낮음) 평판 (좋음 보통 나쁨) A/S수준 (상 중 하 , 종사인원수 : 명) 반품, 클레임 발생정도 (심각함 보통 미미함) 상표등록 (유 무) (브랜드명 :) 자사 브랜드의 판매비중 (백만원, %)	4	
		④ 시장성을 평가할 수 있는 기타요인이 있는가	주요 신규판매처 확보 (회사명 :) 최근 수주금액 (내수 : 백만원) (L/C 및 ORDER 보유량 : 천미불) 기타요인 : 수주물량 유지	3	
			점 수 소 계	15	
	4. 미래현금흐름	① 추정현금흐름/ 추정총부채(3개년 평균)	향후3개년평균 추정현금흐름/추정총부채 4.2%		C

고객번호 :

구분	평가항목	검 토 사 항	검 토 내 용	점 수	등 급
사업성	5. 업종유망성 (제품특성)	① 경기 및 환경변화와 업종(제품)의 Life Cycle을 고려할 때 성장가능성은 어떠한가	산업(업종)레이팅 IRC 제품의 Life Cycle (도입 성장 성숙 쇠퇴) 주력제품의 특성 ( )	3	B
		② 환경관련인증 획득 여부와 환경규제 및 기타 제약요인은 있는가	환경관련인증 획득여부 (ISO14001) 환경관련규제 (내용 :) 기타제약요인 (내용 :) 대응책 (내용 :)	4	
		③ 주력제품의 시장점유도와 총시장수요는 어느 정도인가	주력제품의 당기매출액(83,339백만원) 주력제품의 당기총시장수요(백만원) 주력제품의 시장지위 (독과점 우위 보통 열위 신규진입)	4	
		점 수 소 계		11	
경쟁력	1. 인력개발	① 기술, 기능보유 전문인력을 충분히 확보하고 있는가	기사 (75명, 충분 부족) 기능사 (26명, 충분 부족) 생산직 종업원수 (명, 충분 부족) 종업원 숙련도 생산직 3년이상 근무자 (명) (양호 보통 미흡)		B
		② 전문인력 개발을 위해 체계적인 교육을 실시하고 있는가	최근 2년간 해외연수실적 (회, 관리직 : 명, 생산직 : 명) 최근 2년간 국내 전문기관 교육 (회, 관리직 : 명, 생산직 : 명) 자체 연수교육 실시 (계획수립 수시 기타 기타일 경우 :)		
	2. 기술개발 및 품질혁신	① 연구개발 및 신제품 개발활동(산, 학, 연 연구활동 등)은 활발한가	R&D 투자 (백만원, 매출액의 %) 최근 2년간 신제품 개발실적 (개발완료 ; 건, 개발진행중 : 건) 자체실험실, 연구실, 디자인실 등의 설치 여부 (유 무), 활용도 (활발 보통 미흡) 산, 학, 연 연구활동 (관련기관 :) (내용 :)	3	B
		② 특허권이나 K.S, UL, ISO, Q마크 등 공인규격 및 품질인증 등을 보유하고 있는가	특허권 현황 (보유 출원중) (내용 : 착암기용 비트) 공인규격이나 품질인증 (내용 : ISO9002, ISO14001, OHSAS18001) 품질관리 1, 2등급 공장 등급 실용신안권 등 기타 : 실용신안권 7개	5	
		③ 품질향상을 위한 Q.C활동 등과 제조물책임법과 관련한 대책은 어떠한가	Q.C분임조의 편성여부 (편성 미편성) 제안건수 (년 건 중 채택 건) Q.C관련 포상여부 (외부포상 자체포상) 생산성향상우수기업 선정(유 무) (선정 년) 100PPM 등 품질혁신활동 인증획득 추진중 (내용 :) 제조물책임법관련 직원교육, 훈련정도 (양호 보통 미흡) 제조물책임보험(생산물배상책임보험)가입 또는 대책 (유 무) (내용 :)	3	
		④ 기술개발이나 품질혁신을 인정할 만한 기타요인이 있는가	주생산설비의 유지관리상태(양호 보통 불량) 보유설비의 선진도 (양호 보통 노후화) (최신설비명 : JUMBO-DRILL) (보유대수 : 9) 공장자동화 정도 (양호 보통 미흡 불량) 기타요인 :	4	
		점 수 소 계		15	

고객번호 :

구분	평가항목	검 토 사 항	검 토 내 용	점 수	등 급
경쟁력	3. 정보화 기반	① 정보시스템의 설비 및 지원수준은 어느 정도인가	컴퓨터시스템 및 주변장치 (설비내용 : NT SERVE, 현장간NT구축, 인터넷) 네트워크 연결상태 (내부 외부) 지원조직 체계 및 전문성 수준 (양호 보통 미흡 불량) 지원관리지침 수립 및 활용정도 (양호 보통 미흡 불량)		A
		② 정보시스템의 이용 및 정보수집능력은 어느 정도인가	정보시스템 이용수준 (인터넷 인트라넷 업무정보화 생산제조정보화 정보시스템 통합 기타 기타일 경우 :) 신제품, 고객욕구, 원자재 수급동향 등에 대한 정보수집능력 (양호 보통 미흡 불량)		
	4. 가 격 경쟁력	① 매출원가율은 어느 정도인가	동사 (93.2%) 동업계(87.5%) 감가상각비의 적정계상여부 (적정 부적정)		E
		② 주력제품의 판매가격은 어떠한가	경쟁제품(수입제품 포함)의 판매가격과 비교 (높음 보통 낮음)		
	5. 국 제 경영력	① 해외진출 및 해외시장 관심도는 어떠한가	자사브랜드 제품의 해외진출여부 (진출 미진출 기타 :) 최근 1년 이내 수출입 실적 (수출 : kjk_exprt백만원 수입 : kjk_imprt백만원 국제전시회 출품여부 (유 무) (주요전시회명 :) 해외지사(사무소)설치 (유 무) (내용 :) 경영자의 해외시장에 대한 관심도 (전시회 관람 우수기업 견학 기타 기타일 경우 :)		C
		② 외국과의 기술제휴, 기술도입, 해외투자 등이 이루어지고 있는가	기술제휴(도입)처 ( ) (제휴년도 년) (내용 :) 해외투자 (장소 :) (금액 : 천미불) (내용 :)		
	1. 경영자의 경영능력	① 경영형태 및 방식과 사업추진력(리더십, 집념, 조직관리 능력 등)은 어떠한가	경영형태 (창업주 및 소유주 창업2세) 동업 전문경영인 기타 기타일 경우 :) 경영방식 (합리적 독선적 기타) 기타일 경우 :) 사업추진력 (탁월 우수 보통 미흡)	5	
		② 경영권의 안정성 정도는 어떠한가	경영권 분쟁여부 (유 무) 지분소유 및 경영권 확보 (절대적 안정적 다소불안정 불안정) 동업자와의 관계 무모한 사업확장여부 (내용 :) 회사자금 전용여부 (내용 :)	5	
		③ 경영자의 건강상태, 성격, 자질은 어떠한가	연령 56세 건강상태 (양호 보통 허약 질병상태) 경영자의 취미, 사생활 건전성여부 ( ) 경영자의 전문경력분야 (영업 기술 관리 기타) (기타일 경우) 행동성향 (적극적 소극적 기타) (기타일 경우 :)	4	

고객번호 :

<table>
<tr><th>구분</th><th>평가항목</th><th>검 토 사 항</th><th>검 토 내 용</th><th>점 수</th><th>등 급</th></tr>
<tr><td rowspan="9">경
영
능
력</td><td rowspan="3">1. 경영자의 경영능력</td><td>④ 동업계 경력 및 사업경력과 사업과 관련된 수상실적은 있는가</td><td>동업계 경력 : 15년
사업 경력 : 10년
최근 5년이내 5회
(주요포상기관명 : 강남세무서, 건설협회)</td><td>5</td><td rowspan="3">A</td></tr>
<tr><td>⑤ 경영자의 경영능력을 평가할 수 있는 기타 요인은 있는가</td><td>경영자의 사업외적 재력보유 및 수입 정도
(내용 :)
경영위험 극복 등 위기대처능력 보유정도
(양호 보통 미흡)
기타요인 :</td><td>4</td></tr>
<tr><td colspan="2">점 수 소 계</td><td>23</td></tr>
<tr><td>2. 노사관계</td><td>① 노사간의 신뢰와 상호협조는 잘 이루어지고 있으며 임, 직원의 퇴직 여부는 어떠한가</td><td>노사협력우량기업 선정(유 무)선정 년
근로자의 사용자에 대한 인식
(긍정적 보통 미온적 부정적)
최근 2년이내 노사분규 회수와 정도
회수 회(정도 : 심각함 보통임 미미함)
임, 직원의 퇴직여부 (잦다 보통임 거의없음)
경리관계자 교체빈도 (잦다 보통임 거의없음)</td><td>4</td><td>B</td></tr>
<tr><td rowspan="4">3. 근로조건 및 복지수준</td><td>① 동업계와 비교하여 임금, 근무시간, 근무환경 등 근로조건은 어떠한가</td><td>동업계대비 임금수준 (양호 보통 미흡)
월평균급여액
(동사 : 2,434천원, 동업계 : 1,981천원)
: (연간임금총액/상시종업원수/12)
1일 평균근무시간 0시간
작업환경 (쾌적 보통 미흡 열악)</td><td>5</td><td rowspan="4">B</td></tr>
<tr><td>② 동업계와 비교하여 종업원지원제도 등은 어떠한가</td><td>직장의료보험 (유 무) 주택자금지원 (유 무)
학자금지원 (유 무) 기숙사 (유 무)
구내식당 (유 무) 통근비 지원 (유 무)</td><td>4</td></tr>
<tr><td>③ 재해발생 정도와 각종 보상제도 및 휴가제도 등은 어떠한가</td><td>산업재해율(산업재해자수/종업원수) %
재해보상제도 (유 무)
(내용 : 산재보험)
휴가제도 (년 5일)</td><td>3</td></tr>
<tr><td colspan="2">점 수 소 계</td><td>12</td></tr>
<tr><td rowspan="4">신
뢰
도</td><td rowspan="3">1. 은행거래 신뢰도</td><td>① 경영상담의 성실도, 제출자료의 신뢰도 각종 약속이행도 등은 어떠한가</td><td>경영상담의 성실도 (양호 보통 미흡 불량)
제출자료의 신빙성 (양호 보통 미흡 불량)
외감대상 (여 부) 외감실시 (여 부)
최근결산년도 감사의견
(적정 한정 부적정 의견거절)
각종 약속이행도 (양호 보통 미흡 불량)
최근 3개월 교환결제 연장회수 (회)</td><td>4</td><td rowspan="3">A</td></tr>
<tr><td>② 여신거래기간 및 조사일로부터 최근 1년이내 연체 및 대지급발생 사실은 어떠한가</td><td>여신거래기간 : 16년
조사일로부터 최근 1년이내 10일이상
계속연체 및 대지급 발생 : 회
조사일로부터 최근 1년이내 연체 및 대지급
누계일수 : 일</td><td>5</td></tr>
<tr><td colspan="2">점 수 소 계</td><td>9</td></tr>
<tr><td>2. 세 평</td><td>① 동업계 세평 및 사회기여도는 어떠한가</td><td>동업계 세평 (양호 보통 불량)
거래기업간 신용도 (양호 보통 불량)
신용상태에 대한 외부로부터의 조회
(잦다 보통임 거의없음)
지역사회 참여도 (높음 보통 낮음)
(사회복지사업 문화, 장학사업 기타)
기타일 경우 : 연수생관리모범업체(건교부)</td><td></td><td>A</td></tr>
</table>

고객번호 :

<table>
<tr><th>구분</th><th>평가항목</th><th>검 토 사 항</th><th>검 토 내 용</th><th>점 수</th><th>등 급</th></tr>
<tr><td rowspan="6">기타조정항목</td><td>1. 업 력</td><td>① 회사의 영업년수는 어느 정도인가</td><td>실질영업년수 : 19년 (설립일 1985년 02월)
휴업기간 : 00년 00일</td><td></td><td>A</td></tr>
<tr><td>2. 규 모</td><td>① 매출액의 규모는 어느 정도인가</td><td>당 기 : 83,339백만원
직전년도 : 74,043백만원</td><td></td><td>A</td></tr>
<tr><td>3. 기업군의 신용위험</td><td>① 기업군의 신용위험은 어느 정도인가</td><td>기업군의 부실화정도 등 신용위험상태
(양호 보통 미흡 불량)
(주력기업 : 효동개발
신용등급 : 급
평가기관 :)
내부거래내역
영업의존도 (매우높음 보통 미미함)
자금의존도 (매우높음 보통 미미함)
타인자본의존도 (부채비율 : %)
기업군의 최근 3년간 계속결손 및 자본잠식 여부
(계속결손 :)
(자본잠식 :)</td><td></td><td>A</td></tr>
<tr><td rowspan="2">4. 기 타 신용위험</td><td>① 기타 소송계류, 지급보증 및 연대보증 등이 신용상태에 미치는 영향은 어떠한가</td><td>소송계류여부
채무지급보증 및 연대입보
(내용 :)
당좌교환결제액(반기)/매출액(반기) : %
주요 우발채무
(내용 :)
기타요인 (내용 :)</td><td></td><td rowspan="2">A</td></tr>
<tr><td>② 외환리스크 현황 및 관리실태 정보</td><td>전담인력의 전문성 및 보고체계
(양호 보통 미흡)
외환리스크 전산관리시스템 구축 수준
(양호 보통 미흡 불량)
외환리스크 적정한도 설정
-Open Position (외화자산과 외화부채 차액의 절대값)
비율 : %
외환리스크 헷지 노력
(내용 : 환리스크 금액 미미한 수준임)
경영자의 외환리스크 파악 및 관리능력
(탁월 우수 보통 미흡)</td><td></td></tr>
<tr><td>5. 금융규제</td><td>① 금융거래관련 규제여부와 당좌수표, 어음 및 가계수표 부도사실이 있는가(대표자 및 실질경영자 포함)</td><td>A : 그 외의 업체
B : 최근 3년 이내 금융규제나 당좌수표, 어음 및 가계수표 부도사실이 있었던 거래처
C : 최근 1년 이내 허위세금계산서 및 융통어음관련 제재사실이 있는 거래처
D : 최근 1년간 3차 이내 당좌수표, 어음 및 가계수표 부도거래처
E : 주의 및 적색거래처
※규제내역</td><td></td><td>A</td></tr>
</table>

행 내 한

건설업
외부감사대상

팀 원	팀원(4급)	팀 장	부점장

중소기업 건전도평가표

(작성일 :)

고객번호 :
업 체 명 :
대 표 자 :

업 종 : F46112
결산년도 :

구 분	판 정		
① 인공지능모형	건 전 도 (89.8%)		
② Check 모형	점 검 지 표 별 실 제 값	일 반 기 준	특 별 기 준
	㉠ 경상자금수지비율 (105.69 %)		
	㉡ 영업자산 대 총자산[광 · 제조 · 건설업] (52.54 %)	100%미만 ( )	90%미만 ( )
	[도 · 소매 · 기타] (	50%이상 ( )	——
	%)	60%이상 ( )	——
	㉢ 기업신용기간의 변화 (0.28)	2 이상 ( )	——
	㉣ 차입금 대 월매출액[광 · 제조 · 건설업] (68.12 %)	500%이상 ( )	1000%이상 ( )
	[도 · 소매 · 기타] (	300%이상 ( )	700%이상 ( )
	%)	2 이상 ( )	——
	㉤ 재고자산회전기간의 변화 (0.23)	2 이상 ( )	5 이상 ( )
	㉥ 영업패턴의 변화 (0.50)	−0.5이하 ( )	−1.0 이하 ( )
	㉦ 총자산회전율의 차이 (−0.08)		
	※영업활동후 현금흐름액 천원		
	건 전(*) 주 의 ( )		
③ 종합판정 (① + ②)	건전등급(A2) 주 의 ( )		

재무항목전산입력자 (인) 재무항목 확인자 (인)

※는 Check모형 적용이 불가능한 업체임.

[평가기준 운용방법]

1. 인공지능 모형 : – 건전도에 따라 A1, A2, A3, B, C, D, E의 7등급으로 분류
2. Check 모형 : – 일반기준 3개 이상 해당 주의
   – 특별기준 1개 이상 해당 주의
   – 영업활동 후 현금흐름액 부(–) 주의
3. C등급 이하 및 「주의」로 판정된 기업은 해당 점검지표에 대한 원인분석과 향후 개선 전망을 주의 깊게 검토하여 여신운용에 신중을 기할 것

팀 원	대리급팀원	팀 장	영업점장

개인회원 신용평가표

(심사기준표 겸용)

(년 월 일)

CSS관리번호		등록영업점		조회영업점	

1. 인적정보

신상	성 명		주민등록번호		생년월일		신용구분	
	자 택 주 소						전화번호	
	주 거 구 분		주거형태		결혼여부		결혼기념일	
직장	직 장 주 소						전화번호	
	직 업 구 분		직장명(상호)		근 무 부 서		직 위	
	입사(개업)년월일		직 무 구 분		고 용 형 태		직업/직위코드	
	전 직 장 명		퇴직시직위코드		전직장재직년수	년 개월	퇴 직 년 월	년 월
재산	근로/사업소득	만원	재산/토지세납부액	만원	종 합 소 득 세 납 부 액			만원
	주택소유구분		자 가 용 소 유		캠 페 인 코 드			
기타	가정주부가 배우사(남편)의 신용으로 신청하는 경우 남편의 성명 및 주민등록번호							
	신청인이 사업소득자(자영업자)인 경우 당행 기업카드 발급여부 및 이용한도액							

2. 신용정보

불량등록총건수	미해제불량건수	신용개설총건수	신용조회총건수	할부판매/금융조회총건수
건	건	건	건	건
불량등록총금액	미해제불량금액	90일내 신용개설건수	90일내 신용조회건수	60일내할부/금융조회건수
천원	천원	건	건	건

3. 거래정보

여·수신 평잔(전월말)		여·수신 및 보증잔액(전월말)		부수거래 및 연체상황		타행대출 및 복수카드 현황(1개월)	
총수신 6개월평잔	천원	총수신 잔액	천원	최근1년간 지로이체	천원	타행 총대출금액	천원
요구불 6개월평잔	천원	요구불 잔액	천원	최근1년간 급여이체금액	천원	타행 대출건수	건
저축성 6개월평잔	천원	저축성 잔액	천원	최근1년간 대출연체일수	일	복수카드 보유수	개
신 탁 6개월평잔	천원	신 탁 잔액	천원	최근1년간 대출연체금액	천원	복수카드 신용구매액	천원
총여신 6개월평잔	천원	총여신 잔액	천원			복수카드 현금서비스액	천원
		총보증 잔액	천원			복수카드 연체금액	천원

※복수카드는 4매이상인 경우임

4. 평가결과(시스템 판정)

승 인 여 부		회원 및 신용등급	등급	신 용 평 점	
총 한 도 등 급	등급	총 한 도	만원	현금서비스한도	만원
카드 유효기한		심사 및 거절사유			

5. 영업점 의견

특 인 사 유
추천자 직원번호 : 성명 : (인)

※특인 사유는 구체적으로 기입하되, 특인 해당사유 모두 기재.

회원사석확인〈남낭 책임자 또는 권유자(징구서류 생략인 경우)〉	자격적용 : (적용내용 :) 자 격 직 : 확 인 자 성명 : (인)	본인확인〈권유자〉	직원번호 : 성명 : (인)	자격확인서류 징구생략〈권유자〉	확인일시 : 확인방법 : 확인상대방 : 확인내용 : 직원번호 : 성명 : (인)

찾아보기

저자 | 李 義 景

▷ **약력**

성균관대학교 경제학과
서울대학교 대학원, 경영학석사(재무관리)
서울대학교 대학원, 경영학박사(재무관리)
공인회계사
전주대학교 교수
공인회계사시험 출제위원
한국재무관리학회 상임이사 및 편집위원
미국 일리노이대학교 재무학과 객원교수
현재, 대진대학교 경영학과 교수, 사회과학대학장

▷ **저서와 논문**

재무관리-이론과 응용, 제5판(경문사, 2011)
증권강의, 제6판(신론사, 2015)
선물과 옵션, 제2.1판(명경사, 2015)
"한국기업의 임원근속기간과 설비투자수준에 관한 연구" (한국재무관리학회, 1998)
"Hamada모형의 사용에 대한 이의제기" (한국경영학회, 1999)
"How to Teach M&M's Capital Structure Irrelevance Theory : A Simple Arbitrage Approach" (*Journal of Financial Education, 2006*)

제2판
알기쉬운 재무분석 값25,000원

2005년 2월 21일 초판 발행
2016년 7월 21일 제2판 5쇄 발행

저 자 이 의 경
발 행 인 리 재 영
발 행 처 新論社
등록번호 제10－308호(1989.3.4)
판 매 처 새문사
등록번호 제1－273호(1977.9.19)

주소 : 서울 마포구 대흥로6길 6-12
전화 : (02)715－7232(代), (02)717－7235
FAX : (02)715－7235
E-mail : sinlon@saemoon.co.kr
www.saemoonbook.com
ISBN : 89-7411-200-0 93320